Pascale Hugues

Mädchen-schule

Porträt einer Frauengeneration

Aus dem Französischen
von Lis Künzli

ROWOHLT

Originalausgabe
Veröffentlicht im Rowohlt Verlag, Hamburg,
Oktober 2021
Copyright © 2021 by Rowohlt Verlag GmbH, Hamburg
Satz aus der Kepler Std
bei Pinkuin Satz und Datentechnik, Berlin
Druck und Bindung CPI books GmbH, Leck, Germany
ISBN 978-3-498-00271-8

Für meine Mutter

Inhalt

1

Das Wiedersehen

Ob das wirklich eine gute Idee war? Meine ehemaligen Schulkameradinnen auf der Terrasse dieses kleinen Hotels am Fuß des Münsters zu versammeln? Kein Windhauch heute Abend. Über Straßburg die reglose sommerliche Hitzeglocke. Als ich die Gläser für den Aperitif bereitstelle, bin ich mir meiner Sache auf einmal nicht mehr so sicher. Ein halbes Jahrhundert lang haben wir uns nicht gesehen. Wir waren damals neun Jahre alt. Saßen in derselben Klasse. Das ist das Einzige, was wir gemein haben, dieses kurze Segment ganz zu Beginn unserer Lebenslinie. Ein bisschen mager, um auf ein unbeschwertes Wiedersehen, Gespräche bis spät in die Nacht zu hoffen. Was werden wir uns zu erzählen haben? Und wenn sich niemand an niemanden erinnern kann und wir den Abend damit verbringen, einander zu mustern und verlegene Kehlgeräusche von uns zu geben? Wenn wir in den trüben Tiefen dieser so fernen Zeit stochern und keine einzige Erinnerung an die Oberfläche steigt? Was habe ich mir da nur zusammengereimt? Dass man eine solch weit zurückliegende Vertrautheit einfach wieder abrufen kann? Dass es reicht, drei, vier Jahre in derselben Grundschule zu verbringen, und die Freundschaft hält für immer?

Mit Ausnahme von Françoise, die dabei ist, neben mir

einen Turm aus Toastbrotdreiecken vor dem Einstürzen zu sichern, habe ich alle aus den Augen verloren. Ich versuche, mir gut zuzureden: Schließlich haben fast alle meine Einladung angenommen. Das ist doch ein gutes Zeichen. Diejenigen, die nicht kommen können, haben mir geschrieben, es tue ihnen leid. Wir werden zehn sein heute Abend.

Aber was macht sie nur? Ich habe Pascale L. schon vor einer ganzen Weile bemerkt. Hinter einer Buschhecke verborgen, schaut sie auf die Uhr. Bestimmt mag sie es nicht, zu früh da zu sein. Sie dreht noch eine Runde um den Häuserblock. Als vom Münster herunter sieben tiefe Schläge ertönen, steht Pascale L. auf der Hotelterrasse. «Bin ich die Erste?» Sie hat diesen künstlich erstaunten Blick der Ängstlichen, die stets vor den andern da sind und so tun, als wäre das ein merkwürdiger Zufall. Françoise eilt auf sie zu und umarmt sie. Pascale L. und Françoise sind seit der Schule Freundinnen. Der Vater von Pascale L. war Pförtner im Rathaus, Françoises Mutter ihm als Putzfrau unterstellt. Da waren die Kleinen natürlich unzertrennlich. Heute sind sie nicht mehr unbedingt auf einer Wellenlänge, aber sie sehen sich noch ab und zu aus Loyalität. Pascale L. hat noch immer ihr Kleinmädchengesicht, einen zartrosa Teint, kein bisschen Schminke, makellose Zahnreihen, klare Augen. Sie ist noch genauso pummelig wie früher, nur dass es heute niemand mehr wagen würde, ihr wie damals aus Spaß in die Wange oder in die Fettpölsterchen am Po zu kneifen. Noch immer derselbe praktische Kurzhaarschnitt. Trotz der grauen Haare und der Brille erkennt man sie sofort. Sie wird den anderen, die jetzt nach und nach eintrudeln, als Fanal dienen.

Es ist wie bei einem Ratespiel. Ich präsentiere Ihnen ein Gesicht, das nichts, aber auch gar nichts mehr zu tun hat mit dem vor fünfzig Jahren, und Sie versuchen, es mit einem Namen zu verbinden. Da kommt Pilar, ganz klein in ihrem marineblauen K-Way, eine Strickweste auf dem Arm und eine riesige Tasche um die Schulter: «Sie haben für später ein Gewitter angekündigt.» Die anderen rufen aus: «Pilar! Wir hätten dich unter Tausenden wiedererkannt!» Ihre Kleinmädchenlocken sind dünner geworden, ihre Augen hinter einer großen Brille versteckt. Sie hat muskulöse Arme und einen Sprachtick. Sie sagt nach jedem Satz: «So was in der Art.» Pilar erinnert sich nicht an mich. Nicht an mein Gesicht und auch nicht an meinen Namen. «Verlangt bloß nicht von mir, mich an Gesichter zu erinnern», entschuldigt sie sich, um mich nicht zu verletzen. «Ich habe ein auditives Gedächtnis. Namen kann ich behalten, Gesichter hingegen ... Aber ich habe eine Entschuldigung, ich nehme an, ihr habt euch alle ein bisschen verändert.»

Als Jeannine ruhigen Schrittes auf uns zukommt, ziehen sich die Stirnen in Falten: «Du, nein ... Lass mich überlegen ... Ich kann dich nicht einordnen.» Roseline hingegen wird von allen erkannt, ihr Sommerweizenblond, ihre Augen, die sich zu Schlitzen verengen, wenn sie lächelt. «Und die Zöpfe!» Für mich sind Roseline und Jeannine zwei Zopfpaare, Jeannine ein braunes, Roseline ein blondes. Wie Lianen, die ihnen bis zum Po fallen. «Aber was ist denn aus euren Zöpfen geworden?» Jeannines Haare sind kurz, dünner als damals, aber noch nicht grau. Ein sanftes Lächeln zwischen zwei Kreolen und Sommersprossen. Roseline trägt einen schulterlangen Pagenschnitt und immer noch denselben geraden Pony, der, ich gehe jede Wette ein, einen resoluten Charakter und einen praktischen Sinn verrät.

11

Pascale W. und Catherine fallen einander in die Arme. «Na sag mal, das ist ja eine ganze Weile her», ruft Pascale W. und drückt Catherine heftig an sich. Die beiden waren Nachbarinnen geworden, als ihre Familien Ende der sechziger Jahre in die Cité Nucléaire einzogen, eine der ersten großen Sozialwohnungsanlagen, die am Stadtrand, in Cronenbourg, auf einem ehemaligen Truppenübungsplatz der Armee gebaut wurden. Noch lange nach dem Krieg gab es dort Luftabwehrraketen.

Das Viertel entlehnte seinen Namen von dem kleinen Kernreaktor auf dem Gelände des nationalen Forschungszentrums CNRS. Pascale W. wohnte in der Rue Lavoisier, Catherine in der Rue Paraclet. Kaninchenställe, hieß es bei uns zu Hause. Lauter identische kleine Schachteln, *little boxes*, wie im Song von Graeme Allwright. Für Pacale W. und Catherine jedoch war die Cité nucléaire der große Luxus. Ein Badezimmer mit warmem Wasser, Rollläden, Zentralheizung, ein eigenes Zimmer und ringsherum Mohnblumenfelder, so weit das Auge reichte. Der Turm des Münsters in der Ferne erinnerte daran, dass die Stadt nicht allzu weit weg war. Catherine und Pascale W. legen wie auf Knopfdruck los mit ihren «Weißt du noch …?». Gummitwist auf dem Gehsteig, Puppen im Treppenhaus an Regentagen, Madame Franz, ihre Lieblingslehrerin, die sie zurücklassen mussten, welche Tragödie, als sie die Schule wechselten. Madame Franz! Wir stoßen einen Schrei des Entzückens aus. Ihretwegen ist Catherine Lehrerin geworden. «Madame Franz hat etwas in mir ausgelöst. Sie hat mir die Liebe zum Beruf geweckt. Ich habe für meine Schüler dieselbe Empathie wie sie. Man muss das Leiden der Kinder verstehen. Madame Franz, die hatte ein vorbildliches Bildungsverständnis.» Catherine beschließt ihre Sätze mit einer feierlichen Miene. Sie hat noch immer ihr ernsthaftes kleines Gesicht und den

Ausdruck der fleißigen, tüchtigen Schülerin, die immer alles recht macht.

Als Myriam eintrifft, dunkle Haut, lockige Haare, wird sie von allen für Houria oder Lahouaria gehalten, eine der beiden marokkanischen Schwestern. Oder tunesischen. Oder algerischen. So genau weiß das niemand.

«Das ist wegen deiner Kraushaare … Woher kommst du denn, lass mich nachdenken.» Jeannine kapituliert. «Nein, ich geb's auf …»

«Tunesien!», verrät Myriam. «Das heißt, nur mein Vater. Meine Mutter war Französin.»

Als sie meine E-Mail erhalten hatte, glaubte Myriam erst an einen Internetbetrug. Ein Buch, das die Lebensgeschichte von Mädchen nachverfolgt, die sich nicht einmal mehr aneinander erinnern. An der Sache muss etwas faul sein. Schließlich beschloss sie, doch zu kommen. «Es ist wie in einer Realityshows. Irgendwann bist du dran. Du wirst eingeladen. Und jetzt bin ich an der Reihe, diese Chance konnte ich mir doch nicht entgehen lassen.»

Pilar und Myriam sind Krankenpflegerinnen im Hôpital civil. Seit Jahren laufen sie sich jeden Tag über den Weg, aber bisher hat keine der beiden gewagt, den ersten Schritt zu tun und die andere anzusprechen. Jetzt reden sie miteinander, als sei es das Natürlichste der Welt, als knüpften sie an ein Gespräch an, das sie vor wenigen Tagen erst unterbrochen hatten. «Bingo!», ruft Martine mit ihrer Flötenstimme. Sie ist gerade angekommen und geht schnurstracks zu Myriam und reibt ihr die Schulter. Sie saßen in der Schule nebeneinander. Myriam ist die Einzige, die sie erkennt. Außer mir. Aber sie geht lachend herum und grüßt, sagt, es sei zauberhaft, dieses ganze Völkchen wiederzusehen. Eine zierliche

Martine mit großen blauen Augen. Sie hüpft von einem Bein aufs andere, es hätte nicht viel gefehlt und sie hätte unseren kleinen Trupp Wiederauferstandener beklatscht.

Der junge Kellner, der mit der Flasche Rosé und den Minibrezeln von einer zur andern geht, sieht erschrocken aus. Er fragt sich, wie diese Tanten auf einmal auf seiner Terrasse gelandet sind. Da stehen wir. Mustern einander. Es heißt, auf der Hut zu sein, um nicht ins Fettnäpfchen zu treten. Vor allem, nicht auszurufen: «Was, das bist du? Das gibt's doch nicht. Wie alt du geworden bist.» Die Zeit hat Furchen um die Münder gezogen, die Lider aufgedunsen, die Stirne in Falten gelegt. Die Körper sind schwerer geworden. «Ab Ende vierzig alterst du entweder gut, oder du alterst schlecht», sagt Françoise, als wäre sie an eine Abzweigung gekommen. «Es bringt nichts, sich das Leben zu vermiesen und nur noch Salat zu essen, es liegt sowieso an den Genen.»

«Ich hätte trotzdem ein bisschen besser aufpassen sollen», bedauert Jeannine und streicht reflexartig über ihre Hüften. Auch unsere Stimmen haben sich verändert. Unser Stimmbruch ist weniger spektakulär als der der Jungen, aber keine von uns hat die nervenaufreibende Kleinmädchenstimme behalten.

Wir setzen uns an den langen Holztisch. Es ist dunkel geworden. Die Ton- und Lichtshow *son et lumiere* wirft Streifen auf die Fassade des Münsters. Wir gehen über zu winzigen Kindheitserinnerungen: die gefältelte Haut auf der heißen Pausenmilch im Winter. Zehn angewiderte Grimassen. Sie wurde hinten im überdachten Pausenhof von einer blaurotwangigen Frau mit einer riesigen Kelle ausgeschöpft. Wir erinnern uns noch alle an die angeknabberten Ränder der Plastikbecher. Die Zehnuhrmilch war nach

dem Krieg eingeführt worden, um Rachitis und Mangel-
ernährung vorzubeugen. Sie war Ende der sechziger Jahre
noch immer obligatorisch. In den armen Familien aß man
dürftig damals. Vor allem in der Wochenmitte, wenn der
Lohn noch nicht da war, der einmal wöchentlich, am Freitag, gezahlt wurde.

«Bei uns gab es nur für die Kinder Fleisch. Meine Eltern
begnügten sich mit Kartoffeln und Salat», sagt Pascale L.,
die ihren Teller immer aufessen musste.

«Wenn man bedenkt, dass man jetzt den Vormittags-
imbiss abschaffen will», sagt Roseline. «Es gibt zu viele
übergewichtige Kinder. Wir waren nur Haut und Knochen.
Bei mir gab es zum Frühstück entweder Butter oder Marmelade aufs Brot. Nie beides.»

Eine Erinnerung nach der anderen poppt schwerelos
an die Oberfläche dieses Abends herauf. Leichte, zarte
Blasen. Die städtischen Duschen. Dort gingen wir uns wa-
schen, weil die meisten von uns zu Hause kein Badezimmer
hatten. Im Gänsemarsch tappten wir durch den heißen
Schaum. Mit einer rauen Bürste rieb jede den Rücken des
Mädchens vor ihr ab. Und die Termine in der Zahnklinik im
Schweizer Viertel! Es ging morgens mit dem Bus los. Der
Fahrer hatte eine Mönchsglatze, rund und glänzend. Schon
komisch, woran man sich erinnert. Der Film, der uns bei
der Ankunft vorgeführt wurde, zeigte in Großaufnahme im
Fleisch verkeilte Zähne, anarchische Überlappungen, vom
Zucker verfressene Backenzähne. Diese Münder aus einer
Zeit vor den Fluortabletten und dem allabendlichen Zähne-
putzen versetzten uns in Angst und Schrecken.

Jeannines Anekdote jedoch stellt alle anderen dieser unver-
wüstlichen Erinnerungen in den Schatten: «Apropos Karies.
Erinnert ihr euch noch an das Dreckszeug aus dem Laden

der Mutter Kratz?» Die Mutter Kratz! Die *Kratzermama*. Wie lange haben wir diesen Namen nicht mehr gehört, der klingt, als habe man einen Frosch im Hals! Ihr Laden befand sich am Ende der schmalen Straße, die zur Schule führte. Das Bimmeln der Glöckchen an der Eingangstür, die bunten Bänder des Fliegenvorhangs, der muffige Geruch in dem winzigen, stets düsteren Laden. Die Kratzermama sprach nur Elsässisch. Die anderen gaben für mich die Bestellung auf. Jeannine sagt nicht «Schleckerei» oder «Naschwerk» oder «Süßigkeit», diese altbackenen Wörter, mit denen man normalerweise die Bonbons umwickelt. Dreckszeug, sagt sie, und sie hat nicht ganz unrecht. In ihren tiefen Gläsern befanden sich Hexenbonbons, die bei der Berührung der Zunge die Farbe wechseln, Schleckmuscheln, Karamells zu zwei Centime das Stück, die an den Zähnen klebten, blaue, gelbe und rosa Ufos aus ungesäuertem Brotteig. Man steckte einen kleinen Strohhalm hinein und sog die Weinsäure und das Natrium ein. Das Kribbeln auf der Zunge. «Das waren mit Sicherheit keine Bio-Ufos!», sagt Françoise. «Wir freuten uns über so wenig», seufzt Pascale L. Die Anekdoten sprudeln nur so hervor. Ein solides Band verbindet uns nun miteinander. Das Eis ist gebrochen.

Im Grunde ähneln sich alle Kindheitserinnerungen. Eine Ansammlung belangloser Kleinigkeiten. Fossile Splitter, die wir nebeneinanderlegen, um das kollektive Bild unserer Kindheit wieder zusammenzusetzen. Sicher ist, dass die angeknabberten Becher und Kratzermamas Dreckszeug nicht abendfüllend sein werden. Martine fächert sich mit einer Papierserviette. Pilar zieht schließlich ihren K-Way doch noch aus. Geruch von glühendem Asphalt, der beißende Duft der Platanen an der Ill und noch immer diese stickige Hitze.

Das Gespräch beginnt, sich im Kreis zu drehen, als plötzlich das Schauspiel beginnt. Giacomina hat ihren Auftritt. «Giacomina!» «Jacqueline!», korrigiert sie. Schon lange nennt sie niemand mehr bei dem Vornamen des kleinen italienischen Emigrantenkindes, das eines Morgens zu Schulanfang völlig verstört in unserer Klasse auftauchte, ohne ein Wort Französisch zu können. «Im September angekommen, Weihnachten eine Auszeichnung für besonders gute Leistungen», posaunt sie in die Runde. Sie wirbelt herum, gibt Ausrufe des Erstaunens von sich, grüßt die eine, dann die andere, entschuldigt sich, sich eine Stunde verspätet zu haben. Giacomina bereichert unsere bescheidene Zusammenkunft um den Smalltalk eines mondänen Cocktailabends. Sie hatte schreckliche Mühe, einen Parkplatz zu finden. Als sie durch das Viertel kurvte, ist sie wie auf einem Kreuzweg sämtliche Stationen ihres Lebens durchgegangen: «Die Wohnung, in der ich mit meinen Eltern gelebt habe, die Sainte-Madeleine-Schule, das Münster, wo ich meine erste Kommunion empfing. Und jetzt ihr alle an diesem Tisch. Ist das nicht schön.» Sie stellt ihre Chanel-Tasche vor ihre Füße. Ein Schoßhündchen, das sich ans Bein ihres Frauchens schmiegt, die vergoldete Leine ums Stuhlbein gebunden. Giacomina setzt sich kurz entschlossen ans Kopfende des Tisches, als leitete sie einen Verwaltungsrat. Sie legt ihre Hände flach auf den Tisch und schaut uns scharf in die Augen: «*Mi dica*! Na, sagt mal!» Und beginnt, uns ihr Leben zu erzählen.

«Die war noch nie auf den Mund gefallen», flüstert Jeannine. «Das ist das italienische Blut», antwortet Roseline.

Giacomina gönnt sich eine gute halbe Stunde, um von ihrer Ankunft in Straßburg zu berichten. «Nach dem Süden, der Sonne, unserem großen Haus kam mir hier alles eng und schmutzig vor!» Das war, kurz bevor Italien zum gelobten Land für Nordeuropäer wurde, bevor die Elsässer die Strände von Rimini und die Campingplätze am Comersee entdeckten. «Man beschimpfte uns als Makkaroni, und einmal reichte es mir. Ich ging nach Hause und knallte die Tür: ‹Ich hasse die Franzosen! Das sind Rassisten!› Da sprang mein Vater auf und verpasste mir eine Tracht Prügel. ‹So, du hasst die Franzosen. Nie wieder, hörst du mich, nimmst du dir heraus, so etwas zu sagen. Frankreich ist das Land, das uns willkommen geheißen hat. Dem Land haben wir zu verdanken, dass wir zu essen haben. Wenn du es schaffen willst, gibt es nur einen Weg: Du musst besser sein als sie.› Mein Vater ertrug es nicht, wenn man Frankreich, unsere neue Heimat, kritisierte.» Heute ist Giacomina CEO eines Marmor-Unternehmens der Spitzenklasse. Sie setzt jede Silbe dieses imposanten Titels einzeln ab und trommelt mit der flachen Hand auf den Tisch. Unsere Gläser zittern. Wir ebenfalls.

Wir drücken uns aneinander, pressen die Knie zusammen. Einige haben die Arme auf der Brust verschränkt, wie in der Schule. Niemand wagt, den Mund zu öffnen. Einzig Martine mischt sich ein: «Aber trotzdem, Kinder so zu schlagen, das ist doch schrecklich!» Giacomina ignoriert sie. Sie spricht von den wahren Werten, die ihr Vater ihr eingetrichtert hat, und das wiederum gefällt Pascale L. Auch sie findet, dass die Kinder heute viel zu verwöhnt sind, verweichlicht, keinen Sinn für die Anstrengung mehr haben, dass sie nichts und niemanden respektieren und dass ein solider Tritt in den Arsch von Zeit zu Zeit nicht schaden kann. Da scheinen sich zwei gefunden zu haben.

Jeannine versucht, die Atmosphäre aufzulockern: «Unsere Nachbarn waren Italiener. Sie haben uns beigebracht,

Brot ins Olivenöl zu tunken. Und meine Mutter fing an, ‹Schpaghetti› zu kochen. Wir mochten den exotischen Geschmack.» Damals nannte man die Teigwaren noch Nudeln. Wir kannten nur Butterhörnchen, Makkaroni mit Gruyère und Spätzle mit Hasenpfeffer. Françoise stimmt zu: «Italien ist ein schönes Land.» Sie sind diesen Sommer mit dem Chor nach Verona gefahren. Im Bus. Sie haben sich in der Arena Nabucco angehört. Unvergesslich.

Giacomina erzählt, sie «ziehe um die Welt», um die Häuser ihrer superreichen Kunden von Dubai bis Rio mit Marmor auszustatten. Da sieht Françoise alt aus mit ihrer Busreise nach Verona. Und Pilar, die mit ihren vierzehn Tagen China, vom Betriebsrat organisiert, angeben wollte. Plötzlich verstummt Giacomina. Um uns Zeit zum Staunen zu lassen? In den Reihen macht sich Spannung breit. Pascale W. ergreift das Wort. «Ich habe dir eine meiner beiden Barbiepuppen geschenkt, weil du zu Hause keine Spielsachen hattest. Weißt du noch?» Giacomina erinnert sich nicht daran. «Es gibt nicht nur das Geld, um seinen Erfolg unter Beweis zu stellen», zischt Jeannine empört. Sie möchte, dass wir zur Abwechslung ein wenig über unser Privatleben sprechen. Ein Terrain, auf dem sie mit ihren vierzig glücklichen Ehejahren und ihren vier Enkelkindern punkten könnte. «Oh ja», ruft Martine, «die Liebe, reden wir über die Liebe!» Martine lächelt die ganze Zeit und berieselt das Gespräch mit ihrem kaskadenartigen Kichern.

Giacomina meint, der Vorschlag richte sich an sie allein, und erzählt von ihrer ersten Ehe, die gescheitert ist. Fünf Jahre hat sie durchgehalten, aber eigentlich hätte sie sich schon nach einer Viertelstunde scheiden lassen sollen. Ein Casting-Fehler. Danach blieb sie lange allein, nicht ohne ein paar Affären natürlich. «Die Durststrecke hat zwanzig

Jahre gedauert, aber dann habe ich das große Los gezogen, in Sachen Liebe meine ich, nicht in finanzieller Hinsicht.» Giacomina hat vor elf Jahren einen im Departement Moselle niedergelassenen Großunternehmer aus der Ardèche geheiratet, Witwer, zwanzig Jahre älter als sie, «aber noch frisch und knackig», wie sie betont. «Das nennt man eine gute Partie», staunt Pilar, die noch immer Single ist. Das große Los der Liebe, das würde sie auch gern ziehen.

Als sie meine Einladung bekam, fragte Giacomina, ob wir die Ehemänner mitbringen. Sie hatte vor, mit ihrem zu glänzen. Aber die anderen haben protestiert: «Das ist doch kein Rotary Club hier!»

Ist das die unvermeidliche Gruppendynamik? Jede findet sich rasch in einer bestimmten Rolle ein. In derselben wie als Kind. Giacomina ist die Anführerin der Truppe. Catherine und Jeannine sind unsere Philosophinnen. Catherine mit ihren gestelzten Maximen. Jeannine mit ihren Weisheiten für den Hausgebrauch. Françoise ist unsere Mutter Courage. Die den Abend organisiert, Wein nachschenkt und die anderen mit ihrem derben Humor zum Schmunzeln bringt. Pascale L. schwankt zwischen dem Spaßvogel und der Stimme der Vorsicht. Martine ist nicht ganz von dieser Welt. Myriam beobachtet mit einem Lächeln um die Mundwinkel, und Pilar ist auf der Hut. Roseline sorgt für das richtige Maß. Und ich bin wie in alten Tagen etwas am Rand.

«Und du? Jetzt bist du dran!»

Alle Köpfe drehen sich zu mir. Ich würde mich lieber raushalten, hin und wieder eine Frage stellen, das Gespräch in eine bestimmte Richtung lenken, in meinem Block Notizen machen und meine Anwesenheit vergessen lassen. Ich möchte mich auf die Rolle der Beobachterin beschränken, als hätte ich nichts mit ihnen zu tun. Eine Ethnologin, die gekommen ist, um diesen kleinen, aus der Vergangenheit aufgetauchten Stamm zu erforschen. Am liebsten würde ich nur zuhören. Nichts von mir selbst preisgeben. Aber natürlich wollen alle wissen, was aus mir geworden ist. «Du warst eine Privilegierte», wirft mir Giacomina vom anderen Tischende her zu. Ist das eine einfache Feststellung? Oder ein Vorwurf? Eine offene Aggression? Ich fühle mich unwohl. «Du hattest alles und wir so wenig.» Catherine verbündet sich mit Giacomina. Sie erinnert sich an das Schokocroissant, das ich in der Pause aus meinem Schulranzen zog. Jeden Morgen holte mein Vater frisch rasiert für mich in der Bäckerei unseres Viertels ein *Pain au chocolat*. Der Geruch seines Aftershaves auf dem Blätterteig war für mich der schönste Liebesbeweis. Catherine schämte sich zu Tode, wenn ihre Großmutter, deren Fenster auf den Pausenhof hinausging, mit einer Stimme, die unsere Spiele übertönte, rief: «Catherine, dein Pausenbrot!» Catherine fing das in Zeitungspapier gewickelte Bündel auf, ein einfaches Brötchen, in dem ein Schokoladenriegel steckte. Catherine hätte sich gewünscht, ihre Großmutter würde ihr ebenfalls ein *Pain au chocolat* herunterwerfen. Aber als Putzfrau überstieg das ihre Mittel. Und darum gönnt sich Catherine heute, wenn sie mal einen Durchhänger hat, ein *Pain au chocolat*. Jetzt schaut sie mich ohne Bitterkeit an: «Du warst für mich der Inbegriff der perfekten Familie. Du hattest alles, was du brauchtest, und noch viel mehr. Aber im Nachhinein denke ich, dass ich auch hatte, was ich brauchte.» Catherine gesteht mir zum ersten Mal, wie sehr sie mich beneidet hat. Sie sieht unsere Wohnung vor sich, der ihre Kinderaugen monumentale Ausmaße verleihen, Deckenhöhen von Kathedralen, ein riesiges, lichtdurchflutetes Esszimmer, Regale, die sich unter Büchern bogen, ein Zimmer voller Spielsachen. Sie übertreibt. Ich glaube nicht, dass ich in solchem Luxus groß geworden bin. Catherine sagt, sie sei eingeschüchtert gewesen, wenn sie zu mir zum Spielen kam, meine Eltern seien immer so gut angezogen gewesen.

«Nicht wie meine Mutter, die immer in der Schürze war, um ihre Kleider nicht abzunutzen.»

«Oder meine, immer in Schwarz, der Farbe der Witwen», sagt Pilar.

«Oder meine, immer schwanger, die Hände auf ihrem Kugelbauch», sagt Martine, die zehn Geschwister hat.

Ich würde mich am liebsten ganz klein machen. Ich sage nur: «Ja, das stimmt, ich hatte Glück.» Es ist die einzige mögliche Antwort. Ich war mir damals des Grabens nicht bewusst, der uns trennte. Sie aber haben alles gesehen und nehmen heute Abend eine gründliche Bestandsaufnahme meiner Privilegien vor.

«Wir lebten nicht in derselben Welt», sagt Roseline.

«Wir werden uns doch wohl nicht für unsere Herkunft schämen», gebietet Jeannine der Runde.

«Unsere Leben sind völlig gewöhnlich und letztlich ohne großes Interesse. Was willst du eigentlich genau von uns?», fragt Catherine, die sich nur schwer vorstellen kann, dass ihr Leben das Zeug zu einem Roman hat. Es ist kein Bedauern, einfach eine friedliche Feststellung. Sie hat die Augen auf einen Korianderstängel geheftet und macht eine ernste Stirn. Catherine war schon immer bescheiden gewesen. Blond und zierlich, mit spitzem Gesicht, hört sie lieber den anderen zu.

Und Martine ist einverstanden: «Stimmt, ich finde es ganz schön mutig von dir, in unseren armseligen, kleinen und bis zum Gehtnichtmehr anonymen Leben nach einem Sinn suchen zu wollen. Viel Glück!»

Einzig Giacomina versichert uns, dass für ihre Lebensgeschichte drei Bände kaum reichen würden.

Catherine hat recht. Es gibt nichts Spektakuläres an diesen Berichten, die wir heute Abend miteinander teilen. Die einzelnen Bausteine sind alles in allem stets dieselben. Geburt in sehr bescheidenem Milieu, Schule, Frühkommunion und Erstkommunion, kurze Ausbildung, in seltenen Fällen das Abitur, der erste Job oft für immer, Hochzeit in Weiß, auch für immer, erstes Kind, zweites Kind, manchmal ein drittes, auf jeden Fall weniger als die Mutter, Beförderung bei der Arbeit, bei der sie es weiter bringen als ihre Eltern, Hausbau auf Kredit, Ehekrise, sich zusammenraufen, Hüftoperation, Stimmungstief, neuer, schwieriger Chef, überschüssige Pfunde und die Tortur nutzloser Diäten, eine schöne Reise in die Provence, Autounfall – «zum Glück nur Blechschaden», Ärger mit dem Sohn, der in der Schule nichts tut, Diplom der Tochter – «ich war so stolz, ich, die ich nie die Chance hatte, das Abitur zu machen» –, «pures Glück», wenn die Enkelkinder kommen, während die Rollen sich vertauschen und nun sie es sind, die ihre Eltern mit dem Löffel füttern. All diese kleinen Ereignisse, die das Leben einer Frau ausmachen, zum Teil auch meines.

Als die Zehnerglock ertönt, die Glocke für die Juden, die im Mittelalter vor zehn Uhr die Stadt verlassen mussten, stehen wir auf, um ein Foto zu machen. Der Himmel ist schwarz wie Teer. Wir stellen uns, die Großen hinten, die Kleinen vorne, vor dem beleuchteten Münster auf. Das Bild ist unscharf. Der Abend zu Ende. Jede packt beim Aufräumen mit an. Pascale B. sagt, das nächste Mal warten wir kein halbes Jahrhundert mehr, um uns wiederzusehen. Sie lässt ein Blatt Papier herumgehen. Alle schreiben Adresse und Telefonnummer auf. Wir küssen uns zum Abschied. Und Martine spricht das Schlusswort: «Glück, das ist genau das. Ein solches Treffen, zusammenkommen, miteinander sprechen. Ein winziger Augenblick, den ich nie vergessen werde.» Myriam flüstert mir beim Weggehen zu, dass der Abend sie sehr bewegt hat. «Alles kehrt wieder zurück. Die Kindheit, die Erinnerungen. Das kommt von sehr weit her.» Spät in der Nacht erhalte ich eine SMS von Françoise. «Gute Nacht … Ich kann nicht schlafen … So viele Emotionen.»

2

Das Klassenfoto

Alles hat damit begonnen, dass mir eines Tages mein Klassenfoto in die Hände fiel. Die Namen schossen hervor wie bei einem Appell. Anne-Marie, Manuela und Pilar, der Spanierinnenclan. Houria und Lahouaria, die beiden maghrebinischen Schwestern. Giacomina, die einzige Italienerin. Und das Gros der Truppe, die Französinnen, mehrheitlich Elsässerinnen: vier Pascales, zwei Martines, zwei Catherines, Béatrice, Dominique, Elisabeth, Tochter einer Lehrerin, Françoise, Christine, eine Marie-Anne und eine Marianne, und dann diese altmodischen Vornamen, die mich zum Schmunzeln bringen, Yvette, Raymonde, Roseline, Josiane, Susanne, Jeannine, Clarisse. Ich habe keine Einzige von ihnen vergessen. Wer weiß, warum. Das Gedächtnis ist launenhaft. Es wählt aus, was ihm gefällt. Ich bin außerstande, meine Klassen aus dem Gymnasium oder meinen Jahrgang an der Uni abzurufen, aber ich kann jedem dieser Namen das Gesicht eines kleinen Mädchens und eine Anekdote zuordnen.

Ein Flash nach dem anderen zieht an mir vorbei, Bilder und Töne einer fernen Vergangenheit prallen aneinander. Roseline, der Name einer Prinzessin aus dem Märchenschloss. Anne-Marie, ihre winzigen Eckzähne. Pascale L, steht auf und rennt, ohne um Erlaubnis zu fragen, mit zusammengekniffenen Pobacken und dem Schrei «Ich habe Dünnpfiff, Madame!» zur Tür des Schulzimmers und stürmt die Treppe hinunter zur Toilette im Hof. Ein kleines Mädchen wie der Vesuv. Der entgeisterte Blick der Lehrerin. Unser Gelächter. Martine K., sehr groß, sehr blond, Topffrisur, im Klassenzimmer immer sofort in die hinterste Reihe gesetzt, damit sie den anderen nicht die Sicht nimmt. Marianne, deren Eltern nie genug Geld hatten, um Hefte und Stifte zu kaufen. Dafür hatten sie – welch ein Skandal! – das Kindergeld für einen nagelneuen Fernseher verjubelt, das Geld bar hingeblättert. Das Fläschchen, das Anne-Marie mir unter dem Pult zeigt. Sie war am Blinddarm operiert worden. Ein Wurm schwimmt in einem grünlichen Formalinbad.

Wir waren in der *grande école*, der Grundschule, der «richtigen», wie wir damals sagten. In der Sainte Madeleine im Krutenau-Viertel von Straßburg. Es war eine Mädchenschule. So war es in die Fassade aus rosa Vogesensandstein eingraviert. Gleich daneben befand sich die Jungenschule. Die Jungen hatten Lehrer, wir Mädchen Lehrerinnen. Die Jungen hatten Patres, wir Mädchen Nonnen. Da wir im Elsass noch immer dem Konkordat unterstanden, war der Katechismusunterricht obligatorisch. Eines von vielen Überbleibseln aus der deutschen Zeit. Als Frankreich 1905 die Trennung von Kirche und Staat einführte, auf der die Laizität französischer Prägung gründet, war das Elsass noch deutsch. Das Konkordat wurde also dort nicht außer Kraft gesetzt wie im ganzen Land jenseits der Vogesen und gilt noch heute. Morgens trennten wir uns auf dem gegenüberstehenden Trottoir von unseren Brüdern. Zweimal am Tag holten wir sie an derselben Stelle wieder ab. Am Mittag, um zum Essen nach Hause zu gehen. Und um vier, wenn die Schule aus war. Über dem Portal baumelte die Trikolore. Außer bei Wind. Dann richtete sie sich auf und schlug gegen den Mast. Heute hängen dort zwei Flaggen. Die Trikolore und das Sternenbanner Europas. Wenn der Wind sich dreht, kommen sie ins Strudeln und umschlingen sich wie antike Kämpfer oder Liebende, je nachdem. Die Schule ist heute ein gemischter «Schulkomplex». Die Schüler heißen Enzo, Emma, Lee-Lou, Iman und Liam. Entsprechend der Mode, der Einwanderung und amerikanischen Serien. Arya wie in *Game of Thrones*, Jackson wie in *Grey's Anatomy*. Es würde niemandem mehr einfallen, sein Kind Martine oder Pascale zu nennen.

Anders als der Name vermuten lässt, war die Sainte Madeleine keine religiöse Einrichtung, sondern eine öffentliche Schule in einem Arbeiterviertel. Ihre Schüler setzten sich zusammen aus den armen Kindern des Krutenau-Quartiers und dazu einigen aus der Bourgeoisie, die wie ich im Stadtzentrum, in der Nähe des Münsters auf der anderen Seite der Ill wohnten. Damals schickte man seine Kinder noch in die Kiezschule. Und basta. Nur einige wenige sorgliche Eltern brachten ihre Kinder in privaten religiösen Einrichtungen in Sicherheit. Meine Eltern waren konfessionslos und links. Es kam nicht in Frage, die Tochter zu den Nonnen zu schicken. Ich wohnte also auf der anderen Seite des Flusses, der eine natürliche Grenze bildete zwischen der Krutenau und der um das Münster gedrängten Altstadt. Wir wohnten seit meiner Geburt in einem Haus aus dem siebzehnten Jahrhundert, das unter Denkmalschutz stand, wie meine Mutter nie hinzuzufügen versäumte. Sie hatte es wegen der Volutengiebel, der Balkone mit den efeubehangenen Schmiedeeisen und dem gepflasterten Innenhof gewählt.

Sainte Madeleine ist auch der Name der Kirche auf dem

Platz. Ein großes Bauwerk ohne jede Eleganz, das 1904 bei einem Brand teilweise zerstört und einige Jahre später vom deutschen Stadtbaumeister Fritz Beblo restauriert wurde. Ich finde sie hässlich. Ich habe nie den Fuß hineingesetzt. Aber ich mag den lustigen Namen des Architekten der Deutschen. Von ihrem Durchzug sind im Viertel noch ein paar andere Spuren geblieben: an einer Wand das deutsche Schild «Gas in allen Etagen». In der ehemaligen Jungenschule das «Frei / Besetzt» auf dem Toilettenriegel.

Ich bin nicht die Einzige, die nach Freunden der Vergangenheit sucht. *Copains d'avant* («Freunde von früher»), Trombi. com, Facebook ... Soziale Netzwerke, die das Finden erleichtern, haben Hochkonjunktur. Zumal das deutsche Ritual des Klassentreffens hierzulande nicht existiert. In Deutschland treffen sich die ehemaligen Mitschüler, die gemeinsam das Abitur abgelegt haben, regelmäßig alle fünf, zehn, zwanzig Jahre zum Abitreff. Wie oft habe ich in einem Berliner Lokal diese Gruppen von Frauen beobachtet, alle im selben Alter, ihr Lachen über eine weit zurückliegende Erinnerung, ihre verschwörerischen Seufzer, *«Na ja, Mädels, so ist das Leben!»* Wie oft habe ich meine deutschen Freundinnen beneidet, wenn sie völlig aufgekratzt von einem Abendessen mit ehemaligen Mitschülerinnen aus ihrer Heimatstadt zurückkehrten. Meistens überwog allerdings der Schrecken die Nostalgie: «Du solltest mal sehen, wie die heute aussehen. Bauch, Falten, und wie konventionell, wie spießig.» Die gealterten Gesichter rufen ihnen ihre eigenen Jahre in Erinnerung.

Ich würde auch gerne wie die Deutschen lebenslang einer kleinen schwesterlichen Schulgemeinschaft angehören. Ich wäre auch gerne in der Stadt meiner Kindheit verankert. Ich

Ich, die ich mich manchmal so entwurzelt fühle. Bei uns verlaufen sich die Freundschaften, sobald die Schule beendet ist. Man behält nur die kostbarsten von ihnen. Und wenn man wie ich die meiste Zeit seines Erwachsenenlebens im Ausland verbracht hat, wenn man bei der erstbesten Gelegenheit weggegangen ist, dann ist die Chance gering, dass man auf der Straße einer ehemaligen Freundin in die Arme läuft. Das Band ist durchschnitten. Vielleicht bin ich im Alter angekommen, da man Lust hat, die Risse zu kitten, an den Anfang zurückzukehren, um den Kreis zu schließen. Schon möglich.

Ich suche nach zweiundzwanzig kleinen Mädchen – *fillettes*, wie man sie damals noch nannte. Ich suche nach einem Wäscheduft, zart wie ein Maiglöckchenstrauß, nach einer Zahnspange, einer rotzigen Nase, Mundgeruch, einem Muttergottesmedaillon auf einem Krausstrickpulli, einer kristallklaren Stimme, einem epileptischen Rotschopf, nach einer Krakelschrift, dem Geruch nach der Lotion Marie-Rose, die einem Kopf voller Läuse den Garaus machen soll, einer karierten Bluse, einer kindlichen Eifersucht, einem Mittelscheitel zwischen zwei Zöpfen, einem fetten Elsässer Akzent, wie man bei uns zu Hause sagte, und das war kein Kompliment, einem auf dem Grund eines Schulranzens zerdrückten Brot mit *Mettwurscht*, die es nur im Elsass gibt, einem Klebstofftöpfchen, das lecker nach süßer Mandel roch, grauen, um die Waden geringelten Socken, einer Kruste auf geschürften Knien, Mercuchrom-Jod. Ich trage Bruchstücke zusammen, die eine ganze Epoche ausmachen. Ich suche nach unserer Kindheit Ende der sechziger, Anfang der siebziger Jahre. Ich möchte ein Gruppenporträt meiner Generation erstellen.

Wir sind zu spät geboren, um Kinder der Nachkriegszeit

zu sein. Zu spät geboren, um Achtundsechziger zu sein. Wir haben die zwei großen Kapitel verpasst, die die zweite Hälfte des Jahrhunderts geprägt hatten. Den Krieg haben wir in der Schule durchgenommen. Wir haben ihn nur im Kino und sonntags am Familientisch kennengelernt, wenn die Eltern und Großeltern uns von ihrem Ärger mit den Boches erzählten. Die Barrikaden im Quartier Latin, das war etwas für die Großen. Von Woodstock und dem Summer of Love haben wir Bilder in Zeitschriften gesehen, aber es war uns schleierhaft, was all diese jungen Leute daran fanden, sich im Schlamm zu umarmen. Unsere Generation hat keine besonderen Konturen. Wir beneideten die Achtundsechziger. Sie verströmten einen Geruch nach Tränengas und Sex. Während wir 1968, mit unseren Milchreis- und Seifendüften, noch Gören waren. Wir sind eine bedeutungslose Generation ohne Label. Die anderen sind die Generation X, Y, Z, die Millennials, die schweigende, die verlorene, die geopferte, die Nullbock-, die Smartphone- oder Nesthockergeneration. Von uns spricht keiner. Außer wenn wir zur Last werden. Wir sind eine große, unförmige demographische Kohorte, die jetzt auf die Rente zusteuert. Wir haben gute Chancen, lange zu leben. Wir stürzen die Alterspyramide auf den Kopf: oben breit und unten spitz. Wir heben das System aus den Angeln. Unseretwegen versuchen sie, das Renteneintrittsalter nach hinten zu verschieben. Unseretwegen die Streiks, die Demos und diese ganze Wut, die im Lande grollt. Die Kinder werden bluten müssen, um für uns zu zahlen. Wir sind eine Bürde. Sie nehmen es uns übel. Klingt logisch.

Wir sind in Zeiten der Vollbeschäftigung und des unbegrenzten Wachstums geboren. Als wir zum ersten Mal liebten, waren wir von der Pille geschützt und noch nicht von Aids bedroht. Wir haben weder Krieg noch Katastrophen erlebt. Wir haben nie um irgendetwas gekämpft. Wir sind Faulenzer, Verwöhnte. Wir werden uns niemals rühmen können, die kollektive Geschichte geprägt, den Lauf der Welt verändert zu haben. Wir sind mit zehn Jahren Verspätung geboren. Was bedeutet es, im Jahr 1979 zwanzig gewesen zu sein? Die anderen, die Achtundsechziger, haben die schmutzige Arbeit für uns erledigt. Wir sind Profiteure, sagen wir es freiheraus.

Wir sind schwer einzuordnen. Und vor allem sind wir viel zu viele. Babyboomer der zweiten Stunde. Laut den Demographen beginnt die zweite große Geburtswelle 1955 und erreicht 1964 ihren Höhepunkt. Die Jüngsten von uns sind 1960 geboren, die Älteren, die Wiederholer und die Eingewanderten, die in eine niedrigere Klasse gesetzt wurden, damit sie schnell Französisch lernten, 1959 und 1958. Wir wurden geboren, als 1958 General de Gaulle an die Macht kam. Er bleibt bis 1969. Im Jahr 1968 kennen wir nichts anderes als ihn, seine Parkwächtermütze, seine zwei Meter Länge und seine Gattin Yvonne mit ihrer Handtasche auf dem Schoß, unser aller Tante Yvonne.

Charles de Gaulle hatte sein Gegenstück. Konrad Adenauer von der «anderen Seite». Denn im Elsass führte man eine Art Doppelleben. Es ließ uns keine Ruhe, was in Deutschland vor sich ging. Wir schielten ständig zum anderen Rheinufer hinüber: Was machen die da? Woher nehmen sie diese Energie, um nach dem ganzen Horror, den sie verbreitet haben, wieder aufzustehen? Was ist ihr Geheimnis, und warum machen sie es immer besser als alle anderen? Warum glänzt ihr Wirtschaftswunder strahlender als unsere *Trente Glorieuses*? Denn es war eindeutig zu sehen, wenn wir den Rhein überquerten: Auf der anderen Seite war alles neu. Die Bombenangriffe der Alliierten hatten ihre Städte dem Erdboden gleichgemacht, und die Stadtplaner der Nachkriegszeit haben alles bereits wieder aufgebaut. Bei uns sahen die Städte aus wie mehrstöckige Torten, die von innen heraus schimmeln. In den Toiletten der Sainte-Madeleine-Schule gab es Ratten. Im Treppenhaus des Altbaus, in dem ich wohnte, Mäuse und Kakerlaken. «Sie haben den Krieg verloren, und jetzt sind sie reicher als wir», klagte meine elsässische Großmutter. «Sie», das waren die Deutschen, um nicht zu sagen, *die Boches, die Chleuhs, die Schpountz*, die Teutonen, die Fridolins.

Wir sind in diesen Ausnahmejahren groß geworden, als in Frankreich alles wie am Schnürchen lief. Im Mai 1968 gab es zweihundertfünfzigtausend offene Stellen, die nicht besetzt werden konnten, und hundertvierzehntausendachthundert registrierte Arbeitslose. Man konnte sie sozusagen an den Fingern einer Hand abzählen. Jeden Tag gab es in den Zeitungen seitenweise Stellenanzeigen. «Dynamisch», hieß das Adjektiv der Stunde. Die Sixties waren nichts für Weichlinge. Überall wurden Buchhaltungsexperten gesucht, Verkaufslehrlinge, Lageristen, technische Zeichner, LKW-Fahrer, Automechaniker, Karosserielackierer, Zentralheizungsinstallateure, Elektriker, gute Maurer und Verputzer, Blechkaltverformer, Gipser und Schlosser. Wenn es dem Baugewerbe gut geht, geht es allen gut, sagte mein Vater gerne, ein Architekt, der den Boom nutzte und die ersten großen Wohnanlagen für Eigentümergemeinschaften im Umland von Straßburg baute. Keine von uns hatte einen arbeitslosen Vater. Am Freitagabend klappte man seinen Werkzeugkasten zu, forderte seinen Lohn ein, und am Montagmorgen ging man in der Garage nebenan arbeiten. Frankreich holte Einwanderer herein, die mit anpackten. Italiener und Spanier lebten schon eine Weile in Straßburg. Später kamen Portugiesen und die ersten Nordafrikaner hinzu. In Kehl, auf der anderen Rheinseite, waren es die türkischen *Gastarbeiter.*

Wir ritten auf einer steilen Diagonale immer höheren Gipfeln zu. Um uns herum stieg alles an: die Geburtenrate, die Lebenserwartung, das Wirtschaftswachstum, die Industrieproduktion, die Abiturientenzahl, das Einkommen, das Kindergeld, die Renten, der gesetzlich garantierte Mindestlohn, der am ersten Juni 1968 einen Sprung von fünfunddreißig Prozent machte, der Lebensstandard, die Kaufkraft, der Konsumentenverbrauch, die Länge des bezahlten Urlaubs und die unserer Sommerferien, die zehn Wochen dauerten. Sogar die Zahl der Verkehrsunfälle nahm zu. Kein Wunder, es gab mehr und mehr Autos, und sie fuhren immer schneller. 1967 gab es allein in der Agglomeration von Straßburg siebenundvierzig tödliche Unfälle und nur dreizehn Kilometer Autobahn. Sonntagsfahrern wurde geraten, sich zu Hauptstoßzeiten nicht auf die Straße zu wagen. Die motorisierte Brigade ging gegen Verkehrssünder, unvorsichtige Fahrradfahrer und Picknicker vor, die sich auf dem Grünstreifen niederließen. Man fühlte sich allmächtig. Man war überzeugt, bald wäre der Krebs besiegt und man werde auch Herzmuskelinfarkt, Falten, überflüssigen Pfunden, Sodbrennen und schlaffer Erektion Herr.

Wir stammen aus der Steinzeit. Unsere Kinder verspotten uns als Dinosaurier. All diese veralteten Gesten, die sie nicht mehr kennen: einen Knoten ins Taschentuch knüpfen. Einen Canard aus der Kaffeetasse der Eltern schlürfen. Ihre Zigarette anzünden und den ersten Zug nehmen. Die sprechende Uhr anrufen, um seine eigene richtig zu stellen. Eine Telefonnummer auf einer gelöcherten Wählscheibe einstellen. Einen postlagernden Brief abholen, wenn man am anderen Ende der Welt ist und Heimweh hat. Wir sind wohl die letzte Generation, die auf einer Schiefertafel schreiben gelernt hat, mit einem Griffel, der am Ende einer Schnur baumelte, und einem nassen Schwämmchen in der Dose. Später kamen die Sergent-Major-Feder und die ins Holzpult eingelassenen Tintenfässchen, die heute in Volkskundemuseen ausgestellt werden. Wir haben nacheinander Telex, Fax, Minitel kennengelernt, die ersten Mobiltelefone, sperrig wie ein kleiner Koffer, die ersten IBM-Kugelkopfschreibmaschinen, den ersten Amstrad-Computer. Das heißt, wir haben einen sehr langen Weg hinter uns.

Heute versuchen wir tapfer, Schritt zu halten, doch die Kinder machen sich lustig über uns. Wir tippen unsere SMS mit dem Zeigefinger. Wir sprechen von unserem Computer in der dritten Person: «Aber was macht er denn jetzt schon wieder?», und holen die Kinder zu Hilfe, wenn «er» wieder mal seine Launen hat. Wir denken, wir seien cool, weil wir auf Facebook sind. Die Plattform der Alten, kichern die Kinder, die sich aus dem Staub gemacht haben, als wir gekommen sind. Wir verschicken auf WhatsApp Selfies mit dem Daumen nach oben. Wir zeigen gerne, wo wir in den Ferien waren, wie einig unsere Familie ist und wie geräumig unser Zuhause. Instagram und Snapchat sagt uns nicht viel, und wir verschicken keine Storys mit einem Bild von unserem Mittagessen. Die Influencer mit ihren Tausenden Followern sind für uns mysteriöse Wesen. Wir benutzen Emojis, schmücken unsere Nachrichten mit strahlenden Sonnen, erhobenen Daumen, zerknirschten Grimassen. Und wir schreibenvollständige Sätze mit korrekter Zeichensetzung und ohne Rechtschreibfehler. Ohne hello, Hf, 2g4u, 4U, akla und andere Hieroglyphen in unseren SMS.

Es wäre leicht, die späten sechziger Jahre zu idealisieren. Die Züge kamen pünktlich, und niemand fuhr ohne Fahrschein. Es gab noch qualifizierte Handwerker, die gute

Arbeit leisteten, am Postschalter höfliche Beamte, in den Kaufhäusern hilfsbereite Verkäuferinnen, Händler in den Nachbarschaftsläden, die unsere Mütter mit «Was darf es sein, junge Frau» ansprachen, und Fleischer, die den Kindern eine rosa Scheibe Cervelat gaben. Die Hausangestellten waren «Personen des Vertrauens», die jungen Mädchen «von gutem Ruf» und die Manager «jung und dynamisch», genauso wie das Hacksteak, dieses «junge, dynamische Produkt», das den «Hausfrauen» Zeit sparte. Sonntags gab es Messe, danach den Forellenangelwettbewerb bei den Teichen oder die Rassehundeshow. Im Mai Weißsonntag und Maiglöckchen. Im Juni Fronleichnam und die Kirschen. Im Herbst den neuen Wein und die Walnüsse. Die Kinder waren noch keine Prinzen. Sie spielten auf den Gehsteigen, bis es dunkel wurde, und sahen nur am Donnerstagnachmittag fern, wenn keine Schule war. Einbrüche waren selten. Der Wettbewerb «Mein Dorf soll schöner werden» und die Wanderungen des Vogesenclubs fanden auch bei Regenwetter statt. Die Weißen Väter organisierten Wohltätigkeitsveranstaltungen. Für überlastete Hausfrauen wurde ein Bereitschaftsdienst ins Leben gerufen. Unsere Großmütter klemmten noch die Kaffeemühle zwischen die Schenkel. Sie rechneten in alten Francs. Einige zogen sich abends um, bevor sie sich die Fernsehnachrichten ansahen. Es kam nicht in Frage, sich dem Sprecher in Anzug und Krawatte, der in einem veralteten Französisch «das Neueste» deklamierte, und den Ansagerinnen, die das Abendprogramm verkündeten, im Bademantel zu präsentieren. Die Frauen lasen damals keine Nachrichten. Das hätte nicht seriös ausgesehen. Die Paare ließen sich nicht scheiden, und die Familien waren kein Patchwork und nur selten alleinerziehend. 1968 war man erst mit einundzwanzig volljährig, das sollte sich aber bald ändern.

Frankreich war der viertgrößte Exporteur der Welt hinter den Vereinigten Staaten, Deutschland und Großbritannien. Es war noch ein großes, respektiertes Land, das sich mit seiner Macht brüstete. Deutschland, geteilt und reumütig, spielte nicht in der großen Liga mit. Es war gerade erst dabei, die Augen einen kleinen Spalt zu öffnen, um auf den Horror seiner Vergangenheit zu blicken. Während man in Frankreich Vichy tief in die Schränke respektabler Familien verbannte. Im Elsass hatten alle nur einen Wunsch: dass die «Innerfranzosen», also die «echten» Franzosen, die hinter den Vogesen lebten, endlich aufhörten, uns für Deutsche zu halten. Wir taten alles, um unsere Loyalität unter Beweis zu stellen. Wie freuten wir uns, als General de Gaulle 1968 auf der Landwirtschaftsmesse vor dem Elsässer Stand stehen blieb und ausrief: «Ah, da ist mein geliebtes Elsass! Es ist perfekt, was sie gemacht haben!»

Die Welt, aus der wir kommen, existiert nicht mehr. Eine Epoche, die nach technischen Errungenschaften fiebert. Unsere Kindheit ist geprägt durch viele große erste Male. Der erste Flug der Concorde mit dem gebogenen Schnabel. Der erste Mann auf dem Mond. Ein kleiner Schritt für einen Mann. Ein gewaltiger Sprung für die Menschheit. Es war Sommer und mitten in der Nacht. Wir saßen im Schneidersitz vor dem Fernseher und sahen den verbeulten Mond ganz nah und die graue Erde ganz weit weg. Wir waren nichts als winzige, im Pyjama durch die Galaxie schwebende Partikel. Die erste Herztransplantation und der attraktive Professor Barnard, der unseren Müttern weiche Knie bescherte. Der erste Werbespot im Fernsehen gleich vor den Achtuhrnachrichten. Nur die Marken von Lebensmittelindustrie, Textil- und Haushaltsgerätebranche durften werben. Der erste Schlafwagenzug Straßburg–Paris und die erste Caravelle Straßburg–Paris. Der erste französische Zeichentrickfilm in Farbe, ein Asterix-Abenteuer. Das erste Bettlaken aus synthetischem Gewebe, das «in fünf Minuten trocken ist». Die erste nicht entflammbare, mit Satin eingefasste Decke aus Chlorofaser, «die beim Waschen nicht eingeht». Die ersten Suma-Supermärkte, die freitags bis einundzwanzig Uhr geöffnet sind. Das erste große Inno-Einkaufszentrum am Stadtrand, «billiger als das Billigste». Die ersten gemischten Schulklassen im Collège. Die ersten nackten Busen am Strand von Saint-Tropez. Der erste Riesenkühl- und Eisschrank wie in Amerika. Die ersten Eigentümerwohnanlagen der Luxusklasse mit Teppich in jedem Zimmer, Marmor und Blumenkisten in der Eingangshalle und individuellem Parkplatz. Die entzückten Straßburger nannten sie «unsere Wolkenkratzer». Und mein Vater fuhr mit seinem Bauherrn auf Geschäftsreise. Sie gingen die amerikanischen Shopping-Malls studieren, die sie in Straßburg kopieren und «Einkaufszentrum» nennen würden.

Die Stiefel waren hoch, die Röcke kurz, die Haare lang, die Ideen grandios. 1968 präsentierte Pierre Cardin seine Frühlingskollektion im Restaurant «Maison des tanneurs» im Petite-France-Viertel. «Frauen aus der Provinz können genauso elegant sein wie Pariserinnen», sagt er. Die Elsässerinnen spürten die Arroganz der Pariser deutlich heraus, hatten aber zu viele Komplexe, um ihn in die Schranken zu weisen. Die vor den Fachwerkhäusern postierten Models sahen aus, als wären sie direkt dem Apollo-Raumschiff entstiegen. Schluss mit der altmodischen Konfektion und den Blusen auf Maß nach dem Singer-Schnittmuster. «Get a true Levis», sagte die Werbung im Sportgeschäft Wery unter den großen Arkaden. Über der Legende ein Cowboy von hinten, den Colt im Gürtel. Die Verkaufsschlager in den Straßburger Plattenläden waren *Nights in White Satin* von den Moody Blues, in Mulhouse war es *Bonny and Clyde* von Serge Gainsbourg und Brigitte Bardot. In Colmar zog man Mireille Mathieu vor. In diesem geschützten Kokon sind wir aufgewachsen. Niemand konnte sich vorstellen, dass diese Jahre bald zu Ende wären. Der erste Ölpreisschock von 1973 bremste sie brutal.

Der Glaube an den Fortschritt war unerschütterlich, doch die alten Überzeugungen waren nicht tot. Madame Lance, Wahrsagerin, Geisteraustreibung, Tarot, empfing jeden Tag von 13 bis 19 Uhr. Samstag hatte sie geschlossen, die Preise waren moderat, ihre Erfahrung lang. Und dann dieser ganze Aberglaube, der das Unheil prophezeite: Wenn du schielst, wird es dir bleiben. Wenn eine schwangere Frau einer schwarzen Katze begegnet, bekommt der Säugling eine Hasenscharte. Wenn du unter einer Leiter durchgehst, wenn du ein Glas zerschlägst, wenn du den Kuckuck hörst und kein Geld in der Tasche hast, wenn du in einem Haus einen Regenschirm öffnest ...

Wir teilten dieselbe Geschichte, die Mädchen der Sainte-Madeleine und ich. Trotzdem weiß ich so wenig von ihnen. Was ist aus ihnen geworden, aus den kleinen Mädchen mit dem versteinerten Lächeln auf dem Klassenfoto? Einem schiefen Lächeln, weil man sie zwang, am Tag des Fotografen fröhlich zu sein. Woher kommen sie, und wie haben sie ihr Leben gestaltet? Wer waren ihre Eltern? Haben sie studiert? Sind sie verheiratet? Geschieden? Haben sie Kinder? Und ihre Jungmädchenträume, wo haben sie sie vergraben? Was denken sie über unsere Zeit? Aber halt, ich vergesse das Wichtigste: Sind sie überhaupt noch am Leben? Ich habe Lust, mehr zu erfahren.

3

Mein Poesiealbum

Wir hätten es auch dabei bewenden lassen können. Eine Wiedersehensparty, ein gemütliches Zusammensein, und Schluss. Sich nie mehr treffen. Erst recht, da das Geheimnis jetzt für mich gelüftet war: Ich konnte jedem der kleinen Mädchen, die mir in meinem Poesiealbum – ein Geschenk meiner deutschen Großmutter Mathilde zu meinem neunten Geburtstag – ewige Freundschaft gelobt haben, ein Erwachsenengesicht zuordnen.

Das Poesiealbum ist Teil des deutschen Kulturguts. Generationen deutscher Schulmädchen haben in diesem Büchlein quadratischen Formats die Versprechen ihrer Kindheitsfreundinnen gesammelt. Es ist kein Spielzeug, sondern ein Wertgegenstand, den man sein Leben lang aufbewahrt. Heute sehe ich hinter dem Geschenk meiner Großmutter den Wunsch, ein wenig von ihrer verlorenen Heimat an mich weiterzugeben, von diesem Deutschland, von dem sie sich so abrupt trennen musste, als die Franzosen 1918 das Elsass zurückeroberten. Die Deutschen, die sich Jahrzehnte zuvor dort niedergelassen hatten, wurden des Landes verwiesen. Mathilde und ihre Eltern jedoch wollten um jeden Preis in Colmar bleiben, in dieser kleinen Stadt, in der sie ihr Leben aufgebaut hatten. Also hieß es, kein

Aufsehen erregen. Meine Großmutter hatte sich nach dem Ersten Weltkrieg eine Wahnsinnsmühe gegeben, Französin zu werden. Sie sagte oft, sie habe so sehr versucht, in diesem blau-weiß-roten Elsass voller Trara und *Marseillaise* unbemerkt zu bleiben, sich zu verbiegen und verbergen, dass sie schließlich «alles verleugnet» habe. «Alles zu verleugnen», das war der Preis, um in Colmar bleiben zu dürfen, wohin es ihre Eltern, einen Deutschbalten aus Memel, vom anderen Ende des Reiches, und eine Belgierin aus den schönen Vierteln von Brüssel, eher zufällig verschlagen hatte. Er träumte weiterhin von seiner Ostsee, von den weißen Stränden der Kurischen Nehrung und den eingelegten Heringen seiner Mutter. Sie hatte Heimweh nach Brüssel, der großen Wohnung mit den düsteren Wandbehängen ihrer Notarsfamilie, den goldgerahmten Porträts ihrer steifen Ahnen. Doch die beiden entwurzelten Menschen haben sich irgendwann damit abgefunden. Colmar war alles in allem keine so schlechte Heimat, und sie wollten schließlich nicht mehr weg.

Bis die siegreichen Franzosen beschlossen, alle Boches hinauszuwerfen. 1918 wurden meine Großmutter und ihre Eltern zu «Unerwünschten». Nach langem Betteln bekamen sie die Erlaubnis, in Colmar zu bleiben, allerdings ohne Arbeit, ohne Geld und eine Zeitlang ohne Reisepass. Die Angst, von einem Tag auf den anderen abgeschoben zu werden, hat sie nie verlassen. Meine Großmutter erwarb die französische Staatsbürgerschaft, wie man das große Los zieht, indem sie 1926 einen gebürtigen Elsässer heiratete, meinen Großvater. Doch tief in ihr drin blieb ihr Leben lang die Wunde zurück, einer Kultur entrissen worden zu sein, die sie liebte. Sie hatte einen Teil von sich selbst aufgeben müssen, als sie Französin wurde. Sie hat es nie ganz verwunden. Und so gönnte sie sich viele Jahre später diese herrliche Revanche. Sie schenkte mir ein Poesiealbum und gab dieses Zeugnis ihrer Herkunft an ihre Enkeltochter weiter.

Das Poesiealbum existiert nicht im «Innerfrankreich», wie wir im Elsass das Frankreich jenseits der Vogesen, das «echte Frankreich», nennen. Gut geschützt hinter der bläulichen Schranke der tannengesäumten Bergkette, hat sich Innerfrankreich nicht mit der deutschen Kultur durchmischt. Zusammen mit dem Honigessig, der Aufrechterhaltung des Konkordats von 1801, das im übrigen Frankreich zugunsten der Trennung von Staat und Kirche abgeschafft wurde, der Weihnachtsbescherung am 24. Dezember (und nicht am 25. wie im übrigen Frankreich), dem Feiertag am 26. Dezember, dem Stephanstag, den Kaiser Wilhelm den Elsässern schenkte und den sie nicht mehr hergeben wollten, als sie 1918 zu Frankreich zurückkehrten, ist das Poesiealbum ein Erbe dieser langen Periode, als das Elsass deutsch war, eine «elsässische Ausnahme». Das Poesiealbum ist ein Fremdkörper, der sich fest in der Kultur meiner Heimatregion eingenistet hat. Nach den Kriegen ist niemand auf die Idee gekommen, es loszuwerden. Dabei hatten die französischen Behörden, als das Elsass zweimal wieder an Frankreich zurückging, in ihrem Bestreben, das wiedergefundene Gebiet so schnell wie möglich zu reinigen, an alles gedacht. Sie ließen den Trauring von der rechten zur linken Hand wandern, französisierten Vor- und Nachnamen. Sie ersetzten gar das «Frei / Besetzt» an den Schlössern von Toiletten durch ein «Libre / Occupé». Mit manischer Sorgfalt brachten die Franzosen noch die winzigsten Zeichen von der Anwesenheit der Boches zum Verschwinden. Aber vom Poesiealbum ließen sie die Finger. War dieser Gegenstand zu unbedeutend, um ins doch so systematische Inventar der zu beseitigenden Spuren aufgenommen zu werden? Womöglich verdiente es diese minderwertige Stilübung gar nicht, vernichtet zu werden. Vor allem aber: An der Freundschaft wird nicht gerührt. Ihre Manifeste, und seien sie noch so gering, sind heilig. Vielleicht drückten die Franzosen wohlwollend ein Auge zu bei diesem symbolischen Gegenstand der Zuneigung zwischen Menschen? Wie dem auch sei, das Poesiealbum fiel jedenfalls durch die engen Maschen des Säuberungsnetzes. Vielleicht um seine Herkunft zu verschleiern, gaben ihm die kleinen Elsässerinnen einen französischen Namen. Sie nannten es *carnet de poésie* oder *album de poésie*, «Poesieheft» oder «Poesiealbum». Oder ganz einfach *«poésie»*.

Mathilde muss an meinem Geburtstag wie auf Eiern gegangen sein. Sie wusste, dass sie einen Fauxpas beging. Dass dieses Büchlein im Jahr 1968 auf meinem Gabentisch lag, würde vonseiten meiner Mutter mit Sicherheit einen Tornado entrüsteter Schreie auslösen: «Aber nein, Maman! Was fällt dir ein! Was für ein Kitsch! Das ist ja grauenhaft! Und sexistisch obendrein!» Also hatte meine Großmutter darauf geachtet, ein mit dem minimalistischen und laizistischen Geschmack ihrer Tochter kompatibles Modell auszuwählen. Als Einband kein gepolstertes Kunstleder und kein Plüsch. Weder rosa noch violett, noch himmelblau. Auf dem Deckel weder Veilchen noch Hündchen, noch Engelchen, noch Madonnen. Und, gütiger Gott, noch schlimmer als der ganze bigotte Schnickschnack, bloß keine Micky Maus in einem Haus, in dem der amerikanische Kulturimperialismus verteufelt wurde. Meine Mutter untersagte uns Kindern, im Kino die Filme von Walt Disney anzusehen. Zur Anregung unserer Vorstellungskraft hielt sie die spröden tschechischen Zeichentrickfilme weitaus geeigneter. Und dann Micky Maus auf dem Deckel eines Poesiealbums!

Also wählte Mathilde ein schlichtes, mit Schottenstoff eingebundenes Buch. Und hübsch nebeneinander auf dem Einband drei Gänseblümchen, aus Baumwollgarn gehäkelt. Ein weißes, ein rotes und ein gelbes. Darauf achten, dass das dritte nicht blau ist, sonst würde man an die französische Trikolore erinnert. Meine Eltern konnten patriotische Anwandlungen nicht ausstehen. Oben rechts auf einem braunen Kartonstreifen mit schwarzem Filzstift und in Großbuchstaben das Wort POÉSIE. Ich erkenne die schöne, regelmäßige Schrift meines Vaters. Mathilde muss diesen Schreiberdienst ihrem Schwiegersohn abverlangt haben. Sie wusste, dass ich ihre deutsche Schrift, diese langen, energischen, eng aneinandergeschweißten Striche nicht hätte entziffern können. Meine Mutter muss an sich gehalten haben, um ihr keinen Kummer zu machen. Sie sagte nichts. Aber es war mir sofort klar, dass sie dieses Geschenk missbilligte.

Wahrscheinlich habe ich das Päckchen mit beiden Händen gepackt, eilig das Papier zerrissen und die Schleifen gelöst. Ich erinnere mich nicht mehr an den genauen Augenblick, da ich es entdeckte. Aber ich bin mir ziemlich sicher, dass ich enttäuscht war. Noch so ein Geschenk, das völlig danebengegangen ist. Mit neun stand ich auf Rosa und Flitter. Ich wollte, dass man mir mit dem Lockenstab Ringellocken machte, um wie die kleinen Mädchen aus den Büchern der Comtesse de Ségur auszusehen. Ich wollte Lackschuhe und weiße Spitzensöckchen («Ach nein, wie albern!»), eine Barbie («Was für ein sexistisches Frauenbild! Kommt nicht in Frage!») – wir sind übrigens im selben Jahr geboren worden wie die Barbies, das kann kein Zufall sein –, einen Bikini mit Rüschen am Oberteil («Du hast doch noch gar keine Brüste! Das Unterteil reicht völlig»), sodass ich eine

Badehose für Jungen mit schwarz-weißem Hahnentrittmuster trug, die mein Bruder im Jahr darauf erbte, eine Blümchen- oder Häschentapete in meinem Zimmer (mein Vater malte breite orange- und auberginefarbene Bahnen direkt an die Wand. Kein Hase weit und breit). Nicht einmal ein kleines Schloss hatte dieses Buch, damit ich meine Geheimnisse einschließen konnte. Bestimmt habe ich Freude vorgetäuscht, um meine Großmutter nicht zu kränken, die mit fiebrigen Augen meiner Reaktion auflauerte.

Ich miste gerne aus, ich mag es, mich der Vergangenheit zu entledigen, wenn sie zu sperrig wird, um für die Gegenwart Platz zu machen. Dieser Ballast an Erinnerungen, den man bei jedem Umzug mit sich schleppt. Ich habe ganze Briefbündel weggeworfen, Kleider weitergegeben, Spielsachen der Kinder und all die Bücher, die ich nie lesen werde. Ich kann Nippes, überquellende Schränke, Feriensouvenirs und Staubfänger, diese ganze Anhäufung unnützer Dinge, nicht ausstehen. Von meinem Poesiealbum habe ich mich erstaunlicherweise nie getrennt. Als ich zu Hause auszog, um ein Studentenzimmer zu mieten, habe ich es tief im Schrank meines Kinderzimmers in Straßburg zurückgelassen. Nach und nach hörte die große Wohnung meiner Eltern auf, mein Zuhause zu sein. Ich baute mir mein Leben fern meiner Geburtsstadt auf. Bei einem meiner Besuche in Straßburg ließ ich das Poesiealbum in meinen Koffer gleiten und nahm es mit. Dieser sentimentale Talisman bildete ein dünnes Band zwischen den Territorien der Kindheit und dem neuen, noch kaum erforschten Kontinent meines Erwachsenenlebens. Ich wollte mein Poesiealbum nicht am Grund des Wandschrankes lassen, in dem eine gefräßige Maus ihr Nest gebaut hatte. Meine Mutter hätte diese Kindheitserinnerung in einem Anfall von Ordnungswut wegwerfen können, ohne mich nach meiner Meinung zu fragen. Mein Poesiealbum hat mich seither nicht mehr verlassen. Ich habe diese Mädchen, die ich schon lange aus den Augen verloren habe, in Berlin in ein Regal gestellt. Und sie dann vergessen. Bis zu dem Tag, als ich beschloss, mich auf ihre Suche zu begeben.

4

Ein kleiner
Pappkoffer

Giacomina ist die Erste, die ich gefunden habe, und das ist bestimmt kein Zufall. Als ich ihren Namen googelte, ploppte auf meinem Mac-Bildschirm eine vornehme Dame auf mit sehr kurzen schwarzen Haaren und Zuchtperlen in den Ohren. Sie versprach mit gepflegter Stimme magische Dinge: «das Material ‹sublimieren›», um das «Außergewöhnliche zu kreieren», den «Stein zu veredeln». Sie beschrieb massive Marmorsäulen, monumentale Treppen, elliptisch gewendelt und aus einem Block gehauen. «Der Umweg lohnt sich», versichert sie und formt ihre Lippen zu einem Mona-Lisa-Lächeln. Alles an ihr ist viereckig: das Gesicht, der Busen, der Haarschnitt, die dickrandige Brille und selbst die Sätze sind kantig, die in rascher Folge aus ihrem knallroten Mund schießen.

Ich habe das Mädchen in der Strickjacke mit der komischen Karo-Krawatte auf dem Klassenfoto sofort wiedererkannt. Sie ist ein bisschen größer als die anderen. Ein bisschen älter. Sie sticht schon 1968 heraus. Sie verschränkt nicht die Arme wie die meisten, sondern hat den Unterarm lässig aufs Pult gelegt. Den Hals gereckt, den Kopf leicht zur Seite geneigt, scheint Giacomina das Objektiv herauszufordern. Sie ist im Zentrum des Bildes. Wir anderen spielen schon da Nebenrollen. Kein Zweifel, das Mädchen auf dem Foto muss die Frau auf dem Video sein. Die gleichen, lebhaften Augen, dieselbe Kopfhaltung. Und vor allem diese unglaubliche Chuzpe.

Verändert man sich während eines Lebens? Es scheint mir, es gibt eine unwandelbare Essenz, einen inneren Wesenskern, dem weder die verflossenen Jahre noch die unterwegs angesammelten Erfahrungen etwas anhaben können. Die Pascale L. auf dem Foto, die etwas abseits hinten im Klassenzimmer sitzt, die Arme wie zum Schutz eng auf der Brust verschränkt, geht noch heute nur ungern Risiken ein. Die kleine, püppchenartige Pilar mit dem kleinen Lächeln und den kleinen Ohrringen ist auch als Erwachsene bescheiden, stets im Dienst der anderen. Françoise verbirgt hinter ihrer Zerbrechlichkeit noch immer dieselbe Kraft. Jeannine, die Sanftheit. Anne-Marie, die Energie. Marianne, in der ersten Reihe, abwesend oder gleichgültig, weit, weit weg von unserer Gruppe. Es ist mir nicht gelungen, ihre Spur zu finden, und ihr Verschwinden erstaunt mich nicht. Und dann Giacomina, die die Aufmerksamkeit sofort auf sich zieht. Bereit loszulegen. Dieses kleine Mädchen enthält im Keim bereits die Powerfrau im Video.

Ich hatte ihr eine vorsichtige E-Mail geschickt: «Ich bin fast sicher, dass ich mich nicht täusche …» Die Antwort ließ nicht lange auf sich warten: «Manchmal lächelt das Schicksal: Ich ging vor nicht allzu langer Zeit an dem Haus vorbei, in dem du gewohnt hast, in der Nähe der Ill und des Saint-Thomas-Quai. Ich habe dich stets in wacher Erinnerung behalten.» Und sie hatte in Großbuchstaben hinzugefügt: WELCH EIN GLÜCK, NACH FÜNFZIG JAHREN SEINE VERGANGENHEIT NEU ZU ENTDECKEN. Sie schrieb mir mehrere Wochen lang. «Fortsetzung folgt», versprach sie am Ende jedes ihrer Berichte, so als säße sie am Drehbuch für eine Serie und achtete darauf, an einem spannenden Punkt zu unterbrechen, um mir Appetit auf die nächste Folge zu machen. Es ist die Geschichte eines Mädchens, das ganz unten angefangen hat und durch harte Arbeit und viel Ausdauer schließlich nach ganz oben gelangt.

Wir beschließen, uns zu treffen. Giacomina verabredet sich mit mir in Saverne, der letzten elsässischen Stadt vor dem Pass, der nach Lothringen führt. Giacomina und ihr Mann wohnen etwas oberhalb auf dem Hügel, unweit der A4, die Straßburg in gerader Linie mit Paris verbindet. Sie hat mich vorgewarnt: «Eine Wahnsinnswoche! Heute Architekten aus Paris, Zürich, Lausanne und Rio … Morgen ein Meeting mit all meinen Vertretern und dem Lieferanten. Übermorgen Paris für ein großes Geschäft mit Katar und am Samstag der fünfzigste Geburtstag meiner Stieftochter.» Die Präsidentin hat es trotzdem geschafft, mich in ihren Terminkalender zu «quetschen». Unter den Fahnen des Rathauses, vor den Geranienkisten, warte ich auf sie. Sie hat sich verspätet und bombardiert mich mit SMS, um sich zu entschuldigen. Schließlich nähert sich ein Geländewagen mit getönten Scheiben, der mit den Scheinwerfern blinkt. Die Wagentür geht auf, und Giacomina kommt auf mich zu. Sie schaukelt in ihren spitzen Pumps, eine riesige Handtasche in der Armbeuge, das Smartphone am Ohr. Sie ist ganz außer Atem. «Ja, chéri. Ja, ja. Gut, ich muss auflegen.» Und sie öffnet weit die Arme und stürzt sich auf mich: «Ach, Pascale, da bist du ja!»

Nicht nötig, das Gespräch in Gang zu bringen. Beide, der Geländewagen und Giacomina, legen wie auf Knopfdruck los. Sie unterbricht ihren Monolog nur, um den Anruf eines Mitarbeiters entgegenzunehmen. Sie verwendet gern das Wort «Mitarbeiter», das, zumindest der Form nach, eine Beziehung von gleich zu gleich suggeriert. Doch wenn sie Anweisungen gibt, stellt sich schnell heraus, dass die Chefin in Wirklichkeit vertikale Hierarchien bevorzugt. «Verzeih mir, das war sehr dringend», entschuldigt sie sich, während sie auflegt. «Für einen brasilianischen Kunden. Er baut sich in Rio eine Wohnung, und wir liefern den Stein.» «Stein», sagt sie, als handelte es sich um ordinären Kiesel. Wir fahren durch einen dunklen, mit Heidekraut bewachsenen Wald, dann einen Hügel hinauf und gelangen auf ein windiges Plateau. Ich versuche, in meinem Notizbuch mitzuschreiben, das mich, seit ich diese Reise in mein Poesiealbum angetreten habe, nicht mehr verlässt. Mein Stift stolpert. Ich werde es niemals lesen können, und Giacomina spricht schneller und schneller.

Wir sind da. Der Name des neuen Hauses ist mit Arabesken in die kleine Mauer neben dem Eingangstor eingraviert. «So, das ist unser Anwesen», verkündet Giacomina. Sie genießt die Noblesse des Wortes. Es hätte mich nicht überrascht, wenn sie «Schloss» oder «Gutshaus» gesagt hätte. Das mit goldenen Lilien geschmückte Eingangstor öffnet sich, um uns durchzulassen. Eine Zypressenallee führt zu einer mit neobarockem Geländer versehenen Vortreppe. Ein einsamer Roboter ist dabei, den beinahe blendenden grünen Rasen zu mähen. Er kurvt um die Buchsbaumkugeln, kriecht die geometrischen Blumenbeete entlang, an den antiken Statuen aus rekonstruiertem Naturstein vorbei. Kein einziges Unkraut, kein einziges Büschel ungebändigter Natur stört die perfekte Geometrie der Alleen dieses moselländischen Schloss Chambord.

Der Hausherr erwartet uns auf der Treppe neben einer blauen Weltkugel, die von drei Bronzefiguren gehalten wird.

49

«Sie symbolisieren drei Werte, die uns wichtig sind: Weisheit, Mut und Loyalität», erklärt er, froh, einen Einstieg gefunden zu haben, um diese plötzlich aus der Vergangenheit seiner Frau aufgetauchte Besucherin zu begrüßen. Auf dem Giebel über der Haustür sind die Initialen des Hausherren angebracht. Er führt uns in den Salon, wo wir in niedrigen Lehnsesseln Platz nehmen. Giacomina bindet sich eine Rüschenschürze um die Taille und ruft: «Ich warne dich, es gibt was Einfaches, Hauptsache, wir haben Gelegenheit, miteinander zu plaudern.» Ich bleibe allein mit dem Ehemann zurück, der mir die Erfolgsgeschichte seiner Firma erzählt, zu hundert Prozent in Familienbesitz, europäischer Marktführer in ihrem Sektor, dreißigtausend Angestellte in vierzehn Ländern und drei Kontinenten, die auf drei Millionen Quadratmetern Lagerfläche arbeiten.

Er lobt die «Energie und Leidenschaft», die seine Teams ausstrahlen, deklamiert ein paar wohlklingende Sätze: «Das Leben ist ein wunderbarer Traum, dem man jeden Tag ein Stück näher kommt.» Oder: «Das Unternehmen ist ein Juwel. Es ist die Pflicht jedes seiner Mitglieder, es zu schützen und gedeihen zu lassen.» Ich höre das Klacken von Giacominas kleinen Absätzen auf dem Küchenmarmor. Sie murmelt vor sich hin, während sie das Geschirr aus den Schränken holt. Frustriert, dass sie ausgeschlossen ist, lauscht sie unserem Gespräch und gibt von weitem Kommentare ab: «Wir haben nicht vergessen, woher wir kommen. Chéri, erzähl es ihr!» Zwischen der Küche und dem Wohnzimmer setzt sich ein A-cappella-Duett in Gang:

(Küche) «Mein Mann hat nicht das Polytechnikum gemacht, aber er hat Instinkt und kann arbeiten. Ein Autodidakt.»

(Wohnzimmer) «Man hat uns keine Geschenke gemacht.»

(Küche) «Einsatz und Familie sind der Schlüssel des Erfolgs.»

(Wohnzimmer) «Es ist nicht das Geld, das uns motiviert. Es ist die Freude, etwas weitergeben zu können.»

(Küche) «Wenn wir mal gehen müssen, können wir sowieso nichts mitnehmen.»

«Sie hat Charakter, meine Frau», flüstert mir der Ehemann zu, als hätte er mir damit ein unsichtbares Persönlichkeitsmerkmal seiner Gattin verraten. Nach einer Weile hält Giacomina es nicht mehr aus. Sie stößt zu uns. In ihrem schwarzen Kleid mit den weißen Tupfen und den beiden Kochlöffeln, die sie wie Kastagnetten schwingt, sieht sie aus wie eine Flamengo-Tänzerin. Sie hat es eilig, ihrem Mann die Stichworte zu liefern. «Es ist mir an diesem Punkt in meinem Leben ein Anliegen, etwas von mir hinterlassen können.» Giacomina sagt wie eine gute Schülerin die sieben Werte des Unternehmens auf: das Menschliche im Mittelpunkt, Demut, Vermittlung, Handwerk, ständiges Infragestellen, Servicekultur, Kompetenz. Diese Gesetzestafel hängt in jedem Büro.

Es ist wahr, dass die beiden niemandem etwas schuldig sind. Sie haben tief unten angefangen. Er entstammt einem alteingesessenen Geschlecht von Landwirten in der Ardèche, sie einer Linie von Steinmetzen in Apulien. Beide kommen aus einer neunköpfigen Großfamilie überzeugter Katholiken. Bei beiden dieses Streben nach Erfolg, dieser Arbeitseifer, Familiensinn, dieser unerschütterliche Optimismus. Sie glauben an die Dynamik der Marktgesetze, die Wohltaten der individuellen Freiheit, an die Solidarität des Clans, an das Kapital, das sich vervielfältigt wie das Brot in ihrer Bibel. Sie staunen selbst, wenn sie die aufsteigende Kurve ihres Lebens betrachten. Sie sprechen nicht von

Rückschlägen, nicht von Zweifeln oder Niederlagen. Giacomina gibt ihrem Mann einen Klaps auf die Schulter. «Wir sind ins Leben des anderen geschlüpft wie in Pantoffeln, stimmt's, mon chéri?»

Erst spät am Abend, als Giacomina ihrem Ehemann bedeutet, es sei vielleicht Zeit für ihn, ins Bett zu gehen und uns unter vier Augen sprechen zu lassen, wird die Geschäftsführerin wieder zu Giacomina. Die Dunkelheit hat die Gartenbeete und das türkisfarbene Oval des Pools verschluckt. Eine einzelne Lampe bringt uns beide im blassen Kreis ihres Lichts zusammen. Giacomina hat ihre Schuhe ausgezogen, eine bequeme Jacke übergestreift und ihr mit Anglizismen durchsetztes Unternehmerfranzösisch abgelegt. Schluss mit den Challenges. Vergessen das heilige Unternehmen und seine sieben Gebote. Das Timbre ihrer Stimme hat sich geändert. Giacomina erzählt mir, wie kühl sich die Oberfläche von Achat anfühlt, wie rau die von Volvic-Lava, sie beschreibt mir die Adern von versteinertem Holz, die seidig glänzende Reinheit von Carrara-Marmor. Sie spricht jetzt die Sprache der Steinmetze. Sie sagt Polieren, Schleifen, Bürsten, Kristallisieren. Plötzlich wird ihre Stimme sanft. «Ich habe keine Kinder. Ich wollte nie Kinder haben. Aber wie wäre mein Leben verlaufen, wenn ich welche bekommen hätte? Wir bestehen alle aus den Zellen der anderen. Meine Großeltern, meine Eltern, ich. Doch ich sage mir: ‹Jacqueline, dein Zweig ist am Ende. Es wird keine Spur von dir zurückbleiben, wenn du einmal gehst.› Sie vertraut mir ihre Gesundheitsprobleme an, erzählt von ihrer gescheiterten ersten Ehe. Und von ihrer Ankunft in Straßburg.

Irgendwo in Giacominas Haus, zwischen Kristalllüstern, Gueridons im Empire-Stil, Vergoldungen und Damast, inmitten dieses Überflusses an neuartigem Luxus, der versucht, sich eine zweihundertjährige Patina zu verleihen, gibt es einen Pappkoffer. Einen Armeleutekoffer, brüchig und ganz zerbeult. Ein Koffer von Menschen, die sich den Luxus von Leder nicht leisten können. «Ich habe mich nie von ihm getrennt», sagt Giacomina. «Er muss irgendwo da oben sein.» Und sie deutet mit dem Kinn auf die breite Hollywood-Treppe, die sich in die oberen Stockwerke hinaufschwingt, zu den Baldachinbetten, den Badezimmern aus weißem Marmor mit den Chromotherapie-Duschen – blaue Lichtwelle für Gelassenheit, gelbe für Selbstvertrauen. Irgendwo in ihrem neuen Leben als Unternehmenschefin, als Lions-Club-Mitglied, Ehefrau eines der größten Unternehmers Ostfrankreichs, Sammlerin von Handtaschen – «Feinleder, Krokodil, samten, klassisch, trendy, eine Schwäche von mir» –, die sie in einem Schrank im Untergeschoss zwischen ihrem Hammam und dem Pool verstaut, in dem sie sich jeden Morgen zu ein paar Längen zwingt – «weil mein Mann will, dass ich wie Claudia Schiffer aussehe» –, bewahrt Giacomina den Kartonkoffer auf als Zeuge für ihre bescheidenen Anfänge. Mit diesem Koffer als einzigem Gepäck ist sie in Frankreich angekommen. Das war am 25. Juli 1965.

Giacomina kehrt auf den Bahnsteig des Bahnhofs von Mola di Bari in Apulien zurück. Sie ist sieben. An jenem Tag nehmen ihr Vater Francesco, ihre Mutter Faustina und fünf ihrer Kinder den Zug nach Frankreich. Die Älteste, Carmela, ist bereits zu einer Tante in Straßburg gezogen, die Jüngste, Claudia, «eine Achtundsechzigerin», kommt 1968 dort zur Welt. So viele Bilder, als wäre es gestern gewesen. «Auf dem Bahnsteig wurde geweint, hin und her gerannt, Koffer wurden durch das Abteilfenster geschoben, alles schrie

durcheinander. Wir gingen für immer, das war allen klar.»
Tanten, Onkel, Großeltern, Cousins und Cousinen, Freunde,
Nachbarn – alle sind gekommen, um sich zu verabschieden.
Und mittendrin die weinende Faustina. Giacomina und
Angelo, die beiden Jüngsten, klammerten sich an die Rock-
zipfel ihrer Mutter. Tina flehte Tante Rita an, sie bei sich
zu behalten. Sie war siebzehn. Sie wollte ihr italienisches
Leben, die Vespa, die Freunde nicht aufgeben. Aber Francesco hatte große Geldsorgen. Seine Baufirma war in Kon-
kurs gegangen. Mit vierzig Jahren fing er noch einmal ganz
von vorne an. Er ging, weil es in Italien keine Arbeit gab. Er
ging, um Geld zu verdienen und dem Land die Schulden
zurückzuzahlen. Erst hatte er seinen Kindern Amerika versprochen. Das Land, in dem die Italiener ihr Glück machten.
Er hatte die Visa bereits in der Tasche. Es war Faustina, die
nicht wollte. In letzter Minute wurde ihr klar: Wenn ich
dieses Schiff besteige, wenn ich dieses endlose Wasser über-
quere, werde ich meine Heimat nie wieder sehen. Also wich
Francesco auf das nähere Frankreich aus. Er entschied sich
für Straßburg, in der Nähe seiner Schwägerin und seiner
ältesten Tochter. Aber war das Elsass wirklich Frankreich?
Die Kinder hatten sich den Eiffelturm vorgestellt, Hähne
auf den Kirchtürmen, eine sanfte Landschaft und ein paar
anmutige Schlösser. Sie fanden sich in düsteren, mit Fachwerkhäusern gesäumten Gassen wieder, mit einer riesigen
Kathedrale und einer Sprache, die nicht französisch war.
Der Sprache eines zwischen zwei blauen Bergketten ge-
quetschten Zwitterlandes, auf das zwei Staaten ein Auge
geworfen hatten, die sich jahrelang bekriegten. Giacomina
hat es stets bedauert, dass ihre Eltern sich nicht für New
York entschieden haben, diese Stadt, in der sie nie gewesen
ist, von der sie jedoch nie zu träumen aufgehört hat. New
York, das macht doch etwas mehr her als Krutenau.

«Du wirst erhobenen Hauptes nach Italien zurückkehren!»,
versprach Francesco seiner Frau, als der Zug sich in Bewegung
setzte. Wehende Taschentücher. Schluchzer. Die Rufe
schwollen an. Die Menschenansammlung am Ende des
Bahnsteigs wurde kleiner und kleiner, bis nur noch ein winziger
Fleck in der Ferne von ihr übrig blieb. Und dann plötzlich
nichts mehr. Zwei Tage dauerte die Reise von Mola di
Bari nach Straßburg. Es war stickig heiß im Abteil. Faustina
weinte die ganze Zeit. «Es ist nichts! Es ist nichts! Das geht
vorbei!», sagte sie zu ihren verängstigten Kindern. Mitten in
der Nacht hielt der Zug in Mailand. Endstation. Die Reise
ging erst am nächsten Morgen weiter. Faustina stellte die
vier Pappkoffer flach nebeneinander auf den Bahnsteig. Sie
nahm die Kissen heraus, die Decken und legte die Jüngsten
auf die improvisierten Lager. Am nächsten Tag bestieg die
Familie im Morgengrauen den Zug nach Basel. Faustina
verteilte Brot, Milch, Kaffee. «Ihr werdet Berge sehen, grüne
Wiesen, Kühe», hatte Carmela den Kleinen geschrieben.
Als der Zug in der Schweiz ankam, bekam Giacomina ihren
ersten Berg zu Gesicht, «mit Schnee auf dem Gipfel, Chalets
und all dieses Grün. Es war wie eine Filmkulisse. Wir drückten
uns an die Scheiben. Und die Tunnels! Oh, mein Gott.
Wir waren im Dunkeln. Und dann die Einfahrt in Straßburg.
Oh, là, là. Die große Ankunft. Ein Gedränge. Damals sind
zahlreiche Auswanderer aus Italien angekommen. Meine
Schwester Carmela holte uns mit Natale, ihrem sizilianischen
Verlobten, am Bahnhof ab. Wir kannten ihn nicht.
Bei uns spazierte man nicht einfach so mit einem Jungen
herum. Es war kalt, obwohl Juli war. Ein mieser Sommer.
Wir waren halb erfroren.» Man machte sich auf den Weg.
Natale zog seine Jacke aus und legte sie Giacomina um
die Schultern. Er nahm das kleine Mädchen auf den Arm
und trug es in sein neues Haus am Fuß des Münsters. «Wir

mussten mit unseren schwarzen Haaren und unseren Bündeln ausgesehen haben wie eine Gruppe Zigeuner.»

Die Wohnung, die sich im zweiten Stock in einer finsteren Gasse befand, war vierzig Quadratmeter groß. Im Garten ihres riesigen Anwesens sitzend, sieht Giacomina die winzige Unterkunft am Ende einer alten knarrenden Holztreppe vor sich. Eine kleine Küche, ein kleines Wohnzimmer, ganz hinten ein kleines Schlafzimmer. Kein Bad, stattdessen ein Becken heißes Wasser in der Küche. Die Toilette befand sich hinten in einem feuchten Hinterhof, in dem es nach Katzenpisse roch. Am Abend wurde im Hauptraum ein Vorhang gezogen, und man breitete auf dem Boden Matratzen aus. Es war wie in einem Schlafsaal, die Jungen auf der einen Seite, die Mädchen auf der anderen. Und am Morgen wurden die Matratzen aufeinandergestapelt, damit man sich bewegen konnte. «Wir lebten zu acht da drin. Wir machten alles in diesem Raum. Für uns war es wie beim Camping, aber für die Eltern war es schrecklich. Der Weggang aus Italien war eine wahre Entwurzelung. Sie kamen von der Sonne, vom Licht. Sie hatten ein großes Haus gehabt. Meine Schwester Tina verlor die Nerven. «Aber was soll denn das! Es riecht nach Muff, es stinkt, es ist schmutzig!»

Zum Glück gab es die Solidarität der italienischen Gemeinde. «Unter Italienern lässt man niemanden im Stich, dem es dreckig geht. Um uns herum wurde ein Hilfsprozess in Gang gesetzt. Von Freunden, die wir ein Leben lang behalten haben.» Die Nachbarn beruhigten Faustina: «Mach dir keine Sorgen. Der Dachboden ist voll mit alten Möbeln!» In den sechziger Jahren entdeckten die Franzosen den Glasfaserkunststoff, den gegossenen Plastik, Polyester, Schalensessel, grelle Farben ... Sie trennten sich von den schweren Massivholzmöbeln. Für die Neuankömmlinge ein

Geschenk des Himmels. Francesco strich die Stühle und Schränke neu. Tina schrubbte die Wohnung mit Eau-de-Javel. Nach und nach lebte man sich ein. Aber dann die Katastrophe: Francesco, der als Hilfskraft auf einer Baustelle des Münsters arbeitete, fiel vom Gerüst und verbrachte sechs Monate im Krankenhaus. Giacomina erinnert sich noch an die sonntäglichen Besuche. «Sie lagen zu vierzig in heruntergekommenen Schlafsälen. Die Nonnen, der Gestank, mein Vater, dünn und gelb auf dem Eisenbett. Während dieser Zeit unterhielt meine älteste Schwester die Familie. Abends machten alle um den runden Tisch herum kleine Handarbeiten, um die Schulden in Italien zurückzuzahlen. Zum Glück kam mein Vater davon.» Ein Paar neue Schuhe war das reinste Glück. Die Mädchen trugen die Kleider der älteren auf. Faustina verbrachte die Zeit mit Flicken und Nähen, Auftrennen und wieder neu Nähen. Sie machte alles selbst: Pasta, Kuchen, Kleider … Sie kaufte nie etwas. Giacomina hatte keine Puppe. Auch kein Poesiealbum. Es war ihr großer Traum, eins zu besitzen.

Am 6. Juni 1968 schrieb sie für mich:

> *Ich kenne zwei Blumen*
> *Die Rose und die Lilie*
> *Die Rose ist mir die Liebste*
> *Die Lilie segne Gott.*
> *In Erinnerung an Deine Schulkameradin*
> *Die Dich liebhat. Giacomina.*

Eine schöne, runde Schrift. Sie hat die Wortanfänge mit Arabesken ausgeschmückt, die Buchstaben geschmeidig miteinander verbunden und die Seite leuchtend rot ausgemalt. Jeder neue Abschnitt mit einer Leerzeile abgesetzt,

das D von *dieu*, Gott, großgeschrieben. Keine Rechtschreibfehler. Nichts durchgestrichen. Kein einziger Buchstabe,
der verrutscht ist. Nie hat sie die Kontrolle über ihren Stift
verloren. Drei üppige Rosen umrahmen das Gedicht. Über
den oberen rechten Rand flattert ein aus einer Papierserviette ausgeschnittener Engel. Es ist die knalligste Seite des
ganzen Albums. Ganz Giacomina. Sie bestätigt mir, dass
sie sich Mühe gegeben hat: «Als du mich gebeten hast, in
dein Poesiealbum zu schreiben, kehrte ich voller Stolz nach
Hause zurück. Für dich war es eine Bagatelle. Aber ich habe
davon geträumt, so ein Album zu haben. Bei uns war kein
Platz für solche Rührseligkeiten. Und kein Geld für Über-
flüssiges. Es wurde jeder Centime zweimal umgedreht. Wir
waren ein Sozialfall. Wir bekamen von der Stadt Straßburg
ein Weihnachtspaket. Wir wurden mit Vitaminen gefüttert,
auch wenn wir genug zu essen hatten. Wir hatten nicht viel
auf den Rippen. Ich habe mich oft geschämt.»

Giacomina erzählt mir von meiner Mutter, «schön, blond,
elegant. Sie hat dich jeden Tag zur Schule gebracht. Meine
blieb daheim und machte den Haushalt.» Giacomina beneidete mich um mein Blond: «Du sahst aus wie Heidi, und
ich, mit meinem schwarzen Schopf ...» Und sie beneidete
mich um den Wohlstand meiner Familie: «Manche kommen mit einem silbernen Löffel im Mund zur Welt und
manche mit einem Pappkoffer.» Ich weiß es nicht mehr, ist
Giacomina zu mir spielen gekommen? Haben wir uns nach
der Schule getroffen? Ich sehe kein Bild von einem gemeinsam verbrachten Nahmittag. Bei ihr war ich nie, ich bin mir
sicher.

Im Jahr 1968 begann sich das Blatt zu wenden. Das
städtische Sozialamt stellte der kinderreichen Familie eine
richtige Wohnung in der Rue des Balayeurs in der Krute-

nau zur Verfügung, die sich direkt über einem Kino befand. «Also das, das war Versailles! Sehr baufällig natürlich. Aber wir hatten ein Badezimmer mit Badewanne und Toilette. Es gab acht Zimmer. Ich teilte meins mit meiner Schwester. Und als Krönung des Ganzen gelangte man durch eine Tür auf den Dachboden des Kinos unter uns. Da gab es ganze Stapel von Zeitschriften, die wir verschlangen, mit Fotos der Stars, während meine Mutter an den Balken die Wäsche aufhängte. Wenn sie trocken war, mussten wir sie im dämmrigen Raum abnehmen gehen. Das hingegen mochten wir weniger.» Francesco begann, einen anständigen Lebensunterhalt zu verdienen, er «startete im Baugewerbe durch». Giacomina verwendet nur energiegeladene Ausdrücke, durchstarten, den Fuß in den Steigbügel setzen, geradeaus gehen, beschleunigen, sich rühren, vorankommen, aufsteigen, loslegen. Das Unternehmen florierte. Francesco zahlte seine Schulden ab und kaufte ein großes Haus in einem Dorf in der Nähe von Straßburg.

1968 würdigte der Straßburger Bürgermeister bei einem Empfang im Rathaus die Italiener: «Sie haben ihr berufliches Engagement und ihre Freundlichkeit mitgebracht, von der wir raubeinigen Elsässer gelegentlich etwas mehr brauchen konnten.» Es war die Zeit, da die Elsässer Italien entdeckten. Sie nahmen den Gotthard- und Sankt-Bernhard-Tunnel, durchquerten die Lombardei, stellten ihren Wohnwagen in der prallen Sonne auf einem Campingplatz am Meer neben dem anderer Elsässer ab und sprachen Elsässisch miteinander. So fühlten sie sich nicht allzu fremd. Auch meine Eltern entdeckten Italien. Sie fuhren im Auto, ohne uns Kinder. Und kehrten voller Begeisterung zurück. Meine Mutter fing an, *subito, presto, pastasciutta, basta* zu sagen. Sie zeigte mir Fotos von Schülerinnen in weißen

Schürzen mit einem Band in den Haaren. So hätte wohl Giacomina ausgesehen, wenn sie in Italien geblieben wäre.

Mit dreizehn trat Giacomina in die Berufsfachschule ein. Sie wollte frei sein und ihren Lebensunterhalt selbst verdienen. Sie machte eine Lehre als Arztsekretärin in einem Labor und ließ sich mit achtzehn von ihrem Vater einstellen. Er hatte sie nicht aufgezogen, damit sie für einen anderen Chef arbeitete, er verdoppelte ihr Gehalt. Giacomina blieb zehn Jahre lang bei ihm. «Mein Vater hat mir alles beigebracht. Er hatte Instinkt, gesunden Menschenverstand.» Nach Francescos Tod suchte Giacomina die Papiere für die Witwenrente ihrer Mutter zusammen. Sie entdeckte all die Berufe, die ihr Vater ausgeübt hatte, um sie alle durchzubringen: Handlanger, Schuhmacher, Fahrradmechaniker. Am Anfang nahm er alles an, was kam, arbeitete Tag und Nacht. Er sprach nie mit den Kindern darüber. «Es tat mir weh, das alles zu sehen, und ich habe verstanden, warum er so streng mit uns war.»

Francesco starb mit neunundfünfzig. Faustina drei Jahre später aus Kummer. Sie, die ihr Leben lang ihre Rückreise nach Sizilien vorbereitet haben, liegen im Elsass begraben, neben ihren Kindern. Im Laufe der Jahre war Frankreich ganz unmerklich zu ihrer Heimat geworden. Doch Francesco und Faustina haben nie um die französische Staatsbürgerschaft ersucht. Sie haben ihren italienischen Akzent nie verloren. Wegen Faustina, die zu Hause eingesperrt war und also keine Gelegenheit hatte, Französisch zu sprechen, beschied Francesco gleich nach der Ankunft in Straßburg: «Ab heute wird zu Hause nur noch Französisch gesprochen. Mama muss es lernen. Und wir heißen ab sofort François und Faustine! Und du, Giacomina, Jacqueline.» Französisierte Namen, um die Herkunft zu vertuschen. Abends, wenn alle im Bett waren, perfektionierte der Patriarch sein Französisch mit einer Methode, die rasche Fortschritte versprach. Fleißig wie ein Schuljunge schrieb er Texte ab. Am Ende seines Lebens schrieb er fehlerfrei. Ein Satz von Joseph Conrad fiel mir ein, als Giacomina mir von dieser Assimilierung mit der Brechstange erzählt: «*The pain of trying to belong.*»

Giacomina schmückt ihre Sätze mit erlesenen Wörtern aus und greift zu manierierten Formeln und Wendungen. Sie bemüht sich, gut zu sprechen. Wüsste ich nicht, woher sie stammt, würde ich allein vom Hören vermuten, sie wäre eine vornehme Frau aus der Oberschicht. Aber bestimmt nicht die Tochter eines Maurers aus Apulien, die bis sieben kein Französisch gesprochen hat. Je weiter Italien in die Ferne rückte, umso mehr vergaß sie ihre Geburtssprache. Sie lernt erst mit dreißig wieder Italienisch, als sie das Bedürfnis hatte, zu den Wurzeln zurückzufinden, die von den auf schnelle Integration bedachten Eltern so brachial gekappt worden sind. «Als wir klein waren, war unser Bezugspunkt Frankreich. Italien war nicht stabil. Frankreich ist ein Land, in dem es Regeln gibt, soziale Sicherheit und Disziplin. Italien verwirrte uns. Wir begannen, das Land zu lieben, als wir unsere Eltern verloren.» Heute ist es ein echter Trumpf, Italienerin zu sein. Giacomina weiß ihn auszuspielen. *A domani, ciao ciao.* Sie fuchtelt mit den Händen, wiegt den Kopf. Sie hat die Einbürgerung ebenfalls nie beantragt. «Dabei habe ich fünfzig Jahre Frankreich hinter mir», sagt sie, wie man sagt, ich habe fünfzig Jahre Karriere oder Dienst unter der Fahne hinter mir. «Mein Mann möchte, dass ich mich einbürgern lasse, aber ich sage zu ihm: ‹Hör mal, du hast eine Italienerin geheiratet! Das werde ich doch jetzt nicht ändern!›»

Ich habe mich lange gefragt, warum Giacomina mir, ohne mich wirklich zu kennen, ihr Haus so weit geöffnet hat. Warum ihr daran lag, mir den Pool zu zeigen, ihre Salon-Fluchten, ihren großen Garten. Warum nahmen sie und ihr Mann mich etwas später bei der Feier ihres gemeinsamen Geburtstags in den engen Kreis ihrer beiden Familien auf? Ich erhielt die Einladungskarte schon Monate im Voraus, geschmückt mit ihren Initialen, verschlungen wie die im Logo von Coco Chanel. Hundertvierzig Jahre sie beide zusammen. Ein Fest, so prunkvoll wie eine Hochzeit, mit Dresscode – Weiß und Goldaccessoires – und zweihundert Gästen. Auf dem Programm: Überraschung! Überraschung! Giacomina setzte mich ganz in ihre Nähe an den Ehrentisch. Sie thronte daran inmitten ihrer großen Familie wie das zur Prinzessin gewordene Aschenputtel. Ihr schönes südländliches Frauengesicht strahlte über einem Edelsteincollier. An ihrer Seite ihr Mann. Sie hielten sich an der Hand. Ja, warum hat Giacomina mich in ihr Leben gelassen, mich, die ich alles in allem nichts als ein Phantom war, eine Frau, die früher einmal dieselbe Schule besuchte, mehr nicht. Als ich mich während der Party mit ihren Schwestern und Neffen, den bewundernden Freunden und lobenden Kunden unterhielt, wurde mir bewusst, welch langen Weg sie zurückgelegt hat. Als ich mit meinem Teller in der Hand vor einem überdimensionierten Kuchen in der Schlange stand, musste ich an die Vitaminpillen zurückdenken. Giacomina hatte die Armut gekannt. Schlimmer noch: die Scham. «Ich habe dich idealisiert», hat sie mir tief in der Nacht gestanden, als wir allein, dicht beieinander, unter der Lampe saßen. «Was für ein Glück du gehabt hast! Deine Mutter und du, ihr habt für mich das Unerreichbare verkörpert. Manchmal, wenn ich mir ansah, wie wir lebten, sah ich meine Eltern an und träumte: Und wenn das nicht meine Eltern wären? Und wenn die anderen, die echten, dabei wären, überall nach mir zu suchen? Ich schämte mich, mir solche Sachen vorzustellen. Ich hatte das Gefühl, sie zu verraten. Wie ich das heute bereue!» Ein adoptiertes Kind zu sein, da haben wir eine Phantasie, die wir miteinander teilten. Ich habe ebenfalls davon geträumt, dass meine Mutter eine andere wäre. «Du hast davon geträumt, adoptiert zu sein?» Giacomina glaubte mir nicht. Ich habe das Buch, das mich so fasziniert hatte, *On demande une maman*, nicht mehr wiedergefunden, es ist vergriffen. Aber ich erinnere mich noch vage an die Geschichte. Sylvia, ein Waisenkind, wird von einer schönen, reichen Dame adoptiert. Ich erinnere mich an ihr neues Zimmer, ihre neuen Kleider, an diese neue Mutter, die ich gerne mit meiner getauscht hätte. Giacomina wollte keine arme Mutter. Und ich keine kranke.

Vielleicht wollte Giacomina mir zeigen, dass «etwas aus ihr geworden ist», wie die Urgroßtanten in meiner Familie gerne sagten, abgesehen davon, dass für meine verhuschten Urgroßtanten das ultimative Zeichen für gesellschaftlichen Erfolg war, eine Beamtenstelle zu ergattern und für den Rest des Lebens versorgt zu sein. «Du warst für mich das personifizierte Frankreich, der Inbegriff des Erfolgs», hat Giacomina mir in einer ihrer ersten E-Mails geschrieben. Ich begriff, dass das, was wir am Abend unseres Wiedersehens für Arroganz gehalten hatten, ein Stinkefinger an die Vergangenheit war, eine späte Rache, die sie stolz, so voller Stolz auskostete. Giacomina kehrt heute erhobenen Hauptes nach Italien zurück. Sie hat ihren Vater gerächt.

5

Gebrauchsanleitung

U nsere Kinder haben in den sozialen Netzwerken Hunderte von Freunden, Menschen, denen sie nie begegnen werden, die sie aber «liken». *Like like like.* Das Poesiealbum ist der Vorläufer von Facebook. Eine analoge Plattform, um die Freundschaft zu zelebrieren. Es ist eigenartiges Gebilde. Es ist kein Heft, in dem Autogramme gesammelt werden, kein Tagebuch, dem man abends seine geheimen Gedanken anvertraut, und auch keine Kladde, in der man in lapidarer Kürze die kleinen Ereignisse des täglichen Lebens festhält. Weder Terminkalender noch Gästebuch, weder Adress- noch Notizheft, aber der gleichen, untergeordneten Gattung zugehörig. Ein Buch, aber kein echtes. Man schreibt Gedichte hinein, Aphorismen, moralische Gebote, sentimentale Versprechen, Sätze wie «Ich habe Dich lieb», an die man nicht wirklich glaubt. Vorgefertigte Formeln, immer die gleichen, wortwörtlich von einem Album ins nächste abgeschrieben, wer auch immer die Adressatin ist. Man feiert die Freundschaft und legt die Messlatte sehr hoch dabei. Eine Aneinanderreihung fader Reime, die nichts über die Persönlichkeit ihrer Verfasserinnen und noch weniger über die der Freundin aussagen, für die sie bestimmt sind. Das Poesiealbum ist letztendlich ein Dokument ohne großes Interesse.

An der Nachricht, die man an seine Freundin richtet, ist nichts Persönliches und nichts Originelles. Gute Wünsche, die eine Epoche reflektieren, antiquierte Lyrik, eine Vorstellung von Gut und Böse und ein Bild der Frau, dass einem die Haare zu Berge stehen. Die Texte kurz, so bemessen, dass sie auf eine Seite passen. Phantasie ist nicht gefragt, es reicht, sich im Repertoire der speziell fürs Poesiealbum angefertigten Vierzeiler zu bedienen. Das Glück kommt stets im Konjunktiv daher, als Belohnung für ein mustergültiges Verhalten. Ehrlichkeit, Demut, Bescheidenheit, Anstrengung und Geduld sind die Tugenden, die darin gepriesen werden. Hin und wieder, aber selten, ein Anflug von Patriotismus: «Lehmann mein Name. Clarisse mein Vorname. Frankreich meine Heimat. Und Du meine Freundin. In herzlichem Gedenken.» In Deutschland unvorstellbar Ende der sechziger Jahre. Ich frage mich, ob Clarisse Lehmann ins Album der spanischen Mädchen dasselbe geschrieben hat. Ich habe Clarisse Lehmann nicht wiedergefunden. Schade.

Die austauschbaren Sätze sind auf jede Freundschaft anwendbar, unabhängig davon, wie sie beschaffen und wie intensiv sie ist. Erst in der Unterschrift sind Nuancen der Zuneigung zu finden, werden die Gänseblümchenblätter gezupft: Deine Kameradin, die Dich mag, Dich liebhat, Dich sehr liebhat, oder auch nur Deine Kameradin. Die einzige persönliche Note sind die Rechtschreibfehler. Herrlich. Sie verleihen meinem Poesiealbum erst den richtigen Charme. Französisch ist eine schwere Sprache, wenn man neun Jahre alt ist. Wir haben in unseren Alben die Gitterstäbe dieses Gefängnisses aus Regeln und Ausnahmen beliebig zurechtgebogen. Unsere Plurale kommen ohne das ohnehin stumme «s» am Ende aus. Wir erfanden die Anpassungsregeln für das Partizip der Vergangenheit neu. Für uns waren das

Verb «sein» und das Verb «haben» auswechselbar, die Vergangenheitsform vermischte sich mit der der Zukunft, das omnipräsente Verb der Liebe, «aimer», erlitt bizarre Verrenkungen.

Wie haben sich die Mädchen angestrengt, schöne Sätze zu formulieren. Zum Glück haben die Frau Lehrerinnen auf den allerersten Seiten hineingeschrieben. So bekamen sie nichts von dem Schlachtfeld weiter hinten mit.

Französisch war für die Mädchen aus meinem Poesiealbum keine Sprache, die sich von selbst verstand. Für die kleinen Einwanderinnen war es eine Fremdsprache, die sie in wenigen Monaten erlernen mussten. Aber auch bei den elsässischen Mädchen wurde im Elternhaus nicht wie in der Schule gesprochen. Ihre erste Sprache war Elsässisch. «Der Dialekt», wie die Lehrerinnen es etwas despektierlich nannten. Es war verboten, ihn in der Schule zu sprechen. Auch bei mir zu Hause wurde mit den Kindern kein Elsässisch gesprochen. «Wir werden den Kindern doch nicht diesen fetten, hässlichen Akzent aufdrücken», sagte meine elsässische Großmutter mit einem fetten Akzent, den ich überhaupt nicht hässlich fand. Noch heute geht von dieser spröden Sprache eine solche Wärme aus, wenn ich in einem Café zwei alte Damen plaudern höre, die deutsche und französische Wörter miteinander mischen. Unsere Eltern haben während des Kriegs die deutsche Schule besucht. Unsere Großeltern waren als Deutsche geboren worden. Viele sprachen, als das Elsass 1918 wieder französisch wurde, kein Französisch mehr. Als ich mit Jeannines Mutter am Telefon sprach, hielt ich sie für eine Deutsche, so stark war ihr Akzent und so stockend ihr Französisch. Noch heute füllt Jeannine die Schecks für sie aus, weil die Zahl in Buchstaben ausgeschrieben werden muss. Die Mutter von Françoise schreibt ihre Briefe auf

Deutsch und bittet ihre Töchter, sie ins Französische zu übersetzen.

Wir hatten gerade erst schreiben gelernt. Meinem Poesiealbum ist die Mühe gut anzusehen, die sich alle gegeben haben. Sie wollten mich nicht enttäuschen. Ich stelle mir vor, wie Anne-Marie sich über die Seite beugt, die Zunge zwischen die Zähne geklemmt, so beflissen, dass sie den Lärm aus der Küche nicht hört, wo die ganze Familie herumhantiert. Myriam und Martine haben eine Bleistiftlinie gezogen, um ihre Buchstaben zu stützen und zu verhindern, dass ihre Sätze abstürzen. Martine hat eine feine, gedrängte Schrift. Die von Françoise ist rund und geschmeidig. Die von Béatrice holprig und unregelmäßig. Bestimmt hat sie zu Hause Elsässisch gesprochen. Ihr Eintrag ergibt überhaupt keinen Sinn: *Wenn Du im Schnee bist, dann wird es im Wald sein. Dein kleiner Bruder ist bei uns. Ich denke an Dich das ganze Leben.* Wer weiß, was aus ihr geworden ist. Ich habe lange gesucht, aber keine Spur von ihr gefunden. Die Wörter der bescheidenen Roseline berühren kaum das Papier. Pilar setzt das Datum dazu und macht keinen einzigen Fehler, nicht mal mit dem vertrackten Konjunktiv.

Das Poesiealbum wurde in der Klasse nicht etwa nach dem Zufallsprinzip verteilt. Seine Handhabung unterlag strikten Regeln. Es wurde vor dem Unterricht oder in der Pause ausgetauscht. Ich überreichte mein Poesiealbum einer Freundin. Diese nahm es mit nach Hause und gab sich ein, zwei Tage Zeit, um ihren Text zu schreiben und Bilder hineinzukleben. Dann bekam ich es zurück, und die Nächste war dran. Und so weiter, bis es in der ganzen Klasse herumgegangen war. Und es war ein vorsichtiger Umgang damit angesagt!

Mein Poesiealbum trägt die Spuren von all den Wohnungen, in denen ich selbst nie war. Wenn man arm ist, lädt man keine Gäste zu sich nach Hause ein. Mal ein Fettfleck, den eine in Panik geratene Kameradin in eine Margeritenblüte verwandelt hat. Manchmal ein Geruch von Tabak, Kölnischwasser, Feuchtigkeit, gebratenen Zwiebeln, Lauchsuppe oder Waschpulver. Jede Familie hatte ihren Geruch. Es gab auch kleine Eindringlinge, die sich zwischen die Seiten geschoben haben: ein Haar, eine Fliege, eine verschrumpelte kleine Raupe, ein Brotkrümel. Hin und wieder wurde die Freundschaft auf eine harte Probe gestellt. Ein Tintenfleck, den das Löschblatt nicht absorbieren konnte und der sich über mehrere Seiten hinzog, das Geschmier eines Kugelschreibers, ein Fingerabdruck, die graue Spur eines Radiergummis. Josiane hat neben ihrem *Kleine Schwalbe des Abends. Sag ihr Guten Abend. Sag ihr, dass ich sie mag. Und in meinem Herzen trag* eine Postkarte mit Geranien eingeklebt. Sie war zu schwer und hat die Seite aus der Bindung gerissen. Ich habe es ihr lange nachgetragen.

Auf die Seite neben dem Gedicht klebte man ein Bild oder machte, was seltener vorkam, eine Zeichnung. Diese Glanzbilder, auf großen Bögen miteinander verbunden, kaufte man zu einem Franc das Stück. Wer nicht genug Geld für ein Bild hatte, schnitt einen Vogel aus einer Papierserviette, die man von einem Familienessen zurückbehalten hatte, ein Mädchen aus einem Versandhauskatalog oder einen Kirchturm aus einer Ansichtskarte. In meinem Album gibt es vor allem Blumen, jede Menge Blumen. Schalen mit Rosen und Maiglöckchen, Körbe mit Feldblumen, Schmetterlinge, die bunte Sträuße umflattern, handgemalte Narzissenfriese. Es gibt Blumen in den Haaren der ausschließlich blonden kleinen Mädchen, Blumen, die bunt durcheinander in ihre zu Körben umgeschlagenen Rüschenschürzen fliegen.

Kleine Jungen tragen riesenhafte Sonnenblumen. Kätzchen, Häschen, Entchen, und alle haben eine Blume auf der Pfote, unter dem Flügel, im Schnabel oder zwischen den Ohren. In meinem Poesiealbum gibt es nachdenkliche Engel, das Kinn in die Handfläche gestützt. Schäfchenwolken. Rosige Wangen. Ungetrübtes Glück.

Ich weiß sehr wohl, dass die heile Bilderbuchwelt unserer Poesiealben nicht ganz der Lebenswirklichkeit von uns kleinen Mädchen entsprach. Es ist nicht schwer, auf dem Klassenfoto hinter dem plakativen Lächeln die Angst, tief in den Augen bei einigen die Sorge zu erkennen. «Ich freue mich, euch wiederzusehen und über die guten alten Zeiten zu plaudern.» Das schreibe ich, wenn ich mit ihnen Kontakt aufnehme. Ich habe diese abgedroschene Phrase verwendet, ohne nachzudenken. Die guten alten Zeiten ... Als würde der zeitliche Abstand im Nachhinein der Vergangenheit Harmonie und Glückseligkeit einflößen. Hinter all diesen braven Hirten und lachenden Mädchen verbergen sich, wie ich inzwischen weiß, alkoholkranke Väter, Depressionen, viel Armut und auch Traurigkeit. Abende, an denen man hungrig ins Bett geht, nicht genug Sonne, Heimweh. Da müssen die Bildchen natürlich glitzern, um all das zu überstrahlen. Im wahren Leben gibt es keine Kindheit ohne Drama.

Das Poesiealbum ist nicht ganz losgelöst von seinem zeitlichen Kontext. Wenn man aufmerksam ist, kann man die seltenen Zeichen der Epoche aufspüren, während der es im Klassenzimmer zirkulierte. In einem deutschen Poesiealbum aus dem Jahr 1944 entdeckte ich das Glanzbild eines Wehrmachtsreiters in Uniform. Er reitet über einen Feldweg. *«Viel Glück und Segen fürs spätere Leben.»* Ich zucke zusammen bei dieser plötzlichen Erscheinung. Das

Poesiealbum ist also nicht so unschuldig, wie es uns glauben machen möchte. Meins zeigt die späten sechziger Jahre wie ein Daumenkino, dessen Seiten man rasch umblättert, sodass ein Bild nach dem anderen immer schneller vorbeizieht, bis ein bewegter Film entsteht, der Film einer vergangenen Epoche. Das Büchlein spricht auch Bände über die Situation der Frauen im Jahr 1968, über den Abgrund, der das Leben unserer Mütter von unserem und dem unserer Töchter trennt.

Man schreibt auch nicht einfach an einem beliebigen Platz hinein. Das Poesiealbum ist alles andere als das Spiegelbild einer einträchtigen Welt. Es herrscht darin eine grausame Hierarchie. Die ersten Seiten sind den moralischen Instanzen vorbehalten: Eltern, Lehrerinnen, Patentante und Patenonkel, eventuell Pfarrer oder Pastor, Gruppenleiterin eines Pfadfinder- oder Sommerlagers. Bei mir kamen als Erstes meine Mutter und meine Lehrerinnen. Das Poesiealbum ist eine fast ausschließlich weibliche Angelegenheit. Nur selten hat sich ein Mann auf seine Seiten gewagt. Der einzige Junge, der sich in meines verirrt hat, ist mein Bruder. Mein Vater ist abwesend. Sämtliche Väter sind abwesend in unseren Poesiealben. Einen devoteren Bruder als meinen findet man selten. Er hat nur einen flüchtigen Auftritt zwischen Myriam und Jeannine. Ich spüre sehr wohl, dass es ihm zwischen all den Mädchen nicht ganz geheuer ist. Ich bin sicher, dass meine Mutter ihn dazu gezwungen hat und dass er, den Rücken über dem weißen Blatt gekrümmt, eine schreckliche Viertelstunde durchgemacht hat. Ich stelle mir vor, wie sich meine Mutter über seine Schulter beugte. Er war sieben. Er lernte in der Jungenschule gleich neben der Mädchenschule gerade lesen und schreiben. Als Erstes hat er mit dem Lineal drei Linien gezogen, um den Buchstaben Halt zu geben. Dann setzte er einen nach dem anderen auf diese Linie, die straff wie ein Balancierseil von einem Ende der Seite zum anderen gespannt ist. Er schrieb mit Bleistift. Wenn ein Buchstabe verunfallte, konnte er ihn ausradieren und noch einmal von vorn anfangen. Er hatte das Sonett «Oktobermorgen» von François Coppée gewählt. Oder hatte es meine Mutter für ihn ausgesucht? Wer weiß.

François Coppée (1842–1908) ist ein großer Klassiker. Ich hatte ihn völlig vergessen. Ich mache mich kundig: «Coppée war bestrebt, in Versen und Prosa auf sehr einfache Weise die menschlichen Gefühle zum Ausdruck zu bringen. Großer Publikumserfolg, bevor er in Vergessenheit geriet.» Was ist aus ihnen geworden, aus all den François Coppées, Maurice Carêmes, Albert Samains, Émile Verhaerens, Auguste Brizeux …, aus all diesen Dichtern, deren Vierzeiler wir auswendig gelernt haben. Das herbstliche Diktat roch nach dem ruralen, patriotischen Frankreich. Nach einer Welt, die schon damals nicht mehr viel mit unserer zu tun gehabt hatte. Ich erinnere mich, dass sie mich mit einem Gefühl der Sicherheit erfüllte. Ein Gimpel verendet, die Sonne erglüht, und die Erde dreht sich weiter.

Liebe Pascale,
Zur erlesenen Morgenstunde geschah es
Dass plötzlich die Sonne erglühte.
Im Garten die Blätter fallen.
In Erinnerung an Deinen Bruder.

Das ergibt keinen Sinn. Mein Bruder hat im Vierzeiler von François Coppée einen Vers vergessen, den dritten. Was das Gedicht etwas wackelig macht. Ich höre meine Mutter, die ihn beruhigt: «Na, das ist nicht schlimm. Sie wird es nicht merken.» Auf der Seite daneben hat er einen kleinen Jungen gezeichnet, der auf einer Leiter einen Apfelbaum besteigt, dazu einen Teich mit einem großen Fisch in der Mitte.

Nach den Erwachsenen wetteifern die besten Freundinnen um die besten Seiten. Das Poesiealbum war Schauplatz weiblicher Rivalitäten, Eifersüchteleien, Schäbigkeiten, Schmollereien und von Groll, so ewig wie die geschworene Freundschaft. Das Gros der unbedeutenden Kameradinnen drängt sich auf den letzten Seiten. Man hätte gerne auf sie verzichtet. Aber wir dürfen die Gefühle der anderen nicht verletzen, indem wir sie ausschließen, sagte meine Mutter.

Auf der letzten Seite eines deutschen Poesiealbums finde ich den Spruch:

> *Wer Dich noch lieber hat als ich*
> *Der schreibt sich hinter mich.*

Eine schöne Art, sich zu trösten, wenn man das Schlusslicht bildet.

Giacomina kommt in meinem Album auf Seite vierzehn. Vierzehn von fünfundzwanzig. Das ist der Platz, den ich ihr damals zugesprochen habe. Die Erste ist Françoise, dicht gefolgt von Pascale L., Roseline und Jeannine. In dieser Reihenfolge werde ich nun ihre Geschichten erzählen, um mich an die Hierarchie meiner neun Jahre zu halten.

6

Lebensmut

Françoise ist die Einzige, die ich nie aus den Augen verloren habe. Unsere Wege haben sich immer wieder gekreuzt, auch wenn wir uns nach der Sainte-Madeleine für ein paar Jahre etwas aus den Augen verloren haben. Jedes Mal, wenn wir uns wiedersahen, war sofort die Nähe der Kindheit wieder da, eine undefinierbare Affinität trotz allem, was uns voneinander trennt. Dauert die Freundschaft also manchmal tatsächlich für immer?

Erst wenn der Schnee schwarz
Und der Rabe weiß sein wird,
hört unsere Freundschaft auf,
vorher nicht.

Das hatte ich Françoise ins Poesiealbum geschrieben. Versprechen eingelöst.

Unsere gemeinsame Kindheit, das sind ein paar Erinnerungssplitter: Françoise auf dem Bauernhof in den Vogesen, wohin meine Mutter sie eingeladen hat, um die Ferien mit uns zu verbringen. Unser erbitterter Streit: Sie mochte Mireille Mathieu, ich zog Charles Trenet vor. Sie die *De-*

moiselle von Avignon, ich den *fou chantant*, den «singenden Irren». Françoises Geburtstag im Dezember: eine winzige Wohnung im zweiten Stock eines Wohnblocks über dem Schuhmacher, der einem versprach: «Ich Ihnen mache das bis morgen.» Françoise hatte eine Puppe und einen Teddybären, sonst nichts. Doch wir spielten stundenlang in dieser friedlichen Zweizimmerwohnung. Françoises Mutter machte für uns einen Quatre-Quarts-Kuchen mit elfenbeinfarbener Kirschglasur und Kerzen darauf. Jedes Jahr eine mehr.

Françoise war in der Sainte-Madeleine-Schule fast immer Klassenbeste. Punkte, Bilder, lobende Erwähnung in jedem Fach und auch die beste Betragensnote der ganzen Klasse. Als sie ins Collège kam, stürzte Françoise von einem Tag auf den anderen ab. Bei so vielen gleichgültigen Lehrern plötzlich nach der fürsorglichen Grundschullehrerin verlor sie den Boden unter den Füßen. «Die Kartoffeln waren mein Untergang!», sagt sie heute. Die Neue Mathematik war gerade eingeführt worden. Die «Kartoffeln» waren unförmige Gebilde, die man mit Strichen in unterschiedlichen Farben miteinander verbinden musste. Françoise war verloren. Ich auch. Bei mir jedoch kam zweimal pro Woche ein Student vorbei, um mir Nachhilfestunden zu geben. Ein schlaksiger Jüngling mit beigeblonden Haaren. Sein Atem roch nach dem Nescafé, den meine Mutter auf einem kleinen Tablett brachte, sobald er durch die Tür trat. Mit einem Täfelchen Schokolade und zwei Stück Zucker auf der Untertasse. Das Kinn in die Handfläche gebohrt, saß er neben mir. Er stützte seinen Kopf ab, um besser dösen zu können. Doch der junge Mann verlor nie die Geduld, und so bedeutete die Mathematik nicht meinen Untergang. Françoise hingegen hatte niemanden, der ihr half. Sie wiederholte die sechste Klasse und verbrachte die achte nach einer Hüftoperation im Liegen. Eine Art Rachitis, von der frühen Kindheit verschleppt. Und da ihr alle sagten, ein Höhenflieger sei sie nicht gerade, brach sie die Schule ab und machte eine Ausbildung zur Büroangestellten, lernte Maschinenschreiben. Das wär's gewesen, wäre sie nicht auf einen Lehrer getroffen, der sie anspornte, in die Schule zurückzukehren und ein Fachabitur in Buchführung zu machen. Mit zwanzig hatte sie es in der Tasche.

Ich bewundere es, was aus Françoise geworden ist. Ich bewundere ihren bissigen Humor und das schwarze Funkeln in den Augen, wenn sie lacht. Ihre Vitalität. Das deutsche Wort *Lebensmut* drückt die Unverwüstlichkeit so kraftvoll aus. Diese Fähigkeit, die sie hat, immer wieder aufzustehen und weiterzumachen. Françoise nennt das «weiterkämpfen, auch wenn man die Fresse vollgekriegt hat». Ich erinnere mich an den Abend, an dem uns beiden bewusst wurde, dass wir nicht aus derselben Welt stammten. Es war deutlich und brutal. Einige Minuten, und zwischen uns hatte sich eine Kluft aufgetan. Ich war mit ein paar befreundeten Studenten in einem Pub an der Place Kléber. Wir tranken eine Cola. Unterhielten uns laut. Eine Diskussion um eine große Idee mit nicht viel dahinter. Jeder fiel dem andern ins Wort, um seine eigene Überzeugung loszuwerden. Die meisten von uns lebten noch bei den Eltern, die das Studium finanzierten. Ich hatte in einem alten, von den Deutschen erbauten Gebäude ein Mansardenzimmer bezogen. Die Miete bezahlte ich mit Gelegenheitsjobs. Den ganzen Sommer waren wir mit dem alten R4 meiner Mutter unterwegs. Wir hatten Zeit und das Leben vor uns. Bis wir erwachsen wären, würde es noch ein paar Jahre dauern.

Françoise saß mit ihren Freunden am anderen Ende des Saals. Sie bemerkte mich von weitem und kam an unseren Tisch, um mir Hallo zu sagen. Wir waren beide zweiundzwanzig. Françoise arbeitete als Hilfsbuchhalterin in der Bonbonfabrik Becco. Sie lebte in einer Dachgeschosswohnung mit zwei Zimmern. Ohne Bad. Die Toilette einen halben Stock tiefer. Vor allem aber hatte sie ein Baby bekommen. Ein kleines Mädchen. Zehn Wochen nach der Entbindung arbeitete sie wieder und übergab die Kleine morgens einer Tagesmutter. Abends lernte sie, während sie «mit einem Apparat, der einen ein bisschen zur Kuh macht», die Milch abpumpte, für die Aufnahmeprüfung bei der Post. Die Namen der Departements, die Hauptorte, die Gemeinden, sie schaffte es «mit links». Wenn ihre Mutter zu Besuch kam, brachte sie ihr in Tupperware Gemüsesuppe und *Dampfnudla* mit – Françoise kennt nur den elsässischen Namen dafür. Françoise hatte nichts mehr von dem zarten Kind auf dem Klassenfoto mit den auf dem Faltenrock ineinandergelegten Händen. Sie trug eine schwarze Baskenmütze und einen breitmaschigen Schal. Sie hatte geschminkte Augen und sah viel weniger brav aus als ich. Wir waren beide verlegen. Wir wussten nicht so recht, was wir uns sagen sollten. Françoise grüßte die Runde meiner Freunde und ging zu ihren am anderen Tisch zurück. «Wer war das denn?», fragte ein Student aus meiner Clique.

Viele Jahre später, als ich einmal in Straßburg vorbeikomme, verabreden wir uns vor dem Rathaus, Place Broglie. Die Franzosen nennen den Platz «Breuil», die Elsässer sagen «Broglie». Wir haben uns eine ganze Weile nicht gesehen. Es regnet in Strömen. Françoise wartet vor dem Rathaus unter einem viel zu großen schwarzen Regenschirm auf mich. Sie hat in einem schönen Restaurant einen Tisch reserviert, denn wenn man sich so selten sieht, muss das gefeiert werden. Sie hat einen Platz etwas abseits von den anderen verlangt, damit wir uns gut unterhalten können. «Der Wirt ist ein bisschen aufdringlich, du wirst sehen. Lass dich bloß nicht auf ein Gespräch mit ihm ein, sonst werden wir ihn nicht mehr los. Aber man isst gut hier, das ist die Hauptsache.» Sie zieht ihre grelle, fuchsienrote Jacke aus. «Damit du mich auf dem Platz von weitem sehen konntest.» Françoise ist heute verantwortlich für die Betriebskantinen der Post.

Ich habe mein Poesiealbum mitgebracht. Wir schauen uns die Seite von Françoise an.

> *Dem demütigen Veilchen gleich*
> *Das im Verborgnen blüht,*
> *Sei immer fromm und gut.*
> *Auch wenn dich niemand sieht,*
> *So sieht Dich doch der liebe Gott.*
> *In Erinnerung an Deine Kameradin*
> *Françoise*

Nebeneinandersitzend beglückwünschen wir uns, dass wir diesem Modell der sittsamen Tussi, das uns unsere Poesiealben auftischen, kein bisschen, aber auch gar kein bisschen gleichen. Françoise triumphiert: «Nein, schau doch mal, was aus uns geworden ist. Wir sind weder demütig noch gut, und fromm schon gar nicht.» Und wir verwünschen gemeinsam Schwester Bernadette. Sie gab uns Katechismusunterricht. Wenn sie zur Tür hereintrat, sprang die ganze Klasse auf. Sie befahl, wir sollten uns neben dem Pult hinsetzen, die Knie aneinandergedrückt. Und dann begann die Gymnastik: Arme hoch, tief einatmen. Schwester Bernadette ging mit einem Holzlineal durch die Bankreihen. Wie eine Ballettmeisterin korrigierte sie die Haltung, klopfte auf einen gekrümmten Rücken, stach in eine schlaffe Seite, richtete ein Kinn auf: «Aufgepasst, der liebe Gott ist wie ich, er sieht alles!», warnte Schwester Bernadette. Sie jagte mir einen Schrecken ein. Françoise hat es in meinem Poesiealbum auf den Punkt gebracht: *«Auch wenn Dich niemand sieht, so sieht Dich doch der liebe Gott.»*

An diesem Abend erzählt mir Françoise zum ersten Mal vom Drama ihrer Kindheit. Sie sagt, sie habe nicht viele schöne Erinnerungen, ihr sei vor allem die Angst im Gedächtnis geblieben. «Ich komme aus einem sehr bescheidenen Milieu. Zu Hause gab es viel Zoff.» Ich hatte überhaupt nichts davon mitbekommen, wenn ich zu ihr spielen ging. Und auch später nicht. Wir hatten unsere Poesiealben geschlossen. Der Abend neigt sich dem Ende zu. Der Wein stimmt uns melancholisch. Sie erzählt von ihrem Vater, der getrunken hat, «aber meine Mutter hat immer dafür gesorgt, dass nichts nach außen drang. Wir holten die Nachbarn von unten, wenn er wieder einmal auf den Knien nach Hause kam und gewalttätig wurde. Eines Tages schloss er sich in der Küche ein, drehte den Gashahn auf und zündete eine Zigarette an. Wir dachten, alles würde in die Luft gehen. So sah meine Kindheit aus. Meine Mutter hat uns mit ihrer Scheidung da rausgeholt.» Françoise weinte nicht am Tag, als er seine Sachen packte und ging. Zu Hause wurde nie wieder von ihm gesprochen. Aber als Madame Franz ins Krankenhaus kam und eines Morgens eine Stellvertreterin an ihrem Platz stand, weinte Françoise den ganzen Tag. Die Lehrerin war ihr Anker gewesen, wenn zu Hause mal wieder alles aus dem Ruder lief.

«Und dann ging das Leben zu dritt weiter, wir versuchten zurechtzukommen.» So beschreibt Françoise diese düstere Periode ihrer Kindheit. Wenn der Winter vor der Tür stand, ließ ihnen Pastor Wohlfahrt (der seinen Namen zu Recht trägt) von der protestantischen Kirche Temple-Neuf kostenlos Kohle liefern. Der Arbeiterpriester der Sainte-Madeleine, Pater Schiff, kümmerte sich um die Katholiken. «Und dann kam Jean. Er hatte ein Auto. Samstags gingen wir in den Galeries Gourmandes einkaufen. Für uns das reinste Schlaraffenland.» Mit dem Stiefvater wurde das Leben leichter. Aber es war für Françoise auch ein Schock. «Am 17. Juni heiratete meine Schwester. Am 24. Juni zogen wir um, und am 8. Juli heiratete meine Mutter Jean. Alles in drei Wochen. Ich hatte das Gefühl, dass mich alle im Stich gelassen haben. Jede hatte ihren Kerl, nur ich war allein. Ich hatte davor noch nie ein eigenes Zimmer gehabt und hatte Angst in der Nacht.» Jean adoptiert Françoise und ihre Schwester. Das Urteil fällt an einem 13. Dezember, an Françoises Geburtstag. «Mein Vater ist Jean. Wenn ich studieren konnte, dann dank ihm. Auch meine Mutter wollte, dass ich es weiterbringe als sie.» Françoises Eltern genossen das Leben, auch mit wenig Geld. Sie gingen tanzen. Sie hatten ein Haus. In den letzten Jahren war zwischen ihnen eine große Nähe zu spüren. Und als sich Françoise um die Finanzen kümmerte, bevor sie ins Altenheim kamen, sah sie, dass sie eine Menge angespart hatten. «Ich schimpfte mit ihnen. Warum habt ihr das nicht ausgegeben?»

Wenn Françoise von ihrem Vater Albert spricht, schwankt sie zwischen Zärtlichkeit, Mitleid und Entsetzen. Er wurde 1920 geboren. Er war schön. Er glich Tino Rossi. Viel weiß sie nicht über das Leben ihres Vaters. Er war Metzger bei Kirn, der besten Metzgerei der Stadt. Und der ältesten, die schon 1904 eröffnet wurde. Françoise lässt keine Gelegenheit aus, Kirn zu erwähnen. Hier kauften meine Mutter und die Damen der Straßburger Oberschicht ihr Fleisch und ihre Wurst. Tino Rossis Schönheit und die vornehme Metzgerei Kirn retteten die Ehre dieses gescheiterten Vaters. Er hatte zwei Brüder. Der eine ist Oberschullehrer geworden, der andere hatte einen wichtigen Posten in der Finanzverwaltung inne. Da war ein Metzger natürlich ein ziemlicher Schandfleck in der Familienchronik.

Der Krieg zerstörte das ohnehin fragile Gleichgewicht Alberts vollends. Er war zweiundzwanzig, als er 1942 zwangsweise in die Wehrmacht eingezogen wurde, weil Deutschland nach der Niederlage von Stalingrad eine neue Ladung Kanonenfutter für die russische Front brauchte. Die Elsässer mussten ihren Tribut entrichten. Er verbrachte mehrere Jahre im Gefangenenlager von Tambov südlich von Moskau. Ein Gulag. Ein Wunder, dass er überlebt hat. «Man kann es sich heute, im Zeitalter der ständigen Vernetzung, kaum mehr vorstellen», sagt Françoise, «aber seine Eltern blieben jahrelang ohne Nachricht von ihm. Heute reicht eine kurze SMS: ‹Wo steckst du?›» Sicher, unsere Großväter hatten 1914 auch in der deutschen Uniform gekämpft, aber sie taten es in aller Legalität. Das Elsass war damals eine deutsche Provinz. Alles war durch rechtmäßige Verträge ratifiziert worden. Aber vom folgenden Krieg spricht niemand. Wer wagte es herumzuposaunen, dass er die deutsche Uniform getragen hatte? Unsere Region war nicht besetzt, sondern annektiert worden. Zum integralen Bestandteil des «Dritten Reiches» deklariert. Tino Rossi kehrte ziemlich angeschlagen nach Straßburg zurück. Im Bein ein Granatsplitter und im Kopf ein großes Durcheinander. Viel mehr weiß Françoise nicht von ihm. Albert hat nie über den Krieg gesprochen. «Damals, als er nach dem ganzen Horror zurückkam, gab es keine psychologische Begleitung, um ihm Halt zu geben. Er hatte seine Jugend verloren. Seine Gesundheit. Sein seelisches Gleichgewicht. Wenn er

Alkoholiker geworden ist, dann bestimmt deshalb.» Nach der Scheidung kehrt Albert zu seiner Mutter zurück. Er hat keine Arbeit mehr, also auch kein Geld, um die Alimente für seine Töchter zu bezahlen. Françoise sieht ihn nur selten. «Er endete auf einem Gehsteig. Er wog noch vierzig Kilo.» Ein «hässliches Ende», sagt Françoise.

Françoise und mir wird plötzlich bewusst, wie nah der Krieg damals noch immer war. Wir sind vierzehn Jahre nach ihm geboren, und 1968 war er seit dreiundzwanzig Jahren zu Ende. Vierzehn Jahre, dreiundzwanzig Jahre, das ist fast gar nichts. Ein winziger Flohsprung auf der langen Skala der Zeit. Der Krieg bildete in unserer Kindheit, zunehmend ferner, zunehmend schwächer, noch immer das Hintergrundgeräusch. Ein paar Anekdoten, immer dieselben, am Familientisch: die Allgemeine *Mobilmachung* 1939, der erzwungene Exodus der Straßburger Richtung Südwesten, die Stadt unter dem Schnee mit den ausgestorbenen Straßen und ausgehungerten Katzen. Das Eintreffen der deutschen Panzer im Jahr 1940 («die Rückkehr», sagten jene, die 1914 erlebt hatten), die brutale Annexion, die Rückkehr der Elsässer, weil man ja irgendwann wieder zur Tagesordnung übergehen musste, das Gefühl, von Frankreich im Stich gelassen worden zu sein, die Hakenkreuzfahne, die auf der Turmspitze des Münsters und über dem in eine *Kommandantur* umgewandelten Palais de la République flatterte. Die systematische Germanisierung. Alle unsere Eltern haben das erlebt. Mein Vater war 1942 noch ein Kind. Zu jung, um in den Krieg zu ziehen. Françoises Vater war älter. Er hatte kein Glück.

Im Jahr meines Poesiealbums stellte das Capitole-Kino mit dem Film *Was hast du denn im Krieg gemacht, Pappi?* ein Riesengaudi in Aussicht, und Marcel Ophüls drehte *Das*

Haus von nebenan. Doch diese Chronik der Kollaboration in der französischen Stadt Clermont-Ferrand unter der deutschen Besatzung und dem Vichy-Regime wurde vom öffentlichen französischen Fernsehsender ORTF zensiert. Sie sollte erst nach dem Machtantritt der Linken 1981 im Fernsehen ausgestrahlt werden. Uns gegenüber, in Kehl, durchforschten die deutschen Achtundsechziger die Vergangenheit ihrer Eltern. Das große Reinemachen fand statt. Beim *Abendbrot* schrie man sich an. Im Elsass wurde geschwiegen. Man wollte nichts mehr hören von den «Malgré-nous», den gegen ihren Willen in die Wehrmacht eingezogenen Soldaten. Wie viele Leichen lagerten in sorgfältig verschlossenen Schränken von elsässischen Familien? Deutschland und die Elsässer, eine vertrackte Angelegenheit.

Françoise stellt sich vor, wie ihr Vater gebrochen ins blauweiß-rot beflaggte Elsass der Sieger heimkehrt. Albert war gezwungen worden, die falsche Uniform zu tragen, und wer wird ihm jetzt glauben, dass er nie ein Nazi war? Welche grausamen Szenen verfolgten ihn? Hatte er an der Ostfront Menschen getötet? Welche Scham fraß ihn innerlich auf? Françoise hat keine Lust, die Archive in Moskau zu konsultieren, die nach der Perestroika geöffnet worden sind, um zu erfahren, wie es ihrem Vater in Russland ergangen ist. Vorhang zu. Vergangen ist vergangen. Ihr Vater war nicht auf der Hochzeit ihrer Schwester. Die Mutter wollte es nicht. Françoise erinnert sich, dass er neun Monate später kam, um das Baby zu sehen. «Ich habe ihn zum ersten Mal weinen sehen. Ich habe immer Angst vor ihm gehabt, aber ihn jetzt so schwach zu sehen, das hat etwas gemacht mit mir. Ich weiß, dass er mich immer gernhatte. Ich war sein Liebling.» Aber wie soll ein kleines Mädchen, das keinen Papa hat, der es auf der Schaukel anschubst und

«Los!» sagt, sich ein Leben aufbauen? Lange Zeit schmückte Françoise an Allerheiligen mit ihrer Tochter das Grab. Er war immerhin ihr Großvater. Und irgendwann hat sie damit aufgehört.

7

Man will
schließlich
seine Ruhe
haben

Es war der Vater von Pascale L., der Françoises Mutter nach ihrer Scheidung die Stelle als Putzfrau im Rathaus verschaffte, in dem er Hausmeister war. Sie arbeitete frühmorgens oder spätabends, wenn niemand mehr in den Büros war. Der Vater von Pascale L. machte die Runde, um zu prüfen, ob die Aschenbecher geleert worden waren und die Böden gewischt. So entstand auch eine Hierarchie zwischen den beiden Mädchen. Françoise unten. Pascale L. oben. Bei Pascale L. gab es ein Badezimmer, und ein Badezimmer war das Nonplusultra zur damaligen Zeit. Und es gab ein gebrauchtes Zelt, mit dem man in Argelès-sur-Mer campierte, und einen Wohnwagen, der das ganze Jahr über auf einem Grundstück in Allenwiller, nicht weit von Straßburg, stand. Pascale L. schickte Françoise, die nicht verreisen konnte, jeden Sommer eine Ansichtskarte. Vor allem aber gab es einen Fernseher. Am Donnerstag kam Françoise in die Dienstwohnung des Hausmeisters in der Rue Brûlée, gleich hinter dem Rathaus, um *Zorro* zu sehen. Der Herr Hausmeister glich, wenn er an Empfangstagen im Frack loszog, um in den Salons des Rathauses zu kellnern, einem Statisten aus Hollywood. Eine Gelegenheit, das Gehalt etwas aufzubessern. Und manchmal ging er bei Feierabend durch die Büros, hängte die Vorhänge ab und brachte sie seiner Frau zum Waschen und Bügeln nach Hause. Ein weiteres willkommenes Zubrot.

Françoise und Pascale L. waren zur Zeit der Sainte-Madeleine-Schule unzertrennlich. Auf einem meiner Klassenfotos sitzen sie nebeneinander ganz hinten im Raum. Françoise dünn und blass, ein sanftes Lächeln, den Pony von einer Haarspange zurückgehalten. Pascale in ihren engen Jacquard-Pulli gezwängt, weißes Haarband. Françoise ist am dreizehnten Dezember geboren, Pascale fünf Tage später, am achtzehnten. Françoise und Pascale L. sehen sich noch immer von Zeit zu Zeit. Als Françoise an der Beerdigung ihres Stiefvaters Pascale L. mit ihrem Mann zusammen unter einem Regenschirm erblickte, sagte sie sich, so sieht wahre Freundschaft aus.

In einer Wohnsiedlung, die sich wie ein Blutegel an ein altes elsässisches Dorf saugt, haben sich Pascale L. und ihr Mann auf einem Rasenviereck ein quadratisches Haus bauen lassen. Die letzten Fachwerkbauernhöfe, der Brunnen mit seinem dünnen Wasserstrahl und die kleine Kirche bilden die volkstümliche Kulisse dieser Einfamilienhäuschen-Idylle wenige Kilometer vor Straßburg. Eine Insel der Geborgenheit inmitten einer Welt von Randalierern. Pascale L. hält am Fenster Ausschau nach Françoise und mir. Mit wilden Gesten zeigt sie uns die Stelle, wo wir parken können. Ich erkenne ihr helles, fröhliches Lachen sofort wieder. Es ist das Lachen dieses pummeligen Mädchens, das die Erwachsenen unweigerlich knuddelten, wenn es in Reichweite ihrer großen Hände kam. Dasselbe Lachen wie heute, als sie uns die Tür ihres Hauses weit öffnet. So stelle ich mir das Lachen eines undramatischen Lebens vor. Aber was weiß ich denn? Lachen täuscht so oft.

Pascale L. lässt uns ins Wohnzimmer treten und stürzt sich ans Fenster. Der Kotspritzer eines Insekts zieht sich mitten über die Scheibe. «Und auch noch auf dem Fenster zur Straße.» Am liebsten wäre Pascale L. in die Küche gerannt, um einen Schwamm zu holen. Aber sie hält sich zurück, sie wird es später wegwischen, wenn «der Besuch» gegangen ist. «Der Besuch» sagt sie, und es klingt wie aus dem Deutschen übersetzt. Wir setzen uns zu dritt an den Tisch.

«Über mich gibt es nicht viel zu sagen», entschuldigt sie sich gleich zu Beginn. Die Schule mit fünfzehneinhalb beendet, «ich hätte ein Studium nicht geschafft. Damals hat einen keiner informiert, was man machen könnte, und ich hatte niemanden in der Familie, der älter war, um mir zu helfen.» Pascale L. machte ein Handelsdiplom und wurde bei der Zusatzkrankenversicherung eingestellt, bei der sie inzwischen seit dreiundvierzigeinhalb Jahren arbeitet. «Man brauchte damals nicht monatelang nach einem Job zu suchen wie heute, um dann doch arbeitslos zu werden. Es war eine Zeit, da man überall Arbeit fand», sagt sie mit der triumphierenden Miene einer Ausflüglerin, die mit einem krachend vollen Korb Pfifferlingen aus dem Wald tritt. Pascale L. ist heute Sachbearbeiterin in der Kundenbetreuung, «aber am Telefon, nicht am Schalter», beeilt sie sich zu ihrer eigenen Beruhigung hinzuzufügen. «Ich wollte keinen direkten Kundenkontakt mehr. Die Leute sind aggressiv, sie wollen immer alles sofort haben und schreien dich an. Am Telefon geht es ruhiger zu.» Sie hebt die Plastikhaube, die den Apfelkuchen vor den Fliegen schützt, und fragt: «Soll ich euch ein Stück abschneiden?»

Von den Gärten her kein Ton. Auf der Straße kein Mensch. Auf den Möbeln kein Staubkorn. Jedes Ding ist an seinem Platz. Es gibt eine Couch, flankiert von zwei passenden Sesseln. Eine Grünpflanze, die aufrecht in ihrem Topf steht. Auf dem mit Oliven- und Distelmotiven verzierten Wachstuch eine Fayence-Kaffeekanne. Im Gefrierschrank fertig zubereitete Gerichte für den Fall der Fälle. In der Garage ein Auto. Ein Paar, das seit fast vier Jahrzehnten verheiratet ist. Beide arbeiten bei derselben Krankenkasse, wo sie sich kennengelernt haben. Ein Job und ein Ehemann fürs Leben? Wer kann das heute von sich behaupten? Für Pascale L. ist es eine Selbstverständlichkeit. Sie wäre nie auf die Idee gekommen, einen von beiden zu wechseln. Pascale L. wäre auch nie auf den Gedanken gekommen, aus dem Elsass wegzuziehen. Wenn sie in Frankreich unterwegs ist, kommt sie sich vor wie im Ausland. «Wir Elsässer wurden von denen in Innerfrankreich immer als die Reichen angesehen. Wenn ich umziehen müsste, würde ich in die Bretagne gehen. Die Bretonen, die haben dieselbe Mentalität wie die Elsässer. Der Süden, das ist nicht dasselbe.»

Als sie ein Teenager war, hatten die Eltern sie ins Sommerlager in die DDR geschickt. Es war das Abenteuer ihrer Kindheit. «Meine Eltern reisten nicht gerne. Sie fuhren auch nie nach Deutschland, wie man es heute tut, weil es billiger ist, in der dm-Drogerie einzukaufen oder in Kehl zu tanken.» Die Freunde der Familie waren entsetzt: Sein Kind auf die andere Seite des Eisernen Vorhangs zu schicken, so was macht man doch nicht! Pascale L. jedoch fühlte sich im Arbeiter- und Bauernstaat wie ein Fisch im Wasser. «Wir hatten es gut. Wir aßen gut. Wir machten Ausflüge.»

«Ich bin eine ängstliche Natur», gesteht sie. «Wenn ich

aus dem Haus gehe, muss alles abgeriegelt werden. Wenn ich mir einen Sessel anschaffe, überlege ich wochenlang, bevor ich mich entscheide, und ich kaufe nie etwas ohne Garantie. Und wenn nachts der Boden knarrt, bin ich überzeugt, dass es ein Einbrecher ist.» Im Übrigen möchte Pascale L. nicht mehr «in der Stadt» wohnen. «Die Stadt», das ist ein bedrohlicher Ort, wo sich egoistische, schmutzige, bösartige Leute herumtreiben. «Sie hat nichts mehr mit dem Straßburg zu tun, das unsere Generation gekannt hat. Unsere Eltern hatten den Krieg hinter sich, sie haben uns beigebracht, das Gut der anderen zu respektieren.» Wenn Pascale L. die Place de la République überquert, gerät sie außer sich. Früher sahen die städtischen Rasenflächen aus wie die eines englischen Tenniscourts. Weich und makellos. Kein Papierfetzen, kein Bonbonpapier, nicht einmal ein Häuflein Hundekot. «Heute schert sich keiner um das Schild ‹Rasen betreten verboten›! Wenn du siehst, wie die sich dort suhlen und picknicken. Die lassen alles liegen, der Platz ist die reinste Müllkippe. Ich traue mich da nicht mehr hin.»

«Außerdem ist Frankreich heute viel zu lasch. Die Regeln werden nicht beachtet. Man will doch schließlich seine Ruhe haben», sagt Pascale L. und dreht sich zu mir. Ein universelles «man», das mich wie selbstverständlich miteinbezieht. Wer könnte nicht damit einverstanden sein? Wer will ein stürmisches Meer, wenn er einen spiegelglatten See haben kann? Pascales stille Festung wird von einer kleinen Armee bösartiger «sie» belagert. «Sie», das sind die Leute im Fernsehen, auf dem Finanzamt, die Politiker, die Hundehalter, die Streikenden, die Gelbwesten, die die Kreisverkehre blockieren, die Bauern, die unser Gemüse mit krebserregenden Chemikalien vollsprühen, die Achtundsechziger-Studenten, diese Bande von Randalierern, die das Kopfsteinpflaster aufgerissen hat, und das war nun wirklich nicht schön, die Jungen von heute, die keinen Respekt vor nichts mehr haben, und wer hat Schuld daran? «Sie», das sind «die Autofahrer, die sich nicht mehr an die Straßenverkehrsordnung halten, die Deutschen, die am Buß- und Bettag, Feiertag für sie, offen bei uns, aufkreuzen und unsere Geschäfte plündern, die kleinen Schlauberger, die tricksen, wo sie können, die Kinder, die so verwöhnt sind, dass sie sich nicht einmal mehr über die Geschenke freuen, während ich, wie habe ich mich gefreut über mein erstes Fahrrad, und wenn wir etwas verloren haben, wurde es nicht ersetzt, die Migranten, die erst seit fünf Jahren da sind und genauso viel erhalten wie ein Rentner, der sein ganzes Leben lang geschuftet hat. Der Staat hat das Hotel Formule 1 gegenüber dem Supermarkt Cora gekauft. Da sitzen nur Migranten drin. Nein, tut mir leid, die haben alles, und man sieht sie bestens gekleidet mit ihrem Handy daherkommen. Und hier gibt es arme Leutchen, die kaum etwas haben. Was für eine Ungerechtigkeit! Auch die eigenen Franzosen (sic) haben Probleme. *Ich hab d'Nas voll*, verzeiht, das lässt sich auf Elsässisch besser sagen.»

Am 13. Mai 1968 war eine riesige Menschenmenge durch Paris gezogen und hatte den Rücktritt von General de Gaulle gefordert. Auch in Straßburg wurde demonstriert. Zum ersten Mal marschierten Arbeiter und Studenten Seite an Seite. Draußen herrschte der Aufstand. Währenddessen saß Pascale L. in der Dienstwohnung des Rathausconcierge am Küchentisch vor einer heißen Schokolade und schrieb gleich hinter Françoise in mein Poesiealbum:

Möge dein Himmel ohne Stürme sein
Deine Zukunft lachend und rein

Mögen keine Wolken, dunkel und rau
Trüben Dein azurenes Blau.

Pascale L., die ich als Kind so sehr beneidet habe. Die Ordnung, die bei ihr herrschte. Die Gewissheiten ihrer Eltern. Ihr klar abgestecktes Universum. Lichtjahre von meinem entfernt. An jenem 13. Mai waren meine Eltern völlig aufgekratzt. «Es geht los!», jubelte meine Mutter. «Endlich!», begeisterte sich mein Vater. Sie nahmen an dem Abend an einem Aktivistentreffen teil. Ich getraue mich nicht, das Pascale L. zu sagen. Der Sommerwind raschelt in den Tüllgardinen der großen Glasschiebetüren, die sich zum Garten hin öffnen. Ein Geruch nach frisch geschnittenem Gras. In der Ferne der Motor eines Rasenmähers. Von Zeit zu Zeit, wenn das Gespräch zu versacken droht, schauen wir einander fast verschüchtert an. Ein kurzer Blick, um uns gegenseitig einzuschätzen.

Durch die Glastür beobachte ich Michel, ihren Mann, der auf allen vieren ein Gartenbeet herausputzt. Michel ist der einzige Mann in Pascales Leben. «Ich musste nicht ans Ende der Welt, um ihn zu finden. Ich lernte ihn bei der Krankenkasse kennen, wo er ebenfalls arbeitet. Als Buchhalter. Damals feierten wir bei der Arbeit kleine Partys auf dem Dachboden. Das ist heute nicht mehr erlaubt. Wir haben uns am Faschingsabend kennengelernt. Er wollte mich nach Hause begleiten. Aber ich sagte nein. Es ging mir zu schnell. Ich bin misstrauisch.» Während der Rumänien-Reise, vom Betriebsrat organisiert, ist «es passiert». Michel teilte sein Zimmer mit seinem Arbeitskollegen, Pascale L. ihres mit zwei anderen Mädchen. «Sie waren alle einverstanden, für uns umzuziehen: Der Kollege hat bei den zwei Mädchen geschlafen, ganz ehrenhaft! Und ich im Zimmer meines Mannes. Wir haben niemandem ein Wort gesagt.

Danach gingen wir zelten, ohne verheiratet zu sein. Die Eltern hatten nichts zu melden. Schließlich sind wir zusammengezogen.» Michels Vater hat zu seinem Sohn gesagt: «Wenn du dir sicher bist, kannst du die Wohnung haben.» Es war eine Zweizimmerwohnung.

Pascale L. ist zwanzig auf dem Hochzeitsfoto. Ein mit Kunstpelz versetzter Satinumhang und einen Hut mit Schleier, der die von der Friseuse in stundenlanger Arbeit hergerichteten Locken im Nu plattgedrückt hat, «das ist das Problem, wenn man den Hut abnimmt». Um mit den hohen Absätzen nicht zu stolpern, klammert sie sich an ihren frischgebackenen Ehemann, einen großen Jungen mit Babypuppengesicht. Sie sagt, es sei natürlich der schönste Tag ihres Lebens gewesen sei. Bei der Geburt ihrer einzigen Tochter war sie achtundzwanzig. Diese ist heute dreißig. Sie wohnt immer noch zu Hause, um Geld zu sparen. Sie möchte bald eine Wohnung kaufen und auf eigenen Füßen stehen.

Die Glocke der Dorfkirche schlägt den Takt ihrer gleichförmigen Tage. Jeden Morgen um fünf Uhr fünfundvierzig klingelt der Wecker. Ein Kaffee am Küchentisch. Um sieben nehmen Pascale und ihr Mann gemeinsam den Bus, um «in der Stadt» zu arbeiten, mittags treffen sie sich in der Kantine mit einer Handvoll Kollegen, immer denselben. Abends kehren sie zusammen nach Hause zurück. Eine Routine, so zuverlässig wie eine Schweizer Uhr. Und die Liebe bei alldem? Ich würde gern wissen, was sie darüber denkt, nach so vielen Jahren des engen Zusammenlebens. «Wenn man sich nach dreißig Jahren noch immer Schatzimausi und Compagnie nennt, dann stimmt etwas nicht», antwortet sie. Sie hat auch schwierige Momente hinter sich, und Michel hat sie «nie fallen lassen». Wie damals, als sie auf dem Glatteis ausrutschte und sich die Schulter brach. Drei Monate krankgeschrieben zu Hause. Michel war es, der ihr beim Duschen half.

8

Bauen

Auch Roseline und Jeannine haben sich nie wegbewegt. Es ist ganz einfach, auf den weißen Seiten des Telefonbuchs Familienmitglieder von ihnen zu finden. Bei ihnen verstreut man sich nicht in alle Himmelsrichtungen. Roselines Cousin und Jeannines Mutter gaben mir deren Ehenamen und Telefonnummer. Die Dörfer in der Gegend, in der sie leben, heißen Truchtersheim, Mundolsheim, Scharrachbergheim, Kirchheim, Oberhausbergen, Dingsheim – für Innerfranzosen unmöglich auszusprechen. «MIR REDE ELSÄSSISCH», verkündet ein Schild am Dorfeingang. Als könnte durch Autosuggestion eine Sprache gerettet werden, die in den Familien immer weniger gesprochen wird. Eine Sprache, die fast Deutsch ist. Lange hätte man so etwas nicht laut sagen dürfen. Unsere Provinz ist ein Sonderfall. Wir sind die kleinste Region Frankreichs. Eineinhalb Prozent der Landesfläche. Übrigens haben die Pariser, wenn sie zu uns kommen, den Eindruck, in Deutschland zu sein, was wir gar nicht gerne hören.

Am Eingang des Dorfes, in dem Roseline wohnt, die ich abholen kam, um gemeinsam mit ihr zu Jeannine in deren Dorf zu fahren, gibt es einen Christus am Kreuz und zu seinen Füßen eine klagende Frau. Ein Schild informiert, dass dieser Kreuzstock vor sehr langer Zeit von einer untröstlichen Witwe errichtet worden ist in Erinnerung an ihren Ehemann, den örtlichen Postboten, der bei einem Verkehrsunfall ums Leben kam, aber auch, dass dieses Denkmal der Trauer im Jahr 1974 von einem Traktor umgefahren wurde. So sehen die kleinen Katastrophen aus, die die Geschichte der Menschen hierzulande ausmachen.

Roseline war sofort aufgezuckt, als ich sie eines Sonntagabends aus Berlin anrief. Sie erinnerte sich sogar noch an meine Adresse. Sie war zu meinem Geburtstag bei mir. Noch eine, die ihr Wort eingelöst hat, denn sie hat mir im Poesiealbum versprochen:

> *Bis die Flüsse aufwärts fließen,*
> *bis die Hasen Jäger schießen,*
> *bis die Mäuse Katzen fressen,*
> *solang werd ich Dich nicht vergessen!*

Jeannine hingegen mustert mich, als ich aus dem Wagen steige. «Nein, wirklich, du sagst mir nichts.» Sie zögert ein wenig, ruft in der Datei ihrer Kindheitserinnerungen die Gesichter ab, vergleicht sie mit meinem.

«Na, du wirst dich ja wohl ein bisschen verändert haben. Aber ich komme nicht drauf. Gib mir ein paar Hinweise.»

«Klein und blond. Ich wohnte neben dem Münster.»

«Ich erinnere mich überhaupt nicht an dich, tut mir leid.»

Ein starkes Stück, hatte Jeannine mir doch ins Poesiealbum geschrieben:

> *Zwei Dinge habe ich*
> *Eine Rose und Dich.*

Die Rose für kurze Zeit
Dich für die Ewigkeit.

Aber sie fordert mich trotzdem höflich auf hereinzukommen, wie es sich für eine alte Bekannte gebührt.

Jeannine und ihr Mann haben ein Elsässer Bauernhaus renoviert. Ihre beiden Kinder und vier Enkelkinder leben in ihrer Nähe. Der Sohn, ein Tischlergeselle, hat die Scheune umgebaut, die Tochter ein neues Haus gebaut. Ein Garten verbindet die drei Haushalte miteinander. «Es war ein Wunsch von uns: über mehrere Generationen hinweg zusammenzuleben, die Freude, die Enkelkinder aufwachsen zu sehen», sagt Jeannine, die ich mir gut als Gluckenmutter, ihre Brut um sich geschart, vorstellen kann. Sie mag es, auszuhelfen, schnell einen Kuchen zu backen, mit den Kleinen ein wenig Fangen zu spielen, damit sie nicht zwischen Tagesmutter und Krippe hin und her geschubst werden. Ihre Tochter hat nach der Geburt gleich wieder angefangen zu arbeiten. Jeannine nutzte eine Phase der Arbeitslosigkeit, um die beiden ersten Enkelinnen zu hüten, bis sie achtzehn Monate alt waren.

Michel, Jeannines Mann, ist Karosseriebauer. Dieses Mädchentreffen macht ihn neugierig. Er setzt sich gleich mit an den Tisch, den Jeannine für uns hergerichtet hat. Wie jeden Sonntag gibt es Kuchen mit Schlagsahne und Kaffee. Die Ehemänner heißen alle Michel. Der von Jeannine, der von Roseline und der von Pascale L. Aber der von Jeannine ist der einzige, der bei uns bleiben will. Alle anderen haben sich verdrückt (oder sind weggeschickt worden) am Tag, als ich kam. Als ich am frühen Nachmittag Roseline abgeholt hatte, stand ihr Michel in der Badehose im abgelassenen Pool. Er brachte eine Beschichtung zur Isolierung des Beckens an, oder so ähnlich. Er hat es mir in allen Einzelheiten erklärt. Ich stieß kleine Rufe der Bewunderung aus, «Ach ja!», «Sehr gut!», aber habe nichts verstanden. Ich dachte mir, das kommt nicht jeden Tag vor, dass einem ein Ehemann im Slip am Grunde eines leeren Schwimmbeckens Küsschen verteilt. Er setzte sich nicht auf einen Kaffee zu uns in die Küche. Unsere Frauengeschichten interessierten ihn offensichtlich nicht.

Jeannines Michel führt uns mit der Ausdauer des Heimwerkers durch die Baugeschichte. Er hat alles selbst gemacht: Dach, Verputz, Fußböden, Möbel, Badezimmer, Wärmedämmung, den Patio aus Holz mit Bank und einem großen Tisch vor dem Haus. Er holt Fotos hervor. Man sieht das Vor- und Nachher. Man sieht auch Jeannine am Tag, als der Rohbau fertiggestellt ist, mit Bierdose in der Hand auf einem Balken stehen. Und da er jetzt in Rente ist, hat Michel gerade hinten im Garten eine Sauna gebaut. In einem Haus gibt es immer etwas zu tun, eine Wand herunterreißen, ein Fenster durchbrechen, ein Waschbecken entstopfen, reparieren, verbessern, vergrößern. Aber diesmal hat ihn Jeannine gewarnt: «Wenn du noch einmal mit einer neuen Baustelle anfängst, lasse ich mich scheiden!» Michel gibt ihr recht: «Seit achtundzwanzig Jahren leben wir in Gips und Staub. Jetzt ist es Zeit für anderes. Und auch der Körper sagt stopp.»

Roseline und Jeannine haben beide ein eigenes Haus. Das war unvorstellbar, als sie als kleine Kinder in der Krutenau in den winzigen Wohnungen ohne jeden modernen Komfort lebten. Jeannine in der Rue de Zurich 39, die Toiletten am anderen Ende des Hofs, unter dem Bett ein Nachttopf für die nächtliche Dringlichkeit, im zweiten Stock die Großmutter und darüber zwei italienische Familien mit je vier Kindern. Alles Jungen. Die Mutter von Jeannine war die Patin des kleinen Angelo. Bei ihnen zu Hause sah Jeannines Familie fern. Das Gebäude existiert nicht mehr. Es wurde abgerissen. Es hätte saniert werden können, doch in den siebziger Jahren zog man diesen Relikten einer vergangenen Epoche das Moderne vor. Also errichtete man eine Wohnanlage mit pseudoschicken Einzimmerwohnungen. Es ist schon eine ganze Weile her, dass der Lebensmittelladen der SADAL (Société d'alimentation d'Alsace et de Lorraine, die erste Kette von Nachbarschaftssupermärkten) auf dem Platz geschlossen hat. Die alten Schaustellerfamilien kommen nicht mehr, um ihre *Schiffele*, die bootsförmigen Schaukeln, aufzubauen. Monsieur Quack Quack mit dem Entenangler-Stand war gleich neben Monsieur Zix mit seinem Schneekarussell. Jeannine bekam Freikarten, weil ihre Eltern den Schaustellern erlaubten, sich bei ihnen mit fließendem Wasser zu versorgen.

Bei Jeannine gab es manchmal kaum genug zu essen: «Papa war Posamentier im Cour du Corbeau, dort wo jetzt ein Luxushotel steht.» Sie wuchs inmitten von Stoffen, Fäden, Fransen und Raffhaltern auf. Ihr Vater war der letzte handwerkliche Posamentier von Frankreich. Am Freitag wartete ihre Mutter auf das Geld zum Einkaufen, und oft reichte es nicht. Dann gab es abends Pellkartoffeln und eine große Schale kalte Milch. Es war ein Hängen und Würgen. Wenn Geld da war, bekam sie ein Milchbrötchen. Kein Baguette, das trocknete zu schnell aus. Und am Freitag, Tag ohne Fleisch, gab es nicht immer Fisch, zu teuer, sondern Gemüsesuppe.

Roseline hatte in der Rue des Couples 15 gewohnt, im Erdgeschoss. Zwei Zimmer, in die kaum das Tageslicht drang, ein drittes konnte wegen des Schimmels nicht benutzt werden. Roseline schlief auf einem im Wohnzimmer hergerichteten Lager und der kleine Bruder im Elternschlafzimmer. Zum Waschen wurde eine Schüssel ins Spülbecken gestellt, das WC befand sich auf dem Flur, geheizt wurde mit Kohle, aber nur der Hauptraum. Das ganze Viertel erinnert sich noch an die Werbekarawane, die 1969 mit dem Versprechen durch die Straßen zog: «Warmes Wasser im Handumdrehen.» Roselines Eltern übernahmen einen Fernseher von Leuten, die ihr ausgedientes Modell wegwerfen wollten: «Bevor wir einen neuen Apparat hatten, stellten wir zwei aufeinander: Beim einen funktionierte nur der untere Teil des Bildschirms, beim anderen nur der obere. Wenn man die beiden kombinierte, bekam man ein vollständiges Bild.» Bei mir zu Hause hatte meine Mutter das Fernsehen verboten. Sie behauptete, das weiche die kindlichen Gehirne auf. So blieb das Gerät, das mein Vater heimlich gekauft hatte, mehrere Jahre in einem kleinen Mansardenzimmer unseres Hauses versteckt. Abends schürzte meine Vater einen wichtigen Termin vor und schlich sich hinauf. Wir Kinder bekamen nichts davon mit. Und als er endlich im Wohnzimmer toleriert wurde, wurde er wie ein Schandfleck im Bücherregal hinter einer hölzernen Schiebetür verborgen. Bei Roseline thronte der neue, lackierte Holzfernseher auf einem Beistelltischchen. Darauf ein Zierdeckchen, ein Strauß Trockenblumen und das Hochzeitsfoto ihrer Eltern. Sacha Distel sang: «Er hält die Welt in seinen Händen», und Roselines Eltern regten sich auf, weil auf den Konzerten von Johnny Hallyday randaliert wurde. Mit ihrem ersten Gehalt installierte Roseline bei ihren Eltern das Telefon. Man kann sich also vorstellen, was es heißt, ein Haus ganz für sich

selbst zu bauen, wenn man von so weit her kommt! Mit einem Badezimmer, Wärmedämmung, hellem Parkett, Patio
und sogar einem Pool. Davon wagte man nicht einmal zu
träumen.

«Bauen», dieses Verb, das ohne ein Objekt auskommt, ist
das ultimative Zeichen für den sozialen Aufstieg und eine
Garantie für Stabilität. Während Jeannine und Roseline das
Wort voller Ehrfurcht aussprechen, höre ich unterschwel-
lig die ganze Verachtung, die mein Vater hineingelegt hatte.
Für diesen Architekten bedeutete das Bauen eines Ein-
familienhauses (er betonte die erste Silbe des französischen
Wortes «construire», um den Elsässer Akzent zu imitieren),
dass man den Stein dem Leben vorzieht, die Sicherheit der
«Ungebundenheit». Mein Vater hat immer nur für andere
gebaut. Er zog es vor, eine Wohnung zu mieten und das, was
übrig blieb, zu verbraten. Und frei von jeder Bindung zu
bleiben, dachte er. Wie ein Känguru, *Nichts im Beutel, aber
große Sprünge*, hätten die Eltern von Roseline und Jeannine
bestimmt dazu gesagt. Die Zukunft sollte zeigen, dass sie
nicht ganz unrecht hatten.

Doch Roseline muss zugeben, dass der Traum vom Ei-
genheim ihre Kindheit vermiest hat. Nach ein paar Jahren
konnte die Mutter die Sozialwohnungssiedlung, in die die
Familie gezogen war, nicht mehr ausstehen. Die Straßen
waren alle nach Schriftstellern benannt. Lamartine, Ron-
sard und Chateaubriand verliehen diesen Wohnblöcken
von funktionaler Hässlichkeit ihren Adelsbrief. Doch der
Zustand des Viertels verschlechterte sich von Jahr zu Jahr.
Jeannines Mutter ertrug die Leute nicht mehr, die die Auf-
züge besprühten, auf den Boden spuckten, die Türen ein-
schlugen. Sie bekam eine Depression, und die Familie zog
wieder in die Stadt.

Von da an hatte man nur noch einen Traum: ein eigenes Haus. Roselines Vater war Tischler. Ihre Mutter sparte, um ein Haus in bar kaufen zu können. Sie versuchte, überall etwas abzuzwacken. Sie legte das Geld Centime um Centime auf ein Sparbuch. «Schnickschnack» nennt Roseline all diese entbehrlichen Dinge, die sie nicht bekam, weil das Geld zur Seite gelegt werden musste. Jeden Sommer gab es nur ein Eis in der Bäckerei. Die Grenadine wurde mit Wasser und den Beeren aus dem Garten zubereitet. Nie mit Milch. Milch gab es nur morgens in der Schulpause. Roseline hat an meinem Geburtstag zum ersten Mal Milch mit Grenadine getrunken.

Roseline war gut in der Schule. Abwechselnd mit Françoise immer Klassenbeste. Für sie kam es nicht in Frage, von der Schule abzugehen. Aber ihre Mutter konnte sich nicht vorstellen, dass ihre Tochter das Abitur machen könnte. Sie musste ihren Lebensunterhalt verdienen und sich für die Ehe «aufsparen».

«Meine Mutter war nicht aufgeschlossen», bedauert Roseline. «Alles hatte so und nicht anders zu sein. In ein Omelett gehört Speck, sonst war es kein Omelett. Sie hat die Schule mit vierzehn aufgehört. Sie hat sich nie erkundigt, welche Möglichkeiten man mit einem Studium hat. Ich versuchte, es ihr zu erklären, aber sie konnte sich kein anderes Leben für mich vorstellen als ihr eigenes Leben.» Zum Glück hatte Roseline eine Patentante. Sie war Näherin und wohnte in der Rue des Couples einen Stock höher. «Sie war viel aufgeschlossener als meine Mutter. Ich ging gerne zu ihr hoch. Ich träumte davon, Lehrerin zu werden, wie unsere Lehrerin, Madame Franz. Da hat meine Patentante zu meiner Mutter gesagt: ‹Roseline ist Klassenbeste. Sie hat gute Noten. Man muss sie weitermachen lassen.› Ohne sie hätte ich wie meine Mutter eine Lehre gemacht.» Roseline ging aufs Gymnasium und danach auf die Universität.

Roseline hatte es satt, um jeden Franc betteln zu müssen, um sich auch nur ein Brötchen für die Schulpause kaufen zu können. Sie hatte kein Taschengeld. Aber vor allem weigerte sich ihre Mutter, die Schulbücher zu bezahlen. Eines Tages machte Roseline eine Entdeckung, die sie ihrer Mutter bis heute nicht verziehen hat. Sie bemerkte, dass sie das Stipendium, das ihrer Tochter zugesprochen worden war, für sich behielt. Roseline bezeichnet den Tag, an dem ihr klarwurde, dass ihr Stipendium für Dachziegel und Wasserhähne für das Haus draufging, als «Wendepunkt». «Meine Mutter wollte nicht, dass ich Bücher kaufte. Für so was wirft man doch kein Geld aus dem Fenster! Ich kaufte veraltete Ausgaben. Einmal zwang sie mich, das Buch auszuleihen und abzuschreiben. Zusammen mit einer Freundin kopierten wir es stundenlang, mit einem Kohlepapier, damit beide ein Exemplar hatten. Doch als der Lehrer es merkte, sagte er, das gehe nicht. Wir bräuchten das Buch. Dafür sei das Stipendium da. Ich war siebzehn und schämte mich in Grund und Boden.»

Diese ganze Pfennigfuchserei reichte nicht, um das Haus bar zu kaufen. Roselines Mutter, der «Zahlungserleichterungen» suspekt waren, ein Geschenk, das zu großzügig war, um nicht verdächtig zu sein, nahm schließlich doch einen kleinen Kredit auf. Heute fragt sich Roseline, ob sich die Mühe unter dem Strich gelohnt hat, all die Jahre der Entbehrung, an allen Ecken sparen zu müssen für ein «einfaches Häuschen in einem kleinen Kaff ohne jeden Charme in der Nähe von Straßburg». Erst recht, da Roseline das Schloss ihrer Mutter nur ein paar Monate bewohnt hat, da sie schon achtzehn war, als die Eltern einzogen. Sie studierte in Straßburg und hatte es satt, bei Regen mit dem Solex hin und her zu fahren und jedes Mal, wenn sie an der Tür stand, von ihrer Mutter zu hören: «Wann kommst du nach Hause?» Als Roseline Michel kennenlernte, zog sie mit ihm in Straßburg in eine WG. Sie verlangte das Geld vom Stipendium, um die nötigen Bücher zu kaufen. Roseline war die Erste in der Familie, die das Abi machte. Ein winziges Wort, das sie mit viel Respekt ausspricht. Heute ist Roseline Abteilungsleiterin in einer Einrichtung für gehörlose Kinder. Mit ihrem Ingenieur-Ehemann geht es ihnen gut, sie müssen zum Glück nicht jeden Cent umdrehen wie ihre Eltern.

Roseline kann die ständige Angst ihrer Mutter, es reiche nicht, inzwischen verstehen. «Sie hatte sich früher um Kinder gekümmert, und als die Elsässer 1939 in den Südwesten evakuiert wurden, bevor die Deutschen kamen und die Gegend annektierten, war sie Mädchen für alles in einem Schloss im Périgord. Ich frage mich sogar, ob die Tochter dieser Familie nicht Roseline geheißen hat.» Roselines Mutter hat nie von dieser Zeit gesprochen. Vielleicht hoffte sie, das Schweigen würde die schlechten Erinnerungen ungeschehen machen, die Frostbeulen an den Fingern, diese lange Reise, die erste ihres Lebens, in einem Güterwagen mit dreißig Kilo Gepäck pro Person, die Angst, seine *Heimat* nie wieder zu sehen und alles zu entbehren, den Spitznamen «Jaja», den die Leute im Südwesten den Elsässern verpassten, weil sie kaum Französisch sprachen. Außerdem hatten die Familien aus der Dordogne und den Landes im Krieg von 1914–1918 Söhne verloren, und man misstraute diesen «falschen Franzosen», die mit den Deutschen gemeinsame Sache gemacht hatten. Schließlich waren die Elsässer erst seit zwanzig Jahren Franzosen. Aber wer glaubten sie eigentlich, wer sie waren, empörten sich die Elsässer, diese Bauerntrampel mit ihren Stehklos, ihren Lehmböden und Bauernhöfen ohne Elektrizität? Die Deutschen hatten das Elsass modernisiert, es zu einer prosperierenden Gegend gemacht. Roseline bereut es, dass sie nie mit ihrer Mutter über dieses Exil gesprochen hat. «So vieles wurde verschwiegen, nicht weitergegeben, und jetzt ist es zu spät.»

Als Teenager wäre Roseline gerne in Deutschland ins Schwimmbad gegangen. «Aber mein Vater war ein Anti-Boche. Sein älterer Bruder war im Krieg umgekommen, gezwungen, die deutsche Uniform zu tragen. Das hat mein Vater den Deutschen nie verziehen. Wir sprachen mit ihm nie über den Krieg. Das war ein solches Tabu im Elsass.» Als Roseline die Grenze zum ersten Mal passiert, ist sie achtzehn. «Wir sind nach Saarbrücken gefahren, um ehemalige deutsche Nachbarn meiner Eltern zu besuchen. Als sie gehen mussten, haben die Deutschen meinen Eltern einen Schreibtisch mit lederner Schreibunterlage und einen Nietensessel dagelassen.»

Wenn es Jeannine und Roseline nie an etwas gefehlt hat, dann war das auch dank des Gemüsegartens. Ihre Eltern hatten in derselben Anlage, in der Nähe des Straßburger Ölhafens, einen Schrebergarten. Noch eine Welt, aus der ich ausgeschlossen bin. Jeannines Vater war der Schatzmeister des Vereins. Er packte die beiden Jüngsten, den Hund und den Korb mit den harten Eiern, der Wurst, dem Brot, seiner Flasche Rotwein und dem Flickzeug seiner Frau in den Anhänger seines Solex. Die beiden Großen fuhren mit ihrer Mutter im Bus. In Roselines Garten gab es Beete mit Kartoffeln und grünen Bohnen und eine aus allem Möglichen zusammengezimmerte Bude. Den ganzen Sonntag wurde geschuftet. Abends kam man völlig erschlagen nach Hause. Als Roselines Eltern schließlich ihr Haus bauten, gaben sie den Garten auf. Er ist seither geschleift worden. Ich bin mir sicher, Roseline hat die zusammengeschusterte Hütte beim Ölhafen dem Haus aus Ziegeln und Zement immer vorgezogen.

9

Zimmer 31

Ich war vierundzwanzig, als ich Straßburg definitiv verließ. Es war keine Flucht,
mein Weg hat mich einfach woandershin geführt. Ich werde
nie mehr in der Stadt leben, in der ich geboren wurde. Ich
fühle mich hier zu eingeengt. Die Erinnerungen, die sie
birgt, belasten mich. Mein Leben spielt sich inzwischen
in Berlin ab, das vor sehr langer Zeit auch die Hauptstadt
des Elsass war. Es liegt eine gewisse Logik in dieser Wahl.
Zwischen meiner Geburtsstadt und meiner Wahlheimat
besteht eine natürliche Verbindung. Sie teilen sich ein Stück
Geschichte, einen Kaiser, einen Führer und zwei Kriege. Sie
sehen sich äußerlich sehr ähnlich, und ich bin mir sicher,
dass sie sich noch heute beäugen, seit dem Fall der Mauer
vielleicht noch intensiver. Es ist also bestimmt kein Zufall,
wenn ich meine Koffer in Berlin ausgepackt habe. Berlin hat
es mir erlaubt, Straßburg nie ganz zu verlassen, über einen
Umweg dahin zurückzukehren. Das ist mir ganz recht so.

Ich bin noch hin und wieder zurück in Straßburg, stets
nur kurz, stets ein bisschen auf dem Sprung. Seit meine
Eltern tot sind, wohne ich meistens im Hotel. Es befindet
sich in einem ehemaligen Bordell im Schatten des Münsters. Als Teenager sah ich auf dem Nachhauseweg oft ein-

same Männer unter dem Fenster stehen und darauf warten, dass ein Zimmer frei wurde. Heute aber ist das Hotel von untadeliger Moral. Während der Sitzungen des Europäischen Parlaments beherbergt es Beamte und während des Weihnachtsmarkts Touristen. Ich wohne in einem winzigen Zimmer unter dem Dach, immer im selben, in der Nummer 31 im vierten Stock, am Ende einer steilen Treppe, nur ein paar Gehminuten von dem Haus entfernt, in dem ich aufgewachsen bin.

Es ist seltsam, im Hotel abzusteigen, wenn man bei sich zu Hause ist. Als ich diesen anonymen Ort zum ersten Mal bezog, hatte ich das Gefühl, die Stadt meiner Kindheit verstoße mich. Die 31 schuf eine unüberwindbare Distanz zwischen uns, bot mir aber auch eine neue Freiheit. Verschwunden waren diese alten Pfade, in die man automatisch zurückfällt, wenn man «nach Hause» kommt, die nie in Frage gestellten Familienrituale, das Unbehagen, das mich unweigerlich nach einigen Stunden überfiel. Hier hatte sich nichts getan, während ich mich so sehr verändert habe. Keine vorbestimmte Rolle im Familiencasting mehr, keine alte Wohnung, die mich, eine leichte Beute, ins Netz ihrer Erinnerungen wickelte, der guten wie der schlechten.

Jetzt, wo ich im Hotel wohne, bin ich stundenlang zu Fuß unterwegs. Die Stadt entrollt sich vor mir. Ich lasse mich ziellos durch die Straßen treiben, und es kommt mir vor, als sähe ich sie zum ersten Mal. Hier, diese Renaissance-Fassade, an der ich auf dem Schulweg hundertmal vorbeigekommen sein muss, habe ich noch nie bemerkt. Und die Muttergottes aus rosa Vogesensandstein in der Nische einer Straßenecke. Ich stoße Türen auf, betrete Innenhöfe, erkunde Viertel, in die ich, als ich noch hier wohnte, nie einen Fuß gesetzt hatte. Ich sehe die abgenutzten Straßen mit neuem

Blick. Ich bin eine Besucherin, beinahe eine Touristin. Eine elektrisierte *Flaneuse*. Während der jahrelangen Abwesenheit sind die Konturen meiner Kindheitskulisse stumpf geworden. Jetzt werden sie bei jedem Besuch neu gezeichnet. Sie sind gestochen scharf. Frisch. Lebendig. Sie haben sich nicht durch die tägliche Berührung abgeschliffen. Sie gehören nicht zu diesen Dingen, die man nicht mehr sieht, weil man so oft daran vorbeigegangen ist.

Manchmal packt mich die Wut, wie an dem Tag, an dem ich entdeckte, dass das Italia-Café nicht mehr existiert. Das Italia, dieser Wallfahrtsort, in dem ich jedes Mal, wenn ich auf der Durchreise war, eine *noisette* trank, einen Kaffee mit einem Schuss Milch. Das verrauchte, lärmige Café, in dem ich während meiner Gymnasialjahre die Zeit nach dem Unterricht verbrachte. Die roten Kunstlederbänke des Italia, die erste Zigarette, der erste Kuss, der Stolz, das Abitur bestanden zu haben, die Träume, wie das Leben mal aussehen würde, später, wenn wir erwachsen wären. Alles spurlos verschwunden. Eines Sommermorgens, als ich an der Ecke der Rue des Orfèvres ankam, war kein Café Italia mehr da, und niemand hatte mich vorgewarnt. An seiner Stelle ein Juwelier. Das Stadtzentrum, in dem die Lebensmittelläden, Molkereien, Bäckereien einer nach dem anderen eingegangen sind, verwandelt sich mehr und mehr in ein Grab. Nur noch hippe Patisserien und Luxusfleischereien sind übrig geblieben. Ich schrie mitten auf der Straße auf. Wie konnten sie es wagen, meine Stadt anzutasten, einen ihrer mythischen Orte zu verunstalten? Auch das Spielzeuggeschäft Wery ist weg, die Bäckerei Gerber, der algerische Schneider unten in unserem Haus und die beiden Holzhütten gleich gegenüber an der Ill: ein Käsegeschäft und ein Obst- und Gemüseladen. Meine Mutter kaufte jeden Tag dort ein. Wenn es nicht zu viele Kunden gab, blieb sie eine Weile zum Plaudern. Die Ladenbesitzer gehörten zur Familie.

Seit ich sie verlassen habe, ertrage ich es nicht, dass sich meine Stadt ohne mich verändert. Ich sage «meine» Stadt, aber ist sie das noch nach so langer Zeit? Ich würde sie am liebsten in ein Formalinbad tauchen, um sie zu konservieren, und zwar auf den Millimeter genau. Und ich möchte auch den anderen, Françoise den beiden Pascales, Martine, verbieten, ihr Leben zu ändern, damit ich sie an genau dem Ort wiederfinde, an dem ich sie zurückgelassen habe. Ob der Idee, nach den Mädchen meines Poesiealbums zu suchen, dieser unbewusste Wunsch zugrunde lag?

Heute komme ich mir eigenartig fremd vor in der Stadt, die mir von allen auf der Welt die vertrauteste ist. Ich kenne den Geruch des Schlicks und die hartnäckigen Ranken, die sich am Illufer an den Mauern festklammern, die Möwen, die flussaufwärts fliegen, ihren Schrei, der vom Meer erzählt und Lust macht, ihnen zu folgen, die Ratten, die sich vor unseren Schritten aus dem Staub machen, die verschlungenen Paare auf den Bänken, die Fluchtlinie der Quais, wenn man von der Corbeau-Brücke aus in die Ferne blickt, die Schalen mit den malvenfarbenen Blumen am Geländer des Pont des Vosges, die Liebesschlösser an dem des Pont au Chat, die Touristenschiffe, die den trägen Fluss zu den geraniengeschmückten Fachwerkhäusern von Petite France hinauffahren, die Turmspitze des Münsters, die plötzlich hinter einer Straßenbiegung auftaucht, einem wie eine Ohrfeige ins Gesicht klatscht. Und seine ohrenbetäubenden Glocken am Sonntagmorgen. In der Nacht höre ich im Viertelstundenabstand ihr kristallines Klimpern. Mit welchem Jubel setzt nach vier Tönen die große schwer und tief zum Stundenschlag an. Sie verleiht der Dunkelheit eine unheimliche und zugleich verlässliche Tiefe. Ich zähle an den Fingern mit. Fünf Uhr morgens. Bald wird die Dämmerung den Himmel über den Dächern erhellen. Es bleiben mir zwei Stunden, bis der Wecker klingelt.

Das Zimmer 31 ist mein Refugium in Straßburg, wo ich immer weniger Bindungen habe. Eine Stadt wie eine Muschel, die nach und nach, mit jedem Toten, leerer wird, Großeltern, Eltern, ihre Freunde. Ich habe in Bristol, London und Bonn gelebt. Jetzt lebe ich in Berlin, das ich ohne Zögern als meine Stadt bezeichne, wenn man mich fragt, woher ich komme. Aber ein Teil von mir ist in Straßburg geblieben, auch wenn ich weiß, dass ich nie mehr dort leben werde. Ich bin nicht wie Martine K., die heute mit ihrem Straßburger Ehemann in Paris lebt. Sie haben sich mit neunzehn im Chalet kennengelernt, in dem legendären Nachtclub von Straßburg, der ebenfalls nicht mehr existiert. Da, wo Martine und ihr Mann auf der Tanzfläche ihren ersten Disco-Kuss tauschten, befindet sich heute eine neue Wohnsiedlung. Martine zählt die Tage bis zur Rente, um endlich wieder in die Heimat zurückzukehren.

Ich bin verblüfft, dass mich die Mädchen meines Poesiealbums fragen, wann ich wieder «in die Heimat» zurückkomme. Für sie ist es eine Selbstverständlichkeit. Bei meinem verwunderten Blick wird ihnen klar, dass diese Vorstellung aus Gründen, die sie nicht nachvollziehen können, für mich absurd ist. Und sie entschuldigen sich: «Ich dachte nur ... Manche warten auf die Rente, um wieder zurückzukehren.» Bestimmt denken sie, ich sei nicht bei Trost, so weit wegzuziehen. Sie nehmen das Leben, das ich mir aufgebaut habe, nicht wirklich ernst, so als wäre nichts geschehen, seit ich gegangen bin, als wäre ich diese ganze Zeit nur auf der Stelle getreten, voller Ungeduld, endlich wieder zum Ausgangspunkt zurückzukehren. Als wäre alles andere nichts als ein bedauernswerter Irrtum gewesen. Bei einem meiner Besuche drückte mir Pascale L. eine Flasche Gewurztraminer in die Hand, «damit du da oben das Elsass nicht vergisst». Und als sie das sagte und mir dabei die Hand auf die Schulter legte, schnürte sich mir die Kehle zu.

Es stimmt, manchmal beneide ich diejenigen, die sich nicht weggerührt haben. Jene, die wie Pascale L., Roseline und Jeannine die Stadt, in der sie geboren sind, nie verlassen haben. Mich fasziniert ihr sesshaftes Leben in einer Welt, die auf Mobilität setzt. Ihre Wurzeln hatten Zeit, sich tief in die weiche Erde ihrer Kindheit zu graben. Sie wissen, woher sie kommen und wohin sie für den Rest ihres Lebens gehen werden. Zumindest stelle ich mir das so vor, wenn ich sie mit einer Selbstverständlichkeit reden höre, die mir fremd ist. Sie sind aus einem Stück gemacht, wie ein massiver Baumstamm, und ich bin mir sicher, das macht sie unbesiegbar. Ich projiziere meine ganze Nostalgie auf sie: Bei ihnen gibt es keinen Bruch, keine disparaten, mehr schlecht als recht zusammengeflickten Lebensfetzen. Ein kontinuierliches Band führt sie von der Sainte-Madeleine-Schule in das Haus, das sie sich in der Nähe von Straßburg gebaut haben. Die drei Kinder von Roseline wohnen nicht weit von ihnen und kommen jeden Sonntag zum Essen «nach Hause». Bei Jeannine leben alle zusammen. Catherine, Françoise und Myriam haben einen festen Tag für ihre Enkelkinder.

Ich bin schon so lange weg. Im Ausland zu leben, auch wenn es ein freiwilliges Exil ist, auch wenn das frei gewählte Land Frankreich, und erst recht dem Elsass, kulturell sehr nah steht, bedeutet trotz allem eine Zerrissenheit. Für meine Schulkameradinnen bin ich bestimmt ein aus dem Nest gefallener Vogel. Ich kenne nicht mehr viele Leute hier. Ich habe keine Ahnung, was vor sich geht. Ich habe nicht einmal die großen Ereignisse, die meine Heimatstadt erschüttert haben, mitbekommen. Schon gar nicht den kleinen Klatsch, der sie in Atem hält. Ich entdecke einen verborgenen Sinn meines Poesiealbums. Es erlaubt mir, die Tiefe meiner Wurzeln zu sondieren. Sie sind meiner langen Abwesenheit zum Trotz noch nicht gekappt. Dank der Albummädchen finde ich meine *Heimat* wieder, diesen Ort, den ich in mir trage. Ein Gedicht, das ich in einem deutschen Poesiealbum gefunden habe, lautet:

> ***Vergiss nie Deine Heimat***
> ***Wo Deine Wiege stand.***
> ***Du findest in der Fremde***
> ***Kein zweites Heimatland.***

Meine Wiege ist das Poesiealbum.

10

Krut

Pilar wohnt noch immer im Krutenau-Viertel, kaum hundert Meter von unserer ehemaligen Schule entfernt und ganz in der Nähe des Hauses, in dem sie geboren wurde. Als sie bei ihren Eltern auszog, wäre sie nicht auf die Idee gekommen, die Ill zu überqueren, um in die Gegend des Münsters zu ziehen, oder später wie Roseline und Jeannine in einem Satellitendorf zu bauen. Ihre ältere Schwester hat versucht, ihre Zelte abzubrechen. Sie heiratete und zog ans andere Ende der Stadt. Ein Fehltritt, den sie bald bereute. Sie ließ sich scheiden und kehrte auf der Stelle zurück, um in derselben Straße wie ihre Mutter und im selben Häuserblock wie ihre Schwester zu wohnen.

Da Pilar nie geheiratet hat, hatte sie ihre Spuren nicht durch einen Namenswechsel verwischt, und ich fand sie im Telefonbuch sofort. Eines Abends rief ich sie an. Sie konnte sich nicht an mich erinnern, doch mein Anruf erstaunte sie nicht sonderlich, so als hätte sie, die Hüterin unseres Kindheitsviertels, immer gewusst, dass wir alle, eine nach der anderen, eines Tages gesenkten Hauptes zurückkehren würden, voller Reue, weggegangen zu sein, wie ihre Schwester.

Einige Monate später treffen wir uns bei ihr. Pilar weiß nicht genau, wer ich bin, empfängt mich aber vertrauensvoll. Ich bin verlegen, so in ihre Privatsphäre einzudringen. Pilar entschuldigt sich für die Unordnung in ihrer kleinen Wohnung. Es stehen Renovierungsarbeiten bevor. Sie will neue Glasfenster installieren lassen. Und da sie handwerklich begabt ist, wird sie eigenhändig Bücherregale einbauen. «Das Heimwerken habe ich von meinem Vater. Die Lust am Lesen kommt von mir. Meine Mutter konnte weder lesen noch schreiben, weder auf Spanisch noch auf Französisch, das sie ihr Leben lang geradebrecht hat. Sie stammte aus einem winzigen Dorf in der Nähe von Toledo und musste die Grundschule nach zwei Monaten abbrechen, um sich um ihre kranke Großmutter zu kümmern.» Als Pilar lesen lernte, setzte sich ihre Mutter aus Solidarität neben sie. Pilar hat ihr immerhin beigebracht, ihren Namen unter die Formulare zu setzen. Sie sollte sich auf gar keinen Fall durch das Zeichnen eines Kreuzes demütigen.

Die Tür zum Schlafzimmer steht einen Spalt offen. Auf der rechten Matratzenseite des Doppelbetts bemerke ich ein einsames Kopfkissen und eine Bettdecke. «Ich habe nie den Richtigen gefunden», sagt Pilar, die meine Gedanken liest. Ein Typ, der neben einem schnarcht und über alles zu bestimmen sucht? Nein danke. Sie schätzt die Unabhängigkeit. Pilar schnappt sich ihre große Handtasche, ihren K-Way, stößt die Tür auf und gibt mir ein Zeichen, ihr zu folgen. «Lass uns einen Spaziergang machen.»

Pilar läuft wie eine Pfadfinderin neben mir her. Für mich beschränkte sich die Krutenau auf das Schulviertel. Ich war eine Fremde, die jeden Tag für ein paar Stunden vorbeischaute. Am Nachmittag trödelte ich ein Weilchen mit den anderen in der Rue Sainte-Madeleine herum, dann

überquerte ich die Ill, um in meine eigene Welt zurückzukehren, die aus dem dunklen Hinterhof unseres Hauses,
dem kleinen Platz bei mir um die Ecke und der Melancholie
langer Regennachmittage in meinem Zimmer bestand. Eigentlich lernte ich die Krutenau erst in den letzten Jahren
auf meinen Nostalgietouren kennen. Pilar warnt mich: «Du
wirst sehen, es hat sich verändert, im Guten wie im Schlechten. Urteile selbst.» Pilar wählt die Straßen, durch die sie
mich führt, so aus, als wollte sie mir einen allzu heftigen
Schock ersparen, Rücksicht nehmen auf den Schmerz, der
mich jedes Mal packt, wenn ich in Straßburg bin. Sie will
meine Erinnerungen schützen, einen Sepia-Filter über die
unkenntlich gewordenen Straßen legen, mich vielleicht
den Lauf der Zeit vergessen lassen, der die Geographie des
Ortes durcheinandergebracht hat und meine Rekonstrukti-
onsversuche zum Scheitern verurteilt. Pilar gibt acht, dass
ich mich zurechtfinde. Sie hilft mir auf die Sprünge. «Dort,
das Presbyterium. Erinnerst du dich an die Vorbereitung
zur Kommunion?» Nein, ich habe keine Kommunion gehabt. Noch eine Erinnerung, aus der ich ausgeschlossen
bin. «Und siehst du die Kompostkisten der Gemeinschafts-
gärten dort drüben? Das war früher unbebautes Gelände. Und hier die städtischen Bäder, in denen wir mit dem
Bauch auf einem Hocker schwimmen lernten.» Und ob ich
mich erinnere! Die Jugendstilbögen in dem Gebäude, das
die Deutschen ganz zu Beginn des letzten Jahrhunderts auf
dem Boulevard de la Victoire gebaut hatten, der nach dem
Sieg der Franzosen benannt ist. Die Holzkabinen auf den
Galerien um die Becken herum, das kleine Becken für Damen, das große Becken für Herren. Die Kupferspucknäpfe,
das bläuliche Licht, das durch die Glasfenster drang, die
nachdenklichen Statuen, das Taxiphon an der Wand in der
Eingangshalle, der erste Sprung ohne den Korkschwimm-

ring, die vom lauwarmen Wasser schrumpelig gewordenen Fingerspitzen. Bis in die achtziger Jahre konnte man seinen Hund noch in den städtischen Bädern waschen lassen. Lange kamen sich die Obdachlosen hier in individuellen Kabinen duschen. Heute ist eine gründliche Renovierung im Gange. Die öffentlichen Duschen werden in Spas umgewandelt, und es wird ein Außenpool angefügt. Für Pilar verheißt das ganze Tamtam nichts Gutes.

Pilar kennt die sukzessiven Verwandlungen jedes einzelnen Gebäudes. Mit der Entschlossenheit einer pingeligen Eigentümerin, die am Tag der Wohnungsabgabe überall ihre Nase hineinsteckt, schiebt sie Türen von Hauseingängen auf. Sie weiß, dass die Kerbe in dem Mäuerchen, in die wir die Füße schoben, um uns von der Böschung auf den kleinen Pont aux Chats hochzuziehen, der die Rue des Veaux mit dem Quai des Bateliers verbindet, zugemauert worden ist und dass sich in den versifften Hinterhöfen jetzt Künstlerateliers befinden. Die Fachwerkhäuser sind inzwischen pastellfarben, aber sie lehnen sich noch immer aneinander, als würden sie sonst das Gleichgewicht verlieren. Pilar weiß, wie die Kanäle verlaufen waren, mit denen die Deutschen die Sümpfe trockenlegten. Damals, sagt sie, war es hier ein bisschen wie in Venedig. Die Leute kamen mit dem Boot angefahren. Es hätte nicht viel gefehlt, und sie hätte die Gemüseboote Gondeln genannt und die Krutenau Serenissima. «Pascale A. hat früher an der Place des Orphelins gewohnt», verrät sie mir nebenbei, um eine persönliche Note einzubringen, am Waisenplatz. Pascale A. hat mir immer leidgetan, an einer solchen Adresse zu wohnen, die nach Unglück roch.

Pilar erzählt mir von den Nutten, die in der Rue Prechter in ihren kleinen Wohnungen gewissenhaft ihrer Arbeit nachgingen. Die Nachbarn drückten ein Auge zu. Von Zeit zu Zeit kam das Gesundheitsamt, um dieses Völklein einer Inspektion zu unterziehen. Und dort die Tabakmanufaktur, die große Zigarrenfabrik im Herzen des Viertels, in der die Väter vieler Mädchen aus unserer Schule arbeiteten. Sie blieb bis Mitte der achtziger Jahre in Betrieb, schloss dann ihre Pforten, wurde unter Denkmalschutz gestellt, asbestsaniert und lebte, als sie kurzzeitig in einen riesigen Nachtclub verwandelt wurde, ihre crazy Phase aus, bis die Bauarbeiten begannen und sie wieder in die Reihe trat. Die Manufaktur sollte ein «multidimensionaler und multifunktionaler Ort» werden, ein trendiges Sammelsurium, in dem das wissenschaftliche Zentrum der Universität, ein Jugendhostel und Kneipen untergebracht sind.

Das Haushaltswarengeschäft Quincaillerie de la Cité ist das einzige intakte Relikt unserer Kindheit. Es ist noch ganz das Alte mit seinen kleinen Holzschubladen, seinem muffigen Geruch, seinem «Schleif- und Schlüsseldienst, Kleinreparaturen aller Art». Als er den Laden übernahm, ließ der jetzige Besitzer «alles in seinem Saft». Hier hätte selbst der Fußboden einiges zu erzählen. Man findet in dem Laden Brauseköpfe, Grabsteinputzmittel, Allzweckreiniger, Geruchsneutralisierer, Porzellansicherungen, Brennstoff für Petroleumlampen, Mäusefallen und einen todsicheren Schädlingsbekämpfer für alle möglichen krabbelnden und fliegenden Insekten, Motten und Larven, Flöhe und Bettwanzen. Sechs Monate Ruhe garantiert. Vor nicht allzu langer Zeit verkaufte die Quincaillerie de la Cité noch Benzin. Es ist der letzte Eisenwarenladen in der Innenstadt.

Pilar ist die Einzige von uns allen, die in unserem Viertel, das sich so sehr verändert hat, noch unsere kindliche Heimat aufzuspüren weiß. Die Einzige, die hinter die sich überlagernden Schichten sehen kann. Hinter dem industriellen Design der Brasserie Au Télégraphe mit den unverputzten Backsteinwänden, Atelierlampen und ihrem Komitee von Rauchern auf dem Gehsteig erkennt sie die verblühte Wirtin und den Smog der Gauloises ohne Filter des Arbeitercafés, in dem die Väter nach der Fabrik ihren Schoppen tranken und eine Runde Karten spielten. Und hinter der handwerklichen Bäckerei Au Pain de mon Grand-Père den Merguez-Laden Azoulay mit dem in wütenden Buchstaben neben der Eingangstür an die Mauer gemalten ALGERIEN.

Auch die Sainte-Madeleine-Schule hat sich verändert. «Abgesehen davon, dass sie uns damals», sagt Pilar, «mit unserem einen Meter Größe riesig erschien.» Wir sind gewachsen, und das Gebäude ist geschrumpft. Sie ist im Übrigen zu einer sehr vornehmen Schule geworden mit zweisprachigen Klassenzügen, einem Computerraum, Komposteimern, Rollstuhlrampen und sogar einem Aufzug. Die alten Schränke sind verschwunden, die Pulte ebenfalls. Nur die gusseisernen Heizkörper stammen noch aus der Zeit. Im Biologiezimmer halten seit der Epoche der Deutschen lange, ausgestopfte Vögel auf den Regalen Wache. Die Schuldirektorin getraut sich nicht, diese Staubnester zu entsorgen. Die Epochen lösen sich ab, doch die Probleme bleiben die gleichen. Ein Schild am Eingang der Schule fordert die Eltern auf, jeden Tag den Kopf ihrer Kinder zu untersuchen, wegen der Läuse, vielen Dank.

Selbst die kleine Rue Sainte-Madeleine, für uns Kinder ein breiter Boulevard, hat ihre Dimensionen verändert. Sie war damals noch keine Fußgängerzone. Und es gab noch keine Kleider-Boutiquen, Tattoo-Studios, Friseursalons. «Hier wechseln die Läden von Jahr zu Jahr», sagt Pilar. Sie macht kein Geheimnis daraus, dass sie unsere Vergangenheit einer solchen Gegenwart vorzieht. «Kein Guten Tag, kein Auf Wiedersehen mehr, nur noch automatische Kassen, alles muss immer schneller gehen. Wem oder was rennen wir hinterher? Die Leute kleben an ihrem Smartphone. Auf dem Fahrrad haben sie Kopfhörer. Mein Gott, man muss doch auch mal Luft holen!» Man kann sie kaum noch stoppen, wenn sie wie ein Rennwagen losprescht mit ihrem «Früher war alles besser». Die Krutenau hat sich «yuppiesiert». Die Studenten und die «jungen Berufstätigen», wie sie von den Immobilienmaklern gerne genannt werden, sind an die Stelle unserer Väter getreten, die noch Posamentierer waren wie bei Jeannine, Tischler wie bei Roseline, Maurer wie bei Giacomina oder Gebäudemaler wie bei Anne-Marie. Fast alle sind weggegangen, die einfachen Leute, die Leute aus dem Volk, die Arbeiterklasse, die bescheidenen Milieus, die wenig Bemittelten, die Unterprivilegierten ... Alle diese Verrenkungen, die man macht, um nicht zu sagen, die Armen. Im Café *Bretelles* wird Englisch und Italienisch gesprochen. Hipster-Bars servieren am Sonntagmorgen einen reichhaltigen Brunch und in der Nacht ausgefallene Cocktails. Im Claridge's Café gibt es Clubsessel und an der Wand ein großes Porträt von Sir Winston Churchill, der mit spöttischem Auge auf die Kunden herabblickt. In der Krutenau kann man persisch, koreanisch, türkisch und libanesisch essen. Es gibt eine Tapas-Bar und ein griechisches Restaurant.

Pilar trauert dem früheren Leben in ihrem Viertel nach, den Cafés, den samstäglichen Tanzveranstaltungen, den zusammengeschweißten Kommunen. Auch dem Spanierverein. Man traf sich den Provinzen entsprechend. Die Katalanen mit den Katalanen, die Andalusier untereinander. Ende der

Sechzigerjahre leerte sich die Krutenau. Bei jedem neuen Schuljahr war die Klasse kleiner. Die Einwanderer und die Armen wurden in ganz neue Wohnsiedlungen am Stadtrand umquartiert. Heute werden diese Viertel *Les Quartiers*, genannt, oder «sensible Wohngebiete», als spräche man von einer Haut, die durch eine Kleinigkeit gereizt werden kann. Für die Leute im Stadtzentrum scheinen sie nur zu existieren, wenn in der Silvesternacht Autos abgefackelt werden, ein Raubüberfall stattfindet oder wenn sich ein Salafist verschanzt. Die Yuppies der Krutenau setzen nie einen Fuß dahin. Als die Mädchen meiner Klasse Ende der sechziger und in den siebziger Jahren in diese Siedlungen zogen, waren sie noch keine Ghettos, sondern Sozialwohnungsgebiete mit modernem Komfort, die in aller Eile aus dem Boden gestampft wurden, um die armen Elsässer Familien aus den feuchten Unterkünften in der Krutenau herauszuholen. Doch nach und nach ergriffen viele Elsässer die Flucht. Es war nicht mehr möglich, sagten sie. Sie ertrugen «die Invasion» nicht mehr, «die Araber, Türken, die Weißderhimmelwas, man kann gar nicht mehr sagen, woher die alle kommen. Wir lassen uns auffressen», die Halal-Metzgerei gegenüber der Brasserie de la Poste, «die verschleierten Frauen und die Jugendlichen, die sich radikalisieren, die Satellitenschüsseln auf den Balkonen und die Teppiche auf den Fensterbänken – wo früher Geranienkästen standen». Und da sie gespart haben, bauten sie ein Haus. Heute werden die Wohntürme und verfallenen Blöcke im Rahmen von Stadterneuerungsprogrammen gesprengt. Niemand will mehr in diesen Hochhaussiedlungen leben.

Die großen Umwälzungen setzten in der Krutenau in den siebziger Jahren ein. Die Stadt machte sich an die Sanierung dieses strategisch günstig gelegenen Viertels. Die Stadt, das heißt die Straßburger Stadtverwaltung. Eine strenge Gouvernante, die über unser Schicksal entscheidet, ohne uns groß nach der Meinung zu fragen. Sie entscheidet, wie tief sie in die Tasche greift. Die Stadt kann ein Viertel mit einem Fingerschnipsen umkrempeln. Die Stadt plante Verkehrswege, um den Campus de l'Esplanade mit dem Zentrum zu verbinden, dem «Hyperzentrum», wie die Stadtplaner sagen. Die Stadt hatte vor, einen großen Teil des Viertels abzureißen. Mit der Brutalität des Projekts konfrontiert, regte sich in der Krutenau der Widerstand. Ein Verein wurde gegründet. Unsere Gassen sind eng, unsere Gebäude baufällig, wir leben in winzigen Wohnungen eng aufeinander, aber wir wollen nicht weg! Hier hilft man sich gegenseitig. Hier passt jeder auf die Kinder des anderen auf. Man will in der Innenstadt leben. Man will, dass die Gebäude renoviert werden. Nicht abgerissen. Die Stadt lenkt teilweise ein. Viele heruntergekommene Häuser wurden saniert. «Ein Stadtteil voller Charme», säuseln heute die Prospekte der Immobilienmakler. Aus einem lebendigen Arbeiterviertel wurde im Nu ein Dorf aseptischer Puppenhäuser mit putzigen Gassen, Wohnungen mit niedrigen Decken und hohen Mieten, Airbnb, Rollkoffer-Touristen, gepflasterten Plätzen und einem Retro-Look. Ein Viertel, das mehr in der Nacht als am Tag lebt und grün wählt. Weil die Anwohner sich über die Autos beklagten, richtete ihnen die Stadt eine Fußgängerzone ein. Doch die Anwohner konnten die Gruppen junger Besoffener nicht ertragen, die an die Wände pissten und mitten in der Nacht durch die Straßen grölten. Weg mit der Fußgängerzone. Die Autos kehrten zurück, und die Anwohner beschwerten sich weiter.

In den achtziger Jahren machte die Krut sogar eine Underground-Phase durch. Das Viertel flippte aus mit seinen Bars und besetzten Häusern. Bevor es sich wieder beruhigte. Die Krut, sagen die Hipster, denn die Krutenau, das klingt nun wirklich zu plump Elsässisch. In der Krut spricht niemand mehr Elsässisch, diese aussterbende Sprache, aber die Straßen tragen doppelte Namen. Ruelle des Planches oder Dielegass. Der Impasse du Loup oder das Wolfgässel trifft auf den Quai des Pêcheurs oder Fischerstaden, und die Rue des Trois-Gâteaux, das Dreiweckegässel, verbindet den Quai des Bateliers, die Schifflitstade, mit unserer Schule. Es brauchte Jahre der Verdrängung, bis dieser linguistische Tatbestand endlich eingestanden wurde: Die Schriftform des Elsässischen ist Deutsch. Man hatte in der Krutenau keine Lust gehabt, dass an jeder Straßenecke zweisprachige Straßenschilder an die Annexion durch die Nazis und, wer weiß, an gewisse kleine Arrangements erinnerten.

Pilar wurde in der Rue Fritz Nummer 2 geboren. Sie zeigt mir drei kleine Fenster im ersten Stock. Sie ist ein Umzugs-Baby. Ihre Eltern waren gerade aus Spanien gekommen. «Die Spanier flüchteten vor der Armut im Land. In den sechziger Jahren war es auf dem Land schlimmer als in der Dritten Welt. Und darüber hinaus gab es Franco. Ja, meine Eltern waren Wirtschaftsflüchtlinge. Man hat es uns spüren lassen. Heute würde man Migranten sagen. Rassismus, das kenne ich.» Als sie merkt, dass sie schwanger ist, hat Pilars Mutter ihrem Vater die Leviten gelesen. Das war nun wirklich nicht der Moment, José. Pilar kam am 27. Dezember zur Welt. General de Gaulle war gerade zum Staatspräsidenten gewählt worden, und in Straßburg lagen eineinhalb Meter Schnee auf den Straßen. Ein echter Winter, wie es heute keine mehr gibt. Heute haben wir nur noch den nassen Matsch der globalen Erderwärmung. Dieses Geburtsdatum warf einen Schatten auf Pilars Leben. «Drei Tage nach Weihnachten, das bedeutete nur ein Geschenk für mich. Meine Mutter hat die Dinge von Anfang an klargestellt: Es ist kein Geld da. Später mussten wir uns ein Fahrrad zu zweit teilen. Ich bin nicht sicher, ob ich jemals ein Poesiealbum besessen habe. Das konnten wir uns nicht leisten, so war es nun einmal.»

Wäre ich eine Gärtnerin
Schenkt ich Dir einen Rosenstrauß
Doch ich bin eine Schülerin
Also schenk ich Dir mein Herz.

Das hat Pilar mir in sorgfältiger Handschrift ins Poesiealbum geschrieben. Dazu hat sie einen großen Schmetterling eingeklebt und Blumen gemalt.

Pilar war vier Jahre alt, als ihr Vater starb. Eine Berufskrankheit, sagt sie, als wäre es normal, wegen seiner Arbeit zu sterben. Er hatte in einer Gießerei gearbeitet. Beim Schrubben der Schmelzöfen atmete er chemische Gase ein, die seine Lungen ruinierten. Darüber hinaus hat er geraucht. Wenn damals jemand im Krankenhaus starb und kein Angehöriger an seinem Bett war, schickte man ein Telegramm nach Hause. Es gab kein Telefon. Pilar sah vor sich, wie ihre analphabetische Mutter auf einem Stuhl in der Küche zusammensackte, das blaue Blatt in der Hand. Sie brauchte die Nachbarin nicht zu rufen, um ihr das Telegramm vorzulesen. Sie hatte sofort verstanden. José hinterließ eine mittellose Witwe, zwei Mündel des Staats und drei Sittiche, die in der Wohnung herumflatterten, wenn ihr Käfig geputzt wurde. Maria fing an, in den bürgerlichen Stadtvierteln der Stadt putzen zu gehen.

Von diesem zu früh verstorbenen Vater hat Pilar das

Bild einer Silhouette im Gegenlicht zurückbehalten. Die Mutter nahm ihre Töchter mit, wenn sie ihn im Krankenhaus besuchte. Die Nonnen erlaubten den Mädchen, den für Kinder verbotenen Krankensaal mit zwanzig Betten zu betreten. Als sie als Erwachsene zum ersten Mal die Diätküchen des alten Krankenhauses betrat, legte Pilar ihre Vorher-Nachher-Folien übereinander. Sie zuckte zusammen. «Es war der ehemalige Krankensaal. Ich sah mich am Bett meines Vaters sitzen. Ich sah seine Silhouette im Gegenlicht, das Fenster hinter ihm und den Baum im Hof.» Pilar denkt, dass es damit zu tun hat, dass sie den Beruf als Krankenpflegerin gewählt hat. «Ich muss mir in meinem Kinderköpfchen gesagt haben, dass diese Frauen einen schönen Beruf ausübten. Sie halfen meinem Vater, wieder gesund zu werden, damit er nach Hause konnte. Er fehlte mir so sehr.» Pilar hat es nie bereut, diesen Beruf ergriffen zu haben. Sie begann als Stationsgehilfin auf der Säuglingsabteilung. Sie sagte sich, wenn sie das Leid der Kinder aushalten könne, dann bedeute das, dass sie den richtigen Weg eingeschlagen habe. Heute ist sie Pflegekraft im Aufwachraum des Nouvel Hôpital Civil von Straßburg. Sie mag ihren Beruf. «Es sind nicht nur die technischen Handgriffe wichtig. Manche Patienten sprechen nicht. Sie sind in sich gekehrt und haben Schmerzen. Dann setze ich mich einen Moment zu ihnen und rede mit ihnen. Manchmal vertrauen sie sich mir an.» Pilar hat nie versucht, das Diplom als Krankenschwester zu machen. Sie kann kein Blut sehen.

Ihre Mutter war erst dreiundvierzig, als sie sich allein wiederfand. Dreiundvierzig ist zu jung, um für den Rest seines Lebens die trauernde Witwe zu spielen. Und damals galt eine Frau ohne Mann nicht viel. Antonio begann, Maria Liebesbriefe zu schicken, und Pilar war es, die sie ihrer Mutter vorlas. Sie entzifferte Silbe für Silbe, stotterte die Liebesworte, malträtierte Antonios unbeholfene Komplimente. Im Nachhinein ist Pilar sicher, dass ihre Mutter ihren Verehrer gebeten hatte, seine Leidenschaft zu zügeln. In seiner schwülstigen Prosa kam kein einziger unziemlicher Satz vor, kaum ein Kuss. Wenn der Postbote mit einem rosaroten Brief auftauchte, wusste Pilar, dass «er» es war. «Meine Schwester und ich fanden diese Briefe schön, wir spürten, dass er ein guter Mensch war und einen akzeptablen Vater hergeben würde. Also ließen wir zu, dass er meiner Mutter näherkam, und sie begriff, dass wir einverstanden waren.»

Dieser Stiefvater war ein Geschenk des Himmels. «Er war sehr gebildet für einen Arbeiter. Man konnte mit ihm über alles reden. Er wusste immer einen guten Rat. Er hörte uns zu. Nie ist ihm die Hand ausgerutscht. Er konnte Konflikte entschärfen, fand die richtigen Worte.» Antonio bat Pilar sogar, sie «Papa» zu nennen, und es war ganz natürlich für sie. «Die beiden da», sagte Antonio, «haben keinen Tropfen Blut von mir in den Adern, aber sie sind meine Töchter.» «Das Wichtigste ist, geliebt zu werden», sagt Pilar. «Das habe ich bekommen. Wir bekamen die Liebe unserer Mutter und unseres Stiefvaters.»

Ab und zu fällt Pilar in der Krutenau doch ein wenig die Decke auf den Kopf. Es ist bedrückend, sein Leben in vier Wänden zuzubringen, vor allem, wenn es immer dieselben sind. Manchmal packt sie das Fernweh. Mehrmals hat ihr der Betriebsrat eine vierzehntägige Reise, alles inbegriffen, ans andere Ende der Welt angeboten. Pilar will es nicht machen wie ihre Mutter, die kein einziges Mal in ihrem Leben in Paris war. Pilar war in Peru, China, Mexiko, Florida, Irland, an der Ostküste der Vereinigten Staaten, in Paris und Marseille, Kehl und Offenburg und sogar einmal in Wiesbaden. Pilar weiß nicht, ob sie eines Tages ganz *da unten* leben wird. *Da unten*, das heißt in Spanien. Sie ist hier geboren und hat hier ihre Wurzeln. Und sowieso ist Pilar *da unten* schon lange «die Französin».

11

Muttertag

In unseren Kleinmädchenleben war der Muttertag der Höhepunkt des Jahres. Und weil unsere Mütter uns immer wieder sagten, ein selbstgemachtes Geschenk sei so viel wertvoller als ein mit Papas Geld gekaufter Multifunktionsmixer, bereiteten wir uns wochenlang darauf vor. In der Schule nähten wir Serviettenbeutel, stopften Filznadelkissen mit Watte, bestickten Zierdeckchen mit Kreuzstichen. Wir kneteten so lange darauf herum, dass sie Mitte April aussahen wie Putzlappen. Zu Hause malten wir im Geheimen Herzen, Maiglöckchen und Rosen, rot wie die Liebe. Dieselben Motive wie in unseren Poesiealben. Wir schmiedeten dieselben Verse. Wir meinten es gut.

Wenn uns der Mai 1968 in unvergesslicher Erinnerung geblieben ist, dann nicht wegen der Barrikaden, der ausgerissenen Pflastersteine, der eingeschlagenen Schaufensterscheiben in der Innenstadt, der Straßenkämpfe, der blutenden Verwundeten. Wir hatten einen Logenplatz, aber wir sahen nichts. Das einzige Ereignis, an das wir uns erinnern, ist der Vorschlag des Nationalen Handelsrats, CNC, den für den 26. Mai vorgesehenen Muttertag zu verschieben. «Die aktuellen Ereignisse», so die Pressemitteilung des

CNC, «scheinen uns der Durchführung einer Feier, deren vorwiegend familiärer Charakter einer entspannten und friedlichen Atmosphäre bedarf, nicht förderlich zu sein.» Es ist nicht verwunderlich, dass die Ladenbesitzer Angst hatten, dass dieser ganze Rabatz auf den Straßburger Straßen ihren Umsatz schmälern würde. Am Universitätsgebäude flatterte anstelle der Trikolore abwechselnd die schwarze Fahne der Anarchie und die rote der Revolution, der Studentenrat proklamierte die Autonomie der Universität und den Boykott der Prüfungen, Eisenbahn, Post, Sozialversicherung, Radio und Fernsehen streikten, Lebensmittelgeschäfte, Banken und Tankstellen erlebten einen Ansturm, auf das Denkmal für die Gefallenen des Ersten Weltkriegs auf der Place de la République, zur Zeit der Deutschen Kaiserplatz genannt, hatte jemand mit roter Farbe REVOLUTION gesprüht. Da, wo einst das Reiterstandbild Wilhelm II. stand, hält heute eine elsässische Mutter ihre beiden sterbenden Söhne in den Armen. Einer hat für Frankreich, der andere für Deutschland gekämpft. Sterbend reichen sie sich die Hand. Das Rathaus und der französische Veteranenverband verurteilten die «Vandalen», die für diese Schändung verantwortlich sind. Der Handelsrat wollte den Muttertag glattweg auf den 16. Juni verschieben, auf den Vatertag. Bis dahin wäre bestimmt die Ruhe wieder eingekehrt, und was den Umsatz betraf, so könnte man zwei Fliegen mit einer Klappe schlagen.

Wir aber hörten nur den gebieterischen Appell der Straßburger Ladenbesitzer: «Macht Mama eine Freude!», gebot Magmod, das «große Pariser Kaufhaus des Elsass». Das Schuhgeschäft Cawel an der Place Kléber präsentierte vier neue «exquisite, hinreißende, umwerfende, atemberaubende Modelle, eines kleidsamer, *smarter* als das andere». Cawel rühmte sich, «die Kunst zu kennen, seiner Mama das

Unsagbare auszudrücken». Gegen die von der Werbung angepriesenen Geschenke hatten wir mit unseren Deckchen und Zeichnungen einen schweren Stand. Jeden Tag erschienen in den *Dernières Nouvelles d'Alsace* große gerahmte Anzeigen. Seitenweise kuschelige Bademäntel aus wattiertem Nylon, spitzer Kragen, Dreiviertelärmel, Unterkleider aus Baumwolle und Viskose, Unterröcke mit «romantischem Flair», besetzt mit Calais-Spitze, Schürzen, Schminktäschchen aus gobelinartigem Stoff mit vergoldetem Verschluss, Kelton-Uhren, «ein junges, modisches Geschenk», transparente Regenschirme, «schrecklich modisch». Und dann all die Wunderwerke der Hauswirtschaft: elektrische Kaffeemühle mit leistungsstarkem Motor, Bügeleisen mit Thermostat, Brot-, Schinken- und Wurstschneidemaschine, Grillgerät, Toaster, Fleischgrill, Roboter Marie, Roboter Charlotte ... Schluss mit den geröteten Händen, der rissigen Haut, dem schmerzenden Rücken. All diese magischen Apparate, die die Pommes frites goldbraun braten, den Kaffee zubereiten, waschen und spülen, werden die Frauen von den anstrengendsten Hausarbeiten erlösen. Endlich ein bisschen Zeit für sich.

Diese neuen Geräte hielten mitsamt ihren treuherzigen Slogans eins nach dem anderen in unseren Wohnungen Einzug. Die elektrische Fritteuse Rowenta, «soll das Frittieren gelingen, behält man es besser im Auge»; der Cadillac-Staubsauger, der «nicht herumsteht», dazu die Zeichnung einer Frau, die mit langen Beinen ihrem Staubsauger hinterherrennt, und die Legende: «Moulinex befreit die Frau.» Die Hausfrau hat ihre Schürze abgebunden und reißt die Arme hoch. Diese entwaffnend naiven Anzeigen riefen unsere Mütter zur Revolution auf. Nicht auf den Straßen und in den Betten wie die Jungen, sondern in ihrer Küche. Zu Hause und in der Werbung waren die Rollen noch klar definiert. Niemand stellte die Stereotype in Frage. Die Frauen lächelten, waren auf der Welt, um zu gefallen, zu dienen und ihre Ehemänner aufzuwerten. Unsere Väter waren unfähig, sich ein Omelett zuzubereiten, wenn unsere Mütter ausnahmsweise mal nicht da waren. Sie kümmerten sich nie um die Wäsche oder das Spülen. Den Müll trugen sie mit der empörten Miene von jemandem herunter, dem eine Ungerechtigkeit widerfährt. Der Vatertag übrigens, das ist etwas ganz anderes: «Er mag seinen Komfort! Seine Pfeife! Ach, seine Pfeife abends in seinem Sessel. Die würde er um nichts in der Welt hergeben.» Ich wette, nur wenige Leserinnen der *Dernières Nouvelles d'Alsace* würden hinter der Pfeife, die er so verbissen lutscht, einen doppelten Sinn sehen. Die Naivität dieser Epoche ist manchmal kaum zu fassen.

Im Jahr 1968, als wir unsere biederen Gedichte in die Poesiealben schrieben, ging draußen alles drunter und drüber, alles, außer der Rubrik «Die praktische Hausfrau» in der Zeitung. Jean-Luc Godard, François Truffaut, Claude Berri und Louis Malle setzten das Festival von Cannes aus. Die Jury trat zurück, die Filme wurden aus Solidarität zu den Studenten und Arbeitern zurückgezogen. Es komme nicht in Frage, der Welt mit «den mondänen Empfängen und der Unbekümmertheit» ein falsches Bild von Frankreich zu präsentieren. Die Studenten besetzten die Sorbonne, und General de Gaulle rief aus: «Reformen ja, Chaos nein!» Die großen Streiks legten das Land lahm, und Daniel Cohn-Bendit wurde mit einem Einreiseverbot belegt. Er antwortete: «Ich werde immer nach Frankreich gelangen. Präsident de Gaulle muss schon eine Armee aufbieten, wenn er mich daran hindern will.» Er sagte auch, die französische Flagge sei dazu da, «in Stücke gerissen und in eine rote Fahne verwandelt zu werden». Doch Madame Munch aus Neudorf hat in den Leserbriefen ganz andere Sorgen: Wie man den schlechten Geruch in einem Edelstahltopf beseitigt, in dem ausschließlich Kaffee zubereitet wird. General de Gaulle passierte das mit dem Hahn gekrönte Tor des Élysée-Palasts und fuhr in seinem schwarzen Citroën DS davon. Ziel unbekannt. Vierundzwanzig Stunden blieb er verschwunden. Wo war er gewesen? Während Frankreich in Panik geriet, denkt Frau Simone Spitz aus Ebersheim ungerührt darüber nach, wie man die Falten aus einem Rock bekommt. Bügeln? Mit Bügeltuch? Und Frau Mosser aus Kintzheim möchte gerne das Rezept für mit Mandeln gefüllte Ente haben. Während die jungen Frauen auf den Boulevards «Mein Körper gehört mir» riefen und verkündeten, sie wollten nicht mehr länger eine anmutige Zierde am Arm der Männer sein, pries die Contourella-Werbung unbeirrt eine neue Methode zum schnellen Abnehmen an: «Meine Damen, lassen Sie sich nicht von Ihren unansehnlichen Pölsterchen den Sommer verderben. Werden Sie die überflüssigen Zentimeter da los, wo es sein muss, und nur da.» Die Männer wurden in der Werbung niemals zurechtgewiesen: «Meine Herren, wie werden Sie aussehen mit Ihrer fetten Wampe diesen Sommer am Strand?» Die Ananas-Diäten, nur rotes Fleisch, keine Nudeln, keine Butter, die Heißhungerattacken, das war den Frauen vorbehalten. Wer schön sein will, muss leiden. Sie begannen, ein Vermögen in Wundercremes und straffende Lotionen zu investieren.

In sämtlichen französischen Städten bildeten sich vor Bankschaltern, Tankstellen und Geschäften lange Schlangen. Der Streik verschärfte sich, die Arbeiter besetzten ihre Fabriken, und der Bahnhof in Straßburg wurde lahmgelegt, Tausende von Reisenden saßen fest. Die Rubrik «Für Sie, Madame» gab Ratschläge, wie man sein Gepäck für den bevorstehenden Urlaub auswählt. Sie empfahl einen weichen Lederkoffer für das Auto. Und während «Für Sie, Madame» das Pro und Contra von Umhängetasche und Rollkoffer abwog, erbebte die melodramatische Stimme des Generals: «Frankreich droht die Diktatur. Man will das Land zwingen, sich einer Macht zu unterwerfen, die es in eine nationale Verzweiflung stürzen würde, einer Macht, die keine andere wäre als die des Siegers, das heißt die des totalitären Kommunismus.» Und er rief: «Es lebe die Republik! Es lebe Frankreich!»

Meine Mutter war anders als die Mütter meiner Albummädchen. Sie war mehr Suffragette als Haushaltsfee, eher Träumerin als Hausherrin. Morgens in der Schule duftete der Pullover von Pascale L. frisch nach Waschmittel. Er war makellos weiß, von einer geduldigen Mutter gestrickt. Ich hatte sie beneidet. Meine konnte den Geruch von Waschpulver nicht ertragen. Es drehte ihr den Magen um. Und sie zog dem Stricken die Bücher vor und dem Wäschewaschen Waldspaziergänge mit ihren Freunden, umringt von einer Schar Kinder. Ihr Fleisch war nie zart. Sie hat sonntags keine richtigen Kuchen gebacken, höchstens Tartes oder Pfannkuchen. Sie hasste es, zweimal pro Tag zu kochen. «Die reinste Sklaverei», schimpfte sie von Zeit zu Zeit vor sich hin. «Ach, wenn doch nur jemand eine Pille erfinden könnte, um meine hungrigen Mäuler zu stopfen!» Die Konservenbüchsen waren für sie ein Segen. Nur die Armen aßen frisch aus ihren Schrebergärten geerntetes Gemüse. Meine Mutter hörte auf, Erbsen zu schälen und Kartoffeln zu pellen. Wie altmodisch. Sie ging mit der Zeit. Sie verwendete Dosengemüse, Fertigravioli und klebriges Cassoulet, Tütensuppen und Kartoffelpüree in Flockenform, Onkel Ben's Instant-Reis, Nescafé und Kondensmilch. Eine Mayonnaise für den Spargel zu schlagen, bedeutete eine langwierige Tortur. Die Erfindung der Tubenmayonnaise im Jahr 1968 kam da wie gerufen. Man versuchte, unseren Müttern einzureden, Stillen sei doch so viel weniger elegant und vor allem weniger hygienisch als Milchpulver.

Meine Mutter wählte Blitzrezepte aus *La Cuisine Familiale et Pratique*, einem großen Kochbuch voller Fettflecken. Die einschlägigen Seiten waren mit Lesezeichen markiert, Kaninchen mit Kräutern der Provence, gefüllte Tomaten, Kirsch-Clafoutis. Sie erneuerte ihr Repertoire nur selten. Auf den Titel «Haushaltsfee 1968» hätte sie wohl kaum eine Chance gehabt. Die Hauptprüfung dieses Wettbewerbs: Wie stellt man die Ausrüstung eines zehnjährigen Kindes für das Skilager zusammen, ohne das Familienbudget zu sprengen? Die Familienkasse definierte die perfekte Frau so: «Was wird von einer Frau heute verlangt? Ihre Kinder gut erziehen, ihr Budget verwalten, ihren Speiseplan ausbalancieren und eine häusliche Atmosphäre für das Alltagsleben schaffen. Dies sind Aufgaben, die die Intelligenz und das Können einer Frau erfordern.» Im Frankreich von 1968 hielt sich ein hartnäckiger Nachgeschmack von Arbeit-Familie-Heimatland, das pétainistische Äquivalent zu Kinder, Küche, Kirche.

Meine Mutter sagte «meine» Küche. Die Küche war der einzige kleine Raum in der großen Wohnung. Kaum größer als eine Abstellkammer. Und der hässlichste. Derjenige, der nie renoviert wurde. Ein Fenster ging auf eine laute Straße hinaus. Ein grauer Terrazzo-Boden, der pflegeleicht war, wie sich meine Mutter freute, bis mein Vater, der Stein für kalt und altmodisch hielt, sich auf alle viere begab und große Quadrate aus weißem Linoleum daraufklebte. «Einmal mit dem Lappen drüber, und die Sache ist erledigt, du wirst sehen», versprach er seiner Frau, die über einen solchen Mangel an praktischem Sinn entsetzt war. Der Linoleumboden glich nach wenigen Wochen einem Gemälde von Jackson Pollock.

Wenn mein Vater an den Schaufenstern mit Haushaltsapparaten vorbeiging, wurde er aufgeregt wie ein kleines Kind. Er hätte sie am liebsten alle gekauft, diese brummenden Teile, diese knatternden Geräte, diese herumschwirrenden Roboter, die das Glück versprachen, indem sie das Leben leichter machten und den Fortschritt in die Wohnungen brachten. Er gab das Geld mit vollen Händen aus. Ein Haushaltsbuch zu führen, war etwas für Spießer. Klotzen, nicht kleckern, war seine Devise. Er brachte einen Schnellkochtopf, einen Joghurtbereiter und sogar einen Tischstaubsauger mit nach Hause. Aber diese Gadgets – «Wirklich erstaunlich, du wirst sehen!» – ließen seine Frau kalt. Sie stellte sie in einen Schrank und benutzte sie nie. Entmutigt gab mein Vater sein großes Modernisierungsprojekt auf. Um sich zu trösten, kaufte er sich einen metallicgrauen Peugeot 404 mit «diskretem Luxus», «samtweicher Federung» und «leise wie in einem britischen Club». Autos, Fernseher, Fotoapparate, das Telefon und die Waschmaschine waren damals noch den Bessergestellten vorbehalten.

Mein Vater entledigte sich der massiven Eichenmöbel, die er von seinen Großtanten geerbt hatte, und ließ im Wohnzimmer eine Zwischendecke einziehen, um den Stuck aus einer anderen Zeit zu verbergen. Angesagt waren jetzt klare Linien, mit all den Bögen und floralen Verzierungen war Schluss. Er installierte einen hölzernen Kasten in der Mitte des Raumes, von einer japanischen Papierlaterne beleuchtet, und legte Hunderte von Kieselsteinen hinein, die er am Rheinufer gesammelt hatte. Er strich die Wände orange, kastanienbraun und pflaumenblau. Mein Vater trug Schlaghosen, Wildlederjacken und eine Krawatte. Sein Bürstenschnitt war stets etwas unfrisiert. Er prangerte die Konsumgesellschaft an, die dabei war, das Lustvolle durch künstliche Bedürfnisse zu ersetzen. Und er sah dabei keinen Widerspruch zu seinem Objektrausch. Alles kann gekauft und wieder weggeworfen werden, war das Prinzip meines Vaters. Nichts geht verloren, nichts entsteht, alles verwandelt sich, wie der Chemiker Lavoisier sagte, war das meiner Mutter, die ihrer Zeit eine Armlänge voraus war. Sie predigte bereits die Genügsamkeit, hasste es, anzuhäufen und zu verschwenden. Sie rügte ihren Mann: «Aber schau doch, wir haben alles doppelt oder dreifach und in den Schränken ist kein Platz mehr.» Und sie drückte ihm ein Flugblatt der Studenten in die Hand: «Was haben wir unseren Kindern anderes zu bieten als die Aufrechterhaltung unserer eigenen, auf die VERWALTUNG DER DINGE zentrierte Gesellschaft, statt dass wir uns von dem Wunsch leiten lassen, DEN MENSCHEN voranzubringen?» Sie wollte zum Wesentlichen zurückkehren.

Meine Mutter verteidigte ihr Territorium. Sie mochte die Einfachheit. Keine eingebaute Arbeitsfläche, stattdessen ein altes, hellblau überstrichenes Buffet und ein winziger Formica-Tisch, an dem wir drei aßen, wenn mein Vater nicht da war. Hier besprachen wir das letzte Aufsatzthema, die kleinen Ereignisse des Tages. Hierher zog sich meine Mutter zurück, um im Radio die großen Ereignisse zu verfolgen. Sie hörte die Studenten, die ohne Ausweis die Europabrücke nach Deutschland überquerten. Sie skandierten: «Grenzen lassen uns kalt.» Die Polizei griff an. Knüppelhiebe fielen. Meine Mutter hörte vor allem die Feministinnen, die das Recht forderten, über ihren Körper und ihr Leben selbst zu bestimmen. Zwischen die Flasche Erdnussöl und die Schale mit dem groben Salz gebettet, wehte das kleine Transistorradio den Wind des Wandels und die frische Luft von draußen in die Küche meiner Mutter. Sie erstickte in dieser Rolle als «Hausfrau», die sie sich nicht wirklich ausgesucht hatte. Wann immer sie eine Minute für sich hatte, verschlang sie die Zeitung, nahm an Aktionskomitees und Versammlungen teil, lud ihre Freunde ein, um die Lage zu besprechen, und sie bat einen befreundeten Universitätsprofessor zu uns nach Hause, um uns Kindern zu erklären, was da eigentlich vor sich ging.

Als im April 1968 in Berlin Rudi Dutschke angeschossen und lebensgefährlich verletzt wurde, stürzte sie auf den Balkon, um allein zu sein und den *Spiegel* zu lesen. Axel Springer wurde dafür mitverantwortlich gemacht. Vierzehn Tage später verteilten Demonstranten vor dem Gebäude der *Dernières Nouvelles d'Alsace* ein Flugblatt: «Springer Attentäter! DNA Komplizen!»

Die Achtundsechziger-Freunde meiner Eltern wollten die Welt verändern, ohne allzu sehr an der männlichen Vorherrschaft zu rühren. Die Pamphlete, die meine Mutter abends, wenn die Kinder im Bett waren, mit großer Begeisterung abtippte, färbten nicht auf die patriarchalische Organisation ihres häuslichen Lebens ab. «Emanzipation», meine Mutter nahm das große Wort gerne in den Mund. Aber wenn ihre linken Freunde bei uns zu Hause waren, war sie diejenige, die den Kaffee und die Sandwiches machte, die Aschenbecher leerte, sich um die praktischen Dinge kümmerte. Wenn sie in einer Versammlung das Wort ergriff, was selten vorkam, sprach sie zu schnell und zu laut, um ihre Schüchternheit zu überspielen. Man hörte ihr kaum zu. Sie interessierten sich nicht wirklich für die Ideen ihrer

Frauen, die kleinen Chefs mit den nackenlangen Haaren, die abends in unserem Wohnzimmer aufkreuzten. Sie waren Architekten, Ärzte, Regisseure, Schauspieler, Lehrer, maoistische oder trotzkistische Studenten. Sie redeten. Sie nahmen den ganzen Platz in Anspruch. War meine Mutter enttäuscht, wenn sie danach, wenn alle gegangen waren, in ihre Küche zurückkehrte? Waren die Pille und die Waschmaschine die eigentliche Revolution des Jahres 1968?

Meine Mutter gehörte einer Generation des Übergangs an. Die Frauen ihres Alters führten ein angepasstes Leben. Die Freundinnen, die zu ihr nach Hause kamen, um zu diskutieren, waren alle mindestens zehn Jahre jünger als sie. Ich bin sicher, meine Mutter fühlte sich eingeengt, auch wenn sie nie darüber sprach. «Soll sie ihr Leben genießen», schrieb sie in einem Brief an ihre Eltern, als ich anfing zu arbeiten. «Wenn sie mal Kinder hat, ist sowieso Schluss damit.» Ich war stolz, dass sie so modern war. Und traurig für sie. Meine Mutter war zwischen der «Praktischen Hausfrau» und dem «Zweiten Geschlecht» hin- und hergerissen. Sie hatte das Abitur gemacht. Es war ihre Mutter, die sie dazu gedrängt hatte. Danach hatte sie, wie mein Vater, studiert, Vergleichende Literaturwissenschaft, mit ihm ein Studentenleben geführt, ein paar Jahre am Théâtre national von Straßburg gearbeitet, doch als die Kinder da waren, wurde ein Vierteljob daraus, dazu die ganze Hausarbeit. «Nach der Heirat habe ich bald aufgegeben», sagte sie. «Man bringt einem alten Bären nicht das Tanzen bei.» Es gelang ihr nicht, ihren Mann zu erziehen. Er hörte im Wohnzimmer «seine» Musik, während seine Frau in «ihrer» Küche «ihren» Abwasch machte. Manchmal störte das Klappern von Tellern eine Beethoven-Sonate. Er kaufte sich einen Kopfhörer und war nicht mehr ansprechbar.

Meine Mutter beklagte sich über die «abwesenden Väter», die nur zu den Essenszeiten auftauchten. Zweimal täglich. Und wenn es einen Knopf anzunähen gab. Wir wurden ausschließlich von Frauen erzogen, von den Müttern zu Hause, den Lehrerinnen in der Schule, den Großmüttern in den Ferien. Die intellektuellen Väter debattierten wortgewandt über die «Situation der Frau», waren aber nicht imstande, vom Tisch aufzustehen, um das Salz zu holen. Sie schwirrten herum, diese Verführer, und ließen ihre Frau mit ihren Kindern allein; sie waren große, verträumte Jungen, unfähig, sich der Verantwortung eines Familienlebens zu stellen. Die anderen Väter, die von Jeannine, Roseline und Pascale L., waren zum Essen und am Wochenende da, doch auch bei ihnen war die Kindererziehung Sache der Frau. Außer wenn es ums Bestrafen ging. Dann wartete man auf die Rückkehr des «Familienoberhaupts». Die Väter sprachen nicht, waren oft mürrisch. Man durfte sie nicht zu sehr reizen, wenn sie abends erschöpft im Blaumann oder im grauen Kittel nach Hause kamen und nur einen Wunsch hatten: sich neben das Radio zu setzen und ihre Ruhe zu haben. Wenn sie Ohrfeigen verteilten, fand man, sie würden Autorität an den Tag legen. War das «das starke Geschlecht»? «Oh, wir waren richtige Machos», hatte mein Vater immerhin zugegeben, als er auf der Straße Männer den Buggy ihrer Kinder schieben sah. «Zu unserer Zeit hätte das für einen Mann eine öffentliche Schande bedeutet.» Im Leben unserer Mütter hatte sich nichts getan. So hofften sie, dass wenigstens das Leben ihrer Töchter, unser Leben, mal anders sein würde.

Eine Welt ging zu Ende, eine andere kündigte sich an. Meine Mutter stand zwischen den Epochen wie zwischen zwei Stühlen. Der alten, die sie in ihren Konventionen gefangen hielt, und der neuen, so gewagten, die sie faszinierte.

Sie hatte doch alles, um glücklich zu sein, was wollte sie mehr? Sie hatte einen erfolgreichen Ehemann, zwei Kinder, ein Mädchen und einen Jungen, genau wie in den Werbeanzeigen. Doch sie träumte von einem anderen Leben. Als ich nach ihrem Tod die Schubladen ihres Sekretärs ausräumte, ein winziges, zerbrechliches Möbel in einer Ecke des Wohnzimmers, das aber ihr allein gehörte, entdeckte ich auf Dünndruckpapier getippte Texte und Dutzende von Hand vollgeschriebene Hefte. Ich fand den begeisterten Bericht einer ersten Reise nach New York im Sommer 1968 und ein Tagebuch, das die Traurigkeit eines düsteren Jahresendes festhielt. Sie zähmte ihre Sehnsüchte wie gefährliche Bestien, sperrte sie in Worte ein, aus Angst, sie könnten sie sonst verschlingen. Seiten voller Geschichten, die sie wahrscheinlich nie jemandem zu lesen gegeben hatte.

Ich dachte an die verkohlten Steaks, die Erbsen aus der Dose, an die langweiligen Betätigungen, zu denen sie sich allein in «ihrer» Küche zwang. Wann hatte sie Zeit zum Schreiben gefunden? Hatte sie sich an den kleinen Formica-Tisch in der Küche gesetzt, um ihre Ruhe zu haben? «Ihr macht alle Fortschritte, nur ich trete auf der Stelle», sagte sie manchmal. Es war kein Vorwurf, bloß eine traurige Feststellung. All das, was sie werden wollte, all diese Träume des überschwänglichen jungen Mädchens, die sich tief in ihr drin stauten? «Das Leben ist keine Generalprobe», hatte sie zu mir gesagt. «Los, greif mit vollen Händen zu!» Und sie, hat sie sich selbst an diese Weisung gehalten?

12

Prinzessinnen

Die Mai-Turbulenzen ließen die Eltern der anderen Mädchen meiner Klasse gleichgültig. Sie hatten andere Sorgen. Über die Runden kommen, ihre Kinder großziehen, ihrer Arbeit nachgehen. Und was wollten die eigentlich von ihnen, diese Studentenhorden, die gekommen waren, um sich in ihren Fabriken «niederzulassen»? Ihnen die Frohe Botschaft des proletarischen Kampfes verkünden? Große Worte für diese «Privilegierten», die sich nicht mit der Realität herumschlagen müssen. Für die Väter von Roseline, Jeannine und den anderen war der Mai 68 eine Luxusrevolte. Sie marschierten nicht durch die Straßen, sondern gingen morgens tapfer zur Arbeit und schimpften über diese verwöhnten Kinder, die ihre Betriebe auf den Kopf stellten. Sollen sie sich erstmal die Haare schneiden lassen! Roseline kann sich nicht erinnern, dass ihre Eltern jemals darüber sprachen, was um sie herum geschah, «diese Demonstrationen und ihre Forderungen waren so weit weg von ihren Beschäftigungen. Eine andere Welt.» Sie hörten die Nachrichten im Radio und sahen die Bilder vom brennenden Paris in der Zeitung, aber sprachen nie über Politik, schon gar nicht vor den Kindern.

Mit Valérie hat sich der Mai 68 ein einziges Mal einen Weg in mein Poesiealbum gebahnt. Valerie hat eine Demonstration gezeichnet. Ein paar Kinder halten ein Schild in die Höhe mit dem Slogan: «Pascale an die Macht!» Es gibt eine kleine Brünette, das ist Valérie. Neben ihr dasselbe Mädchen in Blond, das bin ich. Valérie trägt einen rot-gelb gestreiften Rock, ich eine lila Netzstrumpfhose und offene Haare. Im Hintergrund geht hinter einem Hügel eine riesige Sonne mit struppigen Strahlen auf. Die strahlende Sonne der Zukunft. Valéries Mutter hatte ihrer Tochter dieses Büchlein, das sie «albern» fand, verweigert. Damals war Valérie ziemlich stolz darauf, dass ihre Mutter das nicht wollte, «es bedeutete, dass Rebellion in der Luft lag, und das gefiel mir ziemlich gut. Es erlaubte mir, eine Haltung zu haben.» Für eine Feministin der ersten Stunde stellt das Poesiealbum allerdings wirklich eine Ketzerei dar.

Valérie ist in dieser ganzen Angelegenheit mein Alter Ego. Wir kommen aus demselben Umfeld. Unsere Mütter waren befreundet. Sie jonglierten beide mit ihren Kindern, ihren Ehemännern und ihrer Arbeit. Sie waren die erste Generation, die alles unter einen Hut bringen wollte. Und das war schwierig damals. Valéries Mutter war Gymnasiallehrerin für Französisch, Griechisch und Latein. Sie ernährte und zog ihre Kinder allein auf. Valéries Vater leitete ein Theater, er lebte nachts, kam sehr spät nach Hause und schlief noch, wenn die Kinder am Morgen das Haus verließen. Valérie musste außerdem schon sehr früh ihrer Mutter unter die Arme greifen. Die samstäglichen Hausarbeiten waren der Tochter des Hauses vorbehalten. Ihr älterer Bruder ging mit seinen Freunden aus. Valérie schlug sich mit dem Staubsauger und der Wäsche herum, und wenn sie Freunde traf oder zu den Petites Ailes, in ihre protestantische Pfadfindergruppe, ging, musste sie ihren kleinen Bruder mitschleppen.

Ein weiterer Beweis dafür, dass die großen feministischen Prinzipien verpufften, sobald man nach der Demo nach Hause kam.

Valéries Mutter war eine echte Aktivistin, viel wagemutiger als meine. Tagsüber ging sie auf die Straße, abends in die AGs. Während dieser Zeit war es oft meine Mutter, die Valérie und ihre Brüder von der Schule abholte. Sie packte die ganze Schar in ihren R4, setzte uns zu zweit in die Badewanne, machte zum Abendbrot eine Dose Ravioli mehr auf und las uns eine dieser Geschichten vor, in denen verliebte Prinzen an langen goldenen Haaren auf Türme von Prinzessinnen kletterten. Valéries Mutter ließ ihre langen schwarzen Haare offen auf die Schultern fallen. Kein Haarknoten und kein Stirnband, um sie im Zaum zu halten. Sie liebte die Beatles. Ein Haufen Wilder, sagten unsere Lehrerinnen. Sie kleidete ihre Kinder, wie es gerade kam, während Valérie von einem kleinen Kilt und einem marineblauen, an der Schulter zugeknöpften Pullover träumte, um «dazuzugehören». Auch wenn sie ein bisschen juckte, diese ganze Schurwolle. Kinder sind so konservativ. Valérie erinnert sich an die Mischung aus Angst und Stolz, die sie empfand, wenn ihre Mutter wegging, um zu demonstrieren.

Im Februar 1968 feierte ich meinen neunten Geburtstag, und da gerade Fasching war, organisierte meine Mutter einen Maskenball. Ich habe einige Mädchen aus meiner Klasse eingeladen, auch Valérie, wie jedes Jahr, seit wir ganz klein waren. Sie kam gerne zum Spielen zu mir nach Hause. Der geordnete Tagesablauf, die Aufmerksamkeit meiner Mutter, «diese schöne Wohnung, die mir so wunderbar, so gemütlich, so gepflegt, so schön familiär vorkam», das war die Sicherheit, die sie zu Hause nicht hatte. Valérie hatte immer die originellste Verkleidung, die sie sich bei den Kostümbildnerinnen ihres Vaters auslieh. Ich erinnere mich an sie als Scheherazade und braves Mädchen aus den Romanen der Gräfin von Ségur. Die anderen fischten sich etwas aus einer großen Truhe. Thierry la Fronde, der französische Robin Hood, Holländerin, Cowboy, Rotkäppchen, Harlekin, meine Großmutter nähte mir jedes Jahr eine neue Metamorphose.

Roseline hatte ihre Einladungskarte lange aufbewahrt. Ich hatte darauf unter dem verblüfften Blick meiner Mutter von Hand das Programm des Nachmittags festgehalten: Ankunft, Garderobe. Empfang im Ballsaal: Kennenlernen, Einzel- oder Gruppentänze, Polonaisen. Spiele in der Wohnung: Quiz. Fotos. Spiele im Freien: Briefträgerspiel. Kuchen. Tombola. Spielen bis zum Abschied. Unterschrift, in Rosarot: Prinzessin Pascale. Der Name mit einer butterblumengelben Krone geschmückt. Abends hörte ich meine Mutter am Telefon mit meiner Großmutter sprechen. Sie lachte: «Deine Enkelin mit ihren hoheitlichen Allüren. Ich frage mich, wo sie die herhat.» Beide waren sich einig, dass die andere Großmutter die Schuldige war, die Elsässerin, eifrige Leserin von *Point de vue, images du monde*, ein Magazin, das sich auf Glanz und Elend der Königshäuser spezialisierte. Sie erhoffte sich für ihre vergötterte Enkeltochter eine fürstliche Heirat. Und da Prinz Charles mit seinen abstehenden Ohren und den rosigen Wangen nun wirklich zu hässlich war, setzte sie ihre gesamten Hoffnungen auf Prinz Albert von Monaco.

Roseline hat noch immer das quadratische, mit der Kodak-Instamatic meiner Mutter aufgenommene Foto mit dem weißen Rand. Bei Roseline wurde nur sparsam fotografiert. Kommunion, Hochzeit, Familienfeste. Das Entwickeln war teuer. Ihre Mutter weigerte sich sogar, das Schulfoto zu kaufen. Die Erinnerungen hat man in sich drin, sagte sie. Auf dem Foto posieren kostümierte Mädchen in unserem Wohnzimmer. Da ist Martine in einem himmelblauen Kleid, mit einer Halskrause aus Krepppapier, einen Haarknoten auf der Kopfspitze. Françoise als Zigeunerin, mit rauchigen Augen und einem Pfingstrosenmund. Catherine als Holländerin mit Haube und Holzschuhen. Das ist mein Kostüm vom letzten Jahr. Roseline ist eine Bäuerin, mit Kopftuch und einer Schürze, die sie wahrscheinlich von ihrer Mutter ausgeliehen hat. Sie trägt einen Weidenkorb und ihre Stadtschuhe aus braunem Leder. Und ich bin eine Prinzessin in einem langen weißen Satinkleid, Socken und mit einer Blechkrone. Roseline sieht eingeschüchtert aus. Mir ist nicht wohl beim Betrachten dieses Fotos. Für wen hielt ich mich denn? Warum musste ich mit diesem Kostüm die Ungleichheit zwischen diesen Mädchen und mir herausstreichen? Alles, was ich mehr hatte als sie. War es nicht schon offensichtlich genug? Mein eigenes Zimmer, das Badezimmer mit Badewanne und Warmwasser, die Kostüme, der gedeckte Partytisch … Reichte das noch nicht? Musste ich sie auch noch zu meinen Hofdamen machen? Musste ich diese lächerliche Krone zwischen meine Zöpfe stecken? Warum hat meine Mutter, die so darauf bedacht war, soziale Unterschiede auszugleichen, nicht eingegriffen? *Hör zu, das geht nicht, du kannst dich nicht als Prinzessin verkleiden, wenn alle anderen sich deine alten Kostüme ausleihen.* Auf dem Foto des folgenden Jahres ist Anne-Marie die Prinzessin.

«Es war das erste Mal, dass ich zu einer Geburtstagsparty eingeladen wurde», sagte Roseline. «Ich glaube, deine Mutter ist zu uns gekommen, um meine Mutter zu überzeugen, mich gehen zu lassen. Meine Mutter wollte nicht, weil es Geld kostete. Man musste ein Geschenk mitbringen und die

Einladung erwidern.» Und um den Betuchten, den Bessergestellten, den hohen Tieren, der Oberschicht, den oberen
Zehntausend – so nannte man uns wohl bei Roseline – ein
Geschenk mitzubringen, musste es vom Haus abgespart
werden. Roselines Mutter gab schließlich nach. Sie versah
dieses denkwürdige Foto mit der Legende: «Überraschungs-
party bei Pascale Hugues im Kostüm.» Das Wort «Über-
raschungsparty», so respektvoll. Eher ein Wort für einen
Tanzanlass unter Erwachsenen, von denen man in den Illustrierten beim Friseur las. Nicht für einen Kindernachmittag.
Ein Wort für Tabletts mit Petit Fours, Champagnerkelchen,
tief ausgeschnittenen Kleidern und Twists. Nicht für eine
Grenadinenmilch und einen Schokoladenkuchen mit neun
Kerzen aus der Konditorei. Was für eine absonderliche Idee,
dachte Roselines Mutter bestimmt, all diese Ausgaben für
ein kleines Mädchen. Eine Idee für verwöhnte Kinder. Bei
Roseline wurden keine Freundinnen eingeladen. Der Geburtstag wurde am Sonntag mit der Patentante und den
Großeltern gefeiert. Es gab einen hausgemachten Kuchen
mit Buttercremefüllung, Kerzen und eine Überraschung,
die mehr oder weniger gelang. Meistens etwas zum Anziehen. Das erste Mal, dass Giacomina ein paar Freundinnen zu sich nach Hause einladen durfte, war zu ihrem
zwanzigsten Geburtstag, zwischen zwei und vier Uhr nachmittags. Ihre Mutter hatte einen Kuchen gebacken. Von der
Küche aus überwachte sie die Mädchen, die sich brav um
den Tisch herum unterhielten. Martines Mutter hatte mit
elf Kindern und der ganzen Wäscherei weder die Zeit noch
das Geld dazu. Der Geburtstag war also ein ganz normaler
Tag, ohne Kuchen und Kerzen und das ganze Trara. Martine erinnert sich aber doch, dass ihre Mutter ihr einmal
Der kleine Dingsda von Alphonse Daudet geschenkt hatte.
«Meine Mutter hat gespürt, wer ich war, sie wusste, dass

mir das Freude machen würde, und dieses Einfühlungsvermögen für ihre Kinder ist das größte Geschenk.» Einzig bei Catherine war der Geburtstag ein richtiges Fest, das zweimal gefeiert wurde: einmal mit Großmutter, Onkeln, Tanten, Cousinen an einem Sonntag und einmal mit drei oder vier Freundinnen an einem Donnerstagnachmittag. Catherine schrieb Einladungskarten, die sie mit dem Bildervorrat für die Poesiealben verzierte. Ihre Mutter nahm sich einen Tag frei, um Kuchen zu backen und die Spiele zu organisieren. Sie holte die Mädchen im Stadtzentrum mit dem Bus ab.

13

Super-8

1968 kaufte sich mein Vater ein neues Spielzeug: eine Super-8-Kamera mit Handgriff und einem Objektiv, lang wie ein Krähenschnabel. In den Filmen meines Vaters ist das Leben genauso beschaulich wie auf den Bildern meines Poesiealbums. Natürlich sehen in den Amateurfilmen alle Familien glücklich aus. Man verschwendet doch kein Filmmaterial, um Schnuten ziehende Angehörige zu verewigen. Die Filme meines Vaters haben diesen ganz besonderen Glanz unbeschwerter Tage. Die Farben sind ein wenig verblasst, die sanften Töne legen einen Retro-Filter über unsere Familie.

Das Jahr zieht still vorüber. Die Super-8 ist noch stumm. Man sieht meinen Bruder und mich hinter einem Ball herrennen, mein Bruder einem blauen, ich einem roten. Rot, das ist fast Rosa. Wir tragen Hochwasserhosen, glattgestrickte Pullover und kurze Socken. Man sieht die um den Weihnachtsbaum versammelte Familie. Das silberne Lametta und das strahlende Lächeln des Pappengels auf der Spitze. Die Großmütter waren beim Friseur. Ihr kunstvoller Dutt, steif wie Eischnee, hält jedem Gestikulieren stand. Sie thronen nebeneinander auf einem blauen Samtsofa, eine Champagnerflöte in der Hand. Herausgeputzt, in ihren besten Seidenblusen. So etepetete kenne ich sie gar nicht. Der Großvater ist im Feiertagsanzug in seinem Sessel versunken, mit seiner Zigarette und seinem dümmlichen Lächeln, eine Folge seines ersten Schlaganfalls. Es ist die Zeit, da in Wohnungen, Restaurants, Flugzeugen und Zügen noch geraucht wird. Männer dieser Generation verlassen das Haus nie ohne ein weißes Hemd mit Manschetten, Sakko und Krawatte. Der Filzhut wird auf der Kommode im Flur abgelegt.

Man sieht die österliche Eiersuche im Garten der Großeltern, ich im Mini-Schottenrock, nie frierend, dünne Beine, rote Wangen, in der Hand einen Weidenkorb, um meine Beute zu deponieren. Ich kommandiere meinen kleinen Bruder herum, der gefügig folgt. Ich kann unsere spitzen kleinen Schreie ahnen, wenn wir in einem Forsythienstrauch ein Ei entdecken. Manchmal zittert ein Haar auf der Leinwand, in die rechte obere Ecke drängt sich der fleischige Schatten eines Fingers, das Bild wird blass wie ein vom vielen Waschen gebleichtes Tischtuch, ein plötzlicher Schnitt unterbricht die Sequenz, eine leere Passage von mehreren Sekunden zeigt einen Filmwechsel an, und weiter geht's. Man sieht Skiferien, Kapuzenmützen und Steghosen, Schneepflüge, Sessellifte und den Glockenturm eines Dorfes im Tal. Man sieht die Sonntage im deutschen Schwimmbad, wo das Tragen einer Badekappe obligatorisch ist, allerdings nur für Damen und kleine Mädchen.

Und da ist meine Mutter. Sie trägt eine Jeans und einen dicken, kastanienbraunen Pullover. Sie lacht auf, ruft meinem Vater etwas zu. Ich versuche, die Worte von ihren Lippen zu lesen. Ich glaube, mich an den Klang ihrer Stimme zu erinnern. Ihre hellblauen Augen, ihre von einem Band zurückgehaltenen blonden Haare. Das Haarband bedeutet Freiheit. Nicht mehr nötig, wöchentlich zum Friseur zu gehen. Meine Mutter hat es satt, sich Dauerwellen legen zu lassen, die einen augenblicklich zwanzig Jahre älter machen. Und das Band verleiht ihr einen Hauch Simone de Beauvoir, was ihr bestimmt nicht missfiel. Meine Mutter geht unablässig vor dem Objektiv auf und ab. Sie scheint schwerelos, schwebt leicht von einer Sequenz zur nächsten. Sie hat stets eine Mentholzigarette in der Hand, auch auf der Straße. Das ist wohl vor allem, um lässig zu wirken. Da sie den Rauch nicht inhalieren kann, spuckt sie ihn in kleinen, blassgrauen Stößen aus dem Mund. Eine weitere Verletzung der Regeln. Eine Frau raucht nicht auf der Straße! So etwas ist unschicklich. Das Haarband und die Zigarette sind elegante Akte der Emanzipation. Meine Mutter ist nicht der Typ, in der Öffentlichkeit seinen BH zu verbrennen.

Mein Vater ist auf den Filmen nie zu sehen, die er in diesem Jahr dreht, aber man erahnt seine Präsenz. Ein Auge geschlossen, das andere am Sucher, richtet er seine Super-8 auf uns, der Zoom fährt aus, er sagt, Achtung, Film ab, wie ein Regisseur, und drückt auf den Auslöser. Die eine Hand ist auf dem Griff der Kamera, die andere fuchtelt herum. Er macht uns Zeichen, etwas zur Seite zu gehen, ein bisschen mehr nach rechts, und jetzt los, rennt, hopp, hopp, hopp. Und schaut nicht so ins Objektiv, das sieht aus, als würdet ihr posieren. Man sieht meinen Bruder schielend an einem Eiswürfel lutschen und mich ein verlegenes Lächeln verdrücken. Wir wissen, dass dieses Zyklopenauge uns bespäht. Manchmal vergisst er uns. Er verweilt endlose Minuten auf einem Kruzifix, einem Flammenbaum, einem Flecken Schnee auf einem Dach, Wäsche, die in der Sonne trocknet.

Letztendlich sind diese Filme nur für diejenigen von Interesse, die darin vorkommen. Zwei Kinder und ihre Mutter, ein unsichtbarer Vater, eine Schar alter Damen, Großmütter, Großtanten und ein einziger Großvater, der den Ersten Weltkrieg überlebt hat, der andere war zu Beginn des Zweiten gestorben. Eine gutbürgerliche Familie scheinbar ohne Geschichten. Ich habe diese Filme jahrzehntelang nicht gesehen, seit sich die Familie nach dem Mittagessen vor einem an die Wand gespannten weißen Laken im überhitzten Wohnzimmer der Großeltern gemeinsam auf das Sofa fläzte, die Kleinen auf dem Schoß der Erwachsenen. Ein Wunder, dass sie nach all den Jahren, die sie in einer Obstkiste auf dem Dachboden verbracht haben, noch brauchbar sind.

Doch nicht nur die Familie kommt in diesen Filmen vor. Auch meine Albummädchen defilieren eins nach dem anderen vor dem Objektiv. Man sieht Isabelle, ihre weißen Gummistiefel, ihren holprigen Gang. Meine Mutter nahm sie mit in die Ferien in ein von dunklen Tannen umgebenes Chalet der Hochvogesen. Ein Stück weiter, Kulissenwechsel, liegt Françoise neben mir im Heu. Sie sieht sehr ernst aus mit ihrem weißen Band, das ihre langen Haare zurückhält. Und noch später sitzen Marie-Anne und ich rittlings auf einem Mäuerchen und hantieren mit kleinen Puppen mit orangefarbenem Haar. Und da ist diese Szene, in der meine Mutter auf die Kamera zugeht, einen Schwarm kleiner Mädchen um sich herum, die alle ihre Hand nehmen wollen.

«Deine Mutter! Wir erinnern uns noch so gut an sie!», sagen mir meine Albummädchen sofort, als wir uns zum ersten Mal treffen. An mich erinnern sie sich nur vage, sie erinnern sich als Erstes an sie. Darauf war ich nicht gefasst, dass ich meine Mutter in diesem Büchlein wiederfinden sollte, das ich, wenn es nach ihr gegangen wäre, nie hätte besitzen dürfen. Doch da ist sie, sie ist präsent in den gerührten Erzählungen meiner ehemaligen Freundinnen, in ihren Ausrufen, «Aber wie du ihr gleichst, das ist unglaublich! Wie aus dem Gesicht geschnitten!» Meine Mutter war Teil ihres Lebens, und ich habe es nicht einmal bemerkt. Sie ist die Hauptfigur dieses Albums. Sie zieht hinter den Kulissen die Fäden, wacht über meine Freundschaften und drängt mir einige von ihnen auf.

Meine Albummädchen erweisen ihr eine Hommage. Giacomina erinnert sich, dass sie immer ein freundliches Wort für sie hatte, wenn sie mich morgens zur Schule brachte. Françoise hat noch immer das rosa Handtuch, das meine Mutter ihr am Ende der Ferien schenkte. Valérie hätte sich eine Mutter wie meine gewünscht, mit «ihrem hübschen, lachenden Gesicht, dem Lippenstift, den «spitzen» Lippen, dem eleganten Gabardinemantel, dem frischen Duft. «Ich glaube, sie mochte uns wirklich, uns Kinder, sie sah uns an und verstand uns.» Catherine, die unsere gemeinsamen Erinnerungen gern protokolliert, verfasst geradezu eine Lobeshymne. In einer langen E-Mail erzählt sie von ihrem Besuch an meinem Geburtstag. Meine Mutter hatte ihr die Tür geöffnet: «Ich bin eingeschüchtert. Sie ist so anmutig, so elegant! Sie gleicht diesen Schauspielerinnen, die ich im Schwarzweißfernsehen meiner Eltern gesehen haben muss. Ich bin fasziniert. Von ihrer ganzen Erscheinung geht diese Leichtigkeit aus, die nur das Glück verleihen kann. Sie ist glücklich, das ist sicher!» Catherine spricht von den Kindern, «von so bescheidener Herkunft und für manche von uns noch schlimmer», die zu uns zum Spielen kamen. Sie erinnert sich an die «Dielen, die vor Freude knarrten» und an meine Mutter, die uns fotografierte, um unsere strahlenden Mienen auf Hochglanzpapier festzuhalten. Am Abend meines Geburtstags bot ihr meine Mutter an, das Holländerinnenkostüm bis zum nächsten Tag zu behalten. «Im Bus nach Hause drehten sich die Leute nach mir um.

Ich fühlte mich schön», schreibt Catherine. «Ich kam mir geheimnisvoll vor, wie dieses ferne Land, dessen Tracht ich trug.»

Meine Mutter hatte für das Poesiealbum nur Verachtung übrig, den Platz jedoch, der ihr darin zustand, wollte sie sich nicht nehmen lassen. Der erste. Gleich nach dem Deckblatt und vor dem Aufmarsch der Lehrerinnen und Mitschülerinnen. Im Jahr 1968 schrieb sie mir ins Album:

Meine kleine Pascale,
wenn Du traurig bist,
dann denk an die anderen,
die Dir helfen können.
Wenn Du fröhlich bist,
denk an die anderen,
denen Du helfen kannst.
Deine Dich liebende Mama.

Ich erkenne die verkrampfte Schrift der umerzogenen Linkshänderin. Als ich die Augen zusammenkneife, um ihre winzigen Buchstaben zu entziffern, die einander in die Quere kommen, höre ich sie verzweifelt schimpfen: «Ach, meine Sauklaue!» Auf die linke Seite hat sie drei Figuren gezeichnet. Meinen Bruder und mich. Ich trage ein Dirndl, Zöpfe und einen Kranz aus Wiesenblumen, mein Bruder eine karierte Matrosenbluse. Er zieht einen hölzernen Lastwagen an einer Schnur. Da sie keine Gesichter zeichnen kann, hat sie zwei Striche für die Augen und einen Punkt für den Mund gemacht. Mit unseren schmalen Augen sehen wir aus wie zwei blonde Chinesen. Ein Erwachsener hält uns an der Hand, ein Mann mit kurzen schwarzen Haaren und schnurgeradem Pony. Er steckt in einer Mao-Anzugsjacke mit großen, roten Taschen und gleicht von weitem unserem Vater. Aber vor allem, warum hat meine Mutter nicht lieber sich selbst zusammen mit ihren Kindern gezeichnet? Eine Sonne in Margeritenform scheint auf die Seite herunter. Auf einer unsichtbaren Wiese blühen Blumen.

Meine Mutter hat ihr Motto selbst verfasst. Nahm sie bereits den Moment vorweg, da sie nicht mehr an meiner Seite wäre? Heute frage ich mich, ob diese Worte ihr Kraft gaben, wenn sie, wie sie es nannte, in den dunklen Abgrund der Depression «abtauchte». Mit ausdruckslosem Gesicht, erloschenen Augen verkündete sie uns die Nachricht am Frühstückstisch in einem schlaffen, fast gleichgültigen Ton, in dem man auf einen vorübergehenden Wetterumschwung hinweist. Das Wetter hatte umgeschlagen. Wie schade! Und zwar für eine ganze Weile. Sie wollte uns nur warnen. Mehr brauchte sie auch nicht zu sagen. Wir verstanden sofort. Wir wussten, dass sie nun für mehrere Wochen, wenn nicht Monate, nicht mehr wirklich da war. Natürlich würde sie eine aufmerksame Mutter bleiben, die üblichen Alltagspflichten gewissenhaft ausführen, einkaufen, kochen, spülen, uns bei den Hausaufgaben helfen, uns abends zudecken kommen. Der Tagesablauf würde derselbe bleiben, und sie hoffte, wir würden kaum etwas davon mitbekommen. Sie würde sich zusammenreißen, um nicht vor uns zu weinen. Sie würde sich nicht beklagen. Doch ihr Essen wäre fad, der Strauß auf dem Kaminsims blass, unsere Gespräche wären mühsam, und das Lächeln, zu dem sie sich zwingen würde, könnte niemanden täuschen. Vor allem würden wir ihr Lachen nicht mehr hören und ihre Begeisterungsausbrüche, «Aber das ist phan-tas-tisch». Und ihren einfachen, aber klugen Formeln, dazu bestimmt, unsere kindlichen Ängste zu vertreiben, «Ach, komm schon, in einem Jahr wirst du dich kaum mehr daran erinnern!»; «Aber lass doch, es gibt Platz genug für alle auf dieser Erde!» würde es plötzlich an Überzeugungskraft fehlen. Sie würde keinen Quatsch mehr mit uns machen, nicht mehr stehen bleiben, um mit den Ladenbesitzern im Viertel zu plaudern. Betrübt würden sie zusehen, wie sie mit ihrem Einkaufskorb, den Rücken unter einer unwiderstehlichen Last gebeugt, den Laden verließ. Eine zähe Traurigkeit würde sich wie ein Rußfilm auf unser Kinderleben legen.

Das Schlimmste war die Stille, die in unserer gewöhnlich so leutseligen Familie herrschte. Wir verstummten alle. Wir Kinder fragten nicht nach Erklärungen. Wir spürten genau, dass es unangebracht, vielleicht gar gefährlich wäre, Fragen zu diesem rätselhaften Übel zu stellen, über das niemand vor uns sprach. Völlig überfordert, war unser Vater nicht in der Lage, uns in kindgerechten Worten zu erklären, dass die Depression eine Krankheit ist, dass wir nichts dafür konnten und dass es wieder vorbeigehen würde. Er wiederholte von morgens bis abends: «Ihr müsst ganz lieb sein zu Mama.» Etwas Besseres ist ihm nicht eingefallen. Ein ebenso dummer wie Schuldgefühle erzeugender Satz. Nicht die tugendhaftesten Kinder, die nie über die Stränge schlagen, verfügen über die magische Kraft, ihre Eltern zu heilen. Meine Mutter muss eine sehr gute Schauspielerin gewesen sein, dass keines meiner Albummädchen irgendein Unwohlsein bemerkt hat. Bis auf Françoise, die, vielleicht weil sie ebenfalls geübt war in der Beobachtung von Stimmungsschwankungen bei den Erwachsenen, einige unmissverständliche Signale registriert hat. Sie kann nicht genau sagen, was es war, eine Abwesenheit im Blick, eine mechanische Eile in den alltäglichen Verrichtungen oder vielleicht sogar gerötete Augen, gezeichnete Züge, Augenringe.

Später wurde meine Mutter zur Stammhörerin der Sendung mit der berühmten Kinderärztin und Psychoanalytikerin Françoise Dolto auf dem öffentlichen Radiosender *France Inter*. Der kleine Transistor in der Küche klärte die Eltern darüber auf, dass man den Kindern die Dinge des Lebens so einfach sagen kann, wie sie sind. Ohne ihnen schwachsinnige Lügen vorzusetzen, die sie sowieso keine Sekunde glauben. Dass die Wahrheit am Ende immer weniger Schaden anrichtet als die Geschichten, die erfunden werden, um die Kinder zu schützen. Und dass es Blödsinn ist, an das magische Denken zu glauben: Wenn man über etwas nicht redet, dann existiert es auch nicht. Meine Mutter saugte Françoise Doltos Worte auf. Aber entweder dachte sie, es sei zu spät, oder sie traute sich immer noch nicht, dieses Thema anzuschneiden, für das sie sich so sehr schämte, sie sprach nie mit uns über diese Niedergeschlagenheit, die ihr Leben und ein wenig auch das unsere in immer kürzeren Abständen zerrüttete.

Denn die Depression gehörte damals genau wie Sex, Homosexualität, Scheidung, Ehebruch und außerehelich geborene Kinder zu den Dingen, über die man nicht sprach. Es kam nicht in Frage, Verstimmungen der Seele an die große Glocke zu hängen. Ich weiß, dass 1968 ein schlimmes Jahr war für meine Mutter. Ich vermute, sie wollte mich mit der naiven Symmetrie der guten Gefühle, die sie mir ins Poesiealbum schrieb, auf ihre Weise beschützen. Sie wollte mir eine solide Reling bieten, an die ich mich klammern konnte, wenn die Fahrt auch für mich zu stürmisch zu werden drohte. Die Schulter der anderen für schlechte Tage. Und im Gegenzug bietet man an guten Tagen seine eigene an. Wenn es ihr gut ging, kümmerte sich meine Mutter um andere.

Erst heute ist mir klargeworden, dass diese Philanthropie System hatte. Während ich mich nach und nach mit meinen Kameradinnen der Sainte-Madeleine anfreundete, erfuhren die mütterliche Anweisungen ihren ganzen Sinn. Meine Mutter wandte sie täglich an. Weihnachten musste ich meine Spielsachen «mit denen teilen, die weniger hatten». Mir wird noch heute schwer ums Herz, wenn ich an das blau-weiße chinesische Service denke, das ich halbieren musste. Ich kann mich noch sehr gut an meine unterdrückte Wut erinnern. Was sollte ich denn jetzt mit einer einsamen Tasse ohne Untertasse und einer Zuckerdose ohne Teekanne anfangen? Und an das Kleid, von dem ich mich trennen musste, weil meine Tante mir zwei zum Geburtstag geschickt hatte. Eins zu viel.

Françoise, Anne-Marie, Valérie, Isabelle, Catherine, Roseline … Immer war eine Freundin zum Spielen bei mir zu Hause, die oft zum Essen und manchmal sogar zum Schlafen blieb. Ständig wuselte ein Schwarm aufgekratzter kleiner Mädchen auf dem gebohnerten Parkettboden herum. Meine Mutter hatte den Schreiner des Viertels gebeten, ihr eine Ausziehplatte aus Sperrholz anzufertigen, die sie, wenn viele Leute da waren, dem Tulip-Tisch von Knoll mit den klaren Linien – der ganze Stolz meines Vaters – anfügte. Sie breitete eine riesige Baumwolltischdecke aus, um die Metallscharniere dieser provisorischen Einrichtung zu verbergen, und fertig war der minimalistische Esszimmer-Schick! Meine Mutter hatte gerne Menschen um sich herum. Sie mochte Kinder, Leute, die gern erzählten und nicht mehr gehen wollten, unangemeldete Besucher. Solche, die auf keinen Fall stören möchten, sich aber nicht lange bitten ließen, das Essen mit uns zu teilen. Es wurde halt ein Teller hinzugefügt. Wenn wir uns ein bisschen dünn machten, war noch locker Platz für zwei mehr. Denn es waren nicht nur die Schulkameradinnen, die zum Essen blieben. Da war auch Michèle, die Tochter der Kellnerin in der Kneipe bei uns um die Ecke. Ein weiteres herumgeschubstes Kind, das meine Mutter nachmittags bei sich aufnahm, für die Hausaufgaben, das Abendessen und selbst für die ganze Nacht, wenn die betrunkenen Kunden sich am Tresen festklammerten und Michèles Mutter ihre Tochter nicht abholen konnte. Und da war Piero, der italienische Freund meines Bruders. Sein Vater war Maurer, er lebte in einem der Sozialwohnungsblöcke, die mein Vater gebaut hatte, und war noch nie in den Ferien gewesen. Piero verbrachte einen Monat mit uns in einem elsässischen Dorf. Er hatte schreckliches Heimweh. Da war Maria, eine Spanierin, etwas älter als ich, die uns in die Vogesen begleitete. Maria wollte sich gleich ans Kochen und Putzen machen. Meine Mutter war entsetzt, dass dieses kleine Mädchen sich wie ein Dienstmädchen benahm.

Alle diese Leute luden meine Mutter zum Dank zu sich nach Hause ein. Pieros Eltern tischten uns in der kleinen Wohnung im siebten Stock ihres Hochhauses eine monumentale Schüssel Spaghetti auf. Wir waren im Bus in ihr entlegenes Stadtviertel gefahren. Wir lebten in dem winzigen Perimeter des Stadtzentrums. Marias Familie wohnte in einer düsteren Wohnung in einer düsteren Gasse hinter dem Kaufhaus Magmod, in dem alles billiger war. Der Tisch war gedeckt wie für ein Hochzeitsbankett. Die eingeschüchterten Eltern beinahe in Habachtstellung. In wenigen Minuten hatte meine Mutter ihnen die Befangenheit genommen. Sie stellte ihnen Fragen über ihre Heimat, machte ihnen Komplimente über ihre hilfsbereite Tochter. Seite an Seite winkten uns Marias Eltern an den kleinen Fenstern ihrer Wohnung zum Abschied, als wir uns durch die enge Gasse entfernten. Meine Mutter interessierte sich für das Leben der anderen. Es wäre einfach, zynisch zu sein und dies lediglich als die guten Taten einer barmherzigen Gönnerin abzutun. Es war ihre Art, Revolution zu machen, die im Grunde viel effektiver war als das Palaver der linken Intellektuellen, die sie frequentierte und von denen sie so beeindruckt war.

In einer großen Zeichenmappe, beschriftet mit «MAI-RE-VOLUTION 68», sammelte meine Mutter die Sonderbeilagen von *Le Nouvel Observateur* und des *Spiegel*, Zeitungen, die sie abonniert hatte, aber auch von *Paris Match* und sogar von *France Soir*, Zeitschriften, die sie für zu mainstreamig hielt und nie kaufte. In *Paris Match* ist Daniel Cohn-Bendit zu sehen. Er ist dreiundzwanzig Jahre alt, noch rothaarig und bereits ein großer Redner. In einer Sozialwohnung des fünfzehnten Pariser Arrondissements «entfachte er das Feuer der Revolution». Überall lagen Bücher und im Spülbecken stapelte sich das schmutzige Geschirr der Woche. Meine Mutter sammelte auch die Flugblätter des Revolutionären Komitees der Autonomen Universität Straßburg. Eines zeigt eine Karikatur von General de Gaulle, er sitzt mit Anzug, Krawatte und Einstecktuch auf der Toilettenschüssel, die Hose um die Knöchel gewickelt, dazu die Bildunterschrift: «Von jenen stillen Orten, die der Meditation förderlich sind.» Auf einem anderen die Zeichnung eines traurigen Cockerspaniels und der gute Rat: «Wenn ein Resignierter nicht länger lebt als ein Rebell, dann kann man genauso gut ein Rebell im Namen einer Idee sein.» Aber vor allem ist da dieser hektografierte Text: «Straßburger sprechen mit Straßburgern», den Studenten in einem Restaurant verteilten, in dem meine Mutter eines Maiabends essen ging. Der Generalstreik war zu Ende, die Fabriken nahmen die Arbeit wieder auf, und es sollten Wahlen stattfinden. «Die Deeskalation hat begonnen. Die Dinge werden in Ordnung kommen. In unsere Ordnung. Diejenige, die eingesteht, dass bis heute vier Millionen französische Arbeiter weniger als sechshundert Francs im Monat verdienen; dass ganze Völker hungern; dass unsere persönlichen Budgets, neben der Münze, die wir für verschiedene Kollekte ausgeben, Unsummen für Schnickschnack vorsehen.» Als mein Vater aufgeregt wie ein Schuljunge mit einem neuen «Schnickschnack» für die Küche ankam, belehrte ihn seine Frau. Wir haben zu viel und die anderen nicht genug. Vielleicht zwang sie ihn, die Flugblätter der Studenten zu lesen, in denen «die unverschämte Vergeudung» angeprangert wurde, das «Konkurrenzdenken: Die vom Strand und von den Skipisten gebräunte Haut soll vor allem zeigen, dass wir der Kaste angehören, die sich das leisten kann, unsere Autos sagen, dass wir es nicht ertragen, dass unser Nachbar ein neueres Modell hat, unsere ledergebundenen Bücher maskieren unsere geistige Leere.» Ich stelle mir das schlechte Gewissen vor, das die unbeholfene Lyrik dieser Texte bei meiner Mutter auslöste. Zweimal jährlich in der Sonne liegen, das waren wir. Das schöne Auto auch. Und die Bücher in der Bibliothek. Meine Mutter war zerrissen zwischen ihrem Leben als Bürgerliche, der es an nichts fehlte, und ihren großen Prinzipien einer egalitären Gesellschaft. Auch sie forderte das «Wesentliche, nicht das Überflüssige». War es das, was ihrem Bedürfnis zugrunde lag, sich um andere zu kümmern?

14

Alma Mater

Anne-Marie hätte sich gewünscht, dass meine Mutter bei ihrem Vater intervenierte, als er sie mit vierzehn zwang, die Schule zu verlassen. Sie hätte dieses begabte kleine Mädchen verteidigt: «Ihre Tochter ist intelligent, Monsieur, Sie sollten sie weitergehen lassen. Machen Sie sich keine Sorgen, wir werden bestimmt ein Stipendium für sie finden.» Und da meine Mutter für Anne-Maries Vater eine Autoritätsperson war, hätte er vielleicht eingelenkt.

Doch Anne-Maries Familie kehrte nach Malaga, Spanien, zurück, wo die Schulpflicht nur bis vierzehn besteht. Meine Mutter war weit weg und Anne-Marie allein mit einem Vater, für den ein Nein ein Nein ist, du bist gesund und hast zwei Hände zum Arbeiten, ich habe mit zwölf begonnen. Die Familie brauchte ein zusätzliches Einkommen. Da in Torremolinos an der Costa del Sol gerade der Touristenboom ausbrach, fand Anne-Marie sofort einen Job als Telefonistin in einem kleinen Hotel. Sie stöpselte Kabel in eine riesige durchlöcherte Schalttafel, um die Verbindung mit den Zimmern herzustellen. Sie sprach Französisch, was ihr einen schnellen Aufstieg zur lächelnden Empfangsdame in einem Grand Hotel direkt am Meer ermöglichte.

Für mich bedeutet Torremolinos vor allem Kastagnetten und krebsrote Haut, Wolkenkratzerhotels und Horden von seit dem frühen Morgen besoffenen englischen Touristen. Aber Anne-Marie korrigiert mich: «Nein, nein, damals war das superschick. Amerikanischer Stil, Funk und Arbeit, so viel du wolltest. Feine Sandstrände, Discos ... Es war wie Ferien das ganze Jahr.» Und sie zählt mir die schillernde Liste der Berühmtheiten auf, die sich dort aufhielten. John Lennon, Salvador Dalí, Orson Welles, Frank Sinatra und sogar Sophia Loren. Anne-Marie ist stolz darauf, Seite an Seite mit all diesen Promis gelebt zu haben.

Freitagabends gab Anne-Marie ihrer Mutter den Lohn ab, die ihr das Taschengeld für die Woche aushändigte. Ihre Schwester Maribel hatte ihr Gehalt erst behalten dürfen, als sie verheiratet war. Und dann Anne-Marie, die noch nicht einmal verlobt war. Sie war fünfzehn, hatte lockige Haare, die ihr bis auf die Hüften fielen, den Teufel im Leib und nur einen Gedanken im Kopf: die Boga-Boga-Disco. Aber sie musste um neun Uhr abends zu Hause sein. Maria hatte solche Angst, ihre Tochter könnte mit ausländischen Touristen ins Bett gehen. Torremolinos war Sodom und Gomorrha. Was Anne-Marie ihren Eltern nicht erzählte: dass ihre spanischen Freunde abends Hand in Hand mit ihrer spanischen Verlobten am Meer flanierten und ein prüdes Eis schleckten. Dann brachten die Jungen sie nach Hause, Küsschen auf die Wange, *adiós, mi amor*, bis morgen, und gingen eine Ausländerin abschleppen.

Als ihre Mutter begann, ihr das Ausgehen zu verbieten, rebellierte Anne-Marie: «Wenn ich alt genug bin, um zu arbeiten, bin ich auch alt genug, um auszugehen.» Die Diskothek Boga musste Viertelstunde um Viertelstunde erkämpft werden. An ihrem sechzehnten Geburtstag durfte

Anne-Marie bis Mitternacht bleiben. Ihre Schwester und ihr Verlobter holten sie am Bahnhof ab, damit sie nicht allein durch die dunklen Straßen gehen musste. Als sie achtzehn wurde, am Tag ihrer Volljährigkeit, nahm Anne-Marie mit einer Arbeitskollegin eine Wohnung, machte den Führerschein und feierte bis zum Sonnenaufgang. Manchmal kam sie auch gar nicht nach Hause. Vor allem aber behielt sie ihren Lohn für sich.

Ich bin Anne-Marie schon begegnet, bevor ich sie in Wien besuchte, wo sie heute lebt. Ich habe sie im Bikini gesehen. Ich habe sie mit ihren Enkeltöchtern, ihren drei Schwestern, ihrem Bruder gesehen. Ich habe sogar ihren fröhlichen Kopf unter einer Bettdecke hervorlugen sehen. Seit ich auf Facebook bin, um meine Albummädchen wiederzufinden, besucht mich Anne-Marie virtuell in Berlin. Hunderte von Fotos auf ihrem Profil. Ich schlüpfe in ihr Leben. Beobachte sie. Welche Wespentaille sie noch immer hat! Und diese blaugrünen Augen! Und der alte Herr, der auf einem Stuhl vor dem Fenster in die Ferne blickt, das muss ihr Vater sein. Na so was, er lebt noch! Hat Anne-Marie eine Ahnung, dass ich sie ausspioniere? Als ich das Flugzeug nach Wien besteige, habe ich das Gefühl, sie bereits gut zu kennen.

Wir sitzen auf den abgewetzten Samtbänken im Café Landtmann. Sie hat auf meine Facebook-Nachricht sofort geantwortet. «Was für eine angenehme Überraschung nach so langer Zeit. Ich erwarte dich mit offenen Armen, wann immer du willst, und erzähle dir, was du hören möchtest. Anne-Marie. (Oder jetzt Ana.)» Sie wirkt in dem altehrwürdigen Café mit den schweren, tannengrünen Vorhängen, den dunklen Teppichen, dem gedämpften Licht der kleinen

Lämpchen unter den elfenbeinfarbenen Schirmen ein bisschen fehl am Platz. Ein nervenaufreibender Wiener Walzer
wirbelt in Endlosschleife durch den Saal. Das Landtmann
ist das Anti-Boga-Boga. Doch Anne-Marie fühlt sich hier
pudelwohl. Sie antwortet ganz natürlich auf die gespreizte
Freundlichkeit des alten Kellners in Livree und Fliege. Und
mit starkem Wiener Akzent. Durch die hohen Fenster sieht
man den Ring und die Paläste des verblassten Habsburger-
Glanzes. Sie zeigt mit dem Kinn auf das prächtige Gebäude
der Alma Mater Rudolphina, der Wiener Universität. «Ich
wäre gerne dorthin gegangen. Bildung öffnet einem die
Türen.» Sie ist sich sicher, wenn sie in Frankreich geblieben
wäre und meine Mutter mit ihrem Vater gesprochen hätte,
dann hätte sie studiert.

Anne-Marie hat in ihrem Leben schon alles gemacht.
Souvenirshop am Piccadilly Circus, Loden-Boutique im
Schloss Schönbrunn, Putzfrau in Wien. Sie ist stolz darauf, dass sie es immer allein geschafft hat. Sie versteht all
die jungen Leute von heute nicht, die von ihren Eltern finanziert werden und studieren, bis sie dreißig sind, «sie
haben die ganze Zeit den Kopf in den Büchern, sehen krank
aus. Sie haben noch nicht gelebt. Es ist doch wichtig zu arbeiten.» Anne-Marie ist heute Sekretärin des spanischen
Botschafters bei den Vereinten Nationen. Sie verkehrt mit
mächtigen, gebildeten Menschen, hat aber selbst kein Diplom. Das ist, was sie am meisten bereut in ihrem Leben.
Das Wort «Diplom» ist für Anne-Marie eine Zauberformel.
Es öffnet die Türen zu einem vornehmeren, einfacheren
Leben. In letzter Zeit jedoch ist sie etwas ernüchtert. Sie
glaubt nicht mehr an das «Sesam-öffne-dich» eines Ab-
schlusses, «heute verteilen sie das Abitur wie Bonbons»,
um dir eine Freude zu machen. Wenn ihr Vater jemanden
mit Abitur begrüßte, nannte er ihn bewundernd «signo-

rito». Anne-Maries Kollegen in der Botschaft haben alle studiert und machen die gleiche Arbeit wie sie. Und diese Praktikanten mit den vielen Qualifikationen, die umsonst arbeiten. Abends sieht sich Anne-Marie auf YouTube Dokumentarfilme an: Victor Hugo, die Geschichte Spaniens, Politik, alles interessiert sie. Sie liest auch viel. Sie hat ein Abonnement für das Burgtheater, das große Wiener Theater gleich neben dem Landtmann. Sie spricht vier Sprachen fließend. «Ich bin Autodidaktin», sagt sie und bricht in lautes Lachen aus, das die Leute ringsum aus ihren gedämpften Gesprächen aufschreckt. Wir sinken in unsere Bänke. Der raue Samt kratzt an den Beinen.

Anne-Marie hatte sich lange einen Vater wie den von Marcel Pagnol gewünscht. Diesen Schulmeister, den ich prätentiös finde, sie aber bewundert, weil er «wie gedruckt spricht». Ihr eigener Vater war Maler. Er verbrachte seine Tage auf den Baustellen und sprach gut Französisch. Ihre Mutter hat die Sprache nie gelernt. Ein paar Wörter. Es reichte knapp zum Einkaufen. «Kein Wunder, sie hat das Haus nie verlassen und war immer nur mit Spaniern zusammen. Als sie bügeln gehen wollte, um ein bisschen Geld zu verdienen, hat mein Vater es ihr verboten. Es hätte seine Ehre verletzt, wenn seine Frau gearbeitet hätte. Meine Eltern wussten nichts, die Ärmsten. Aber sie gaben mir ihre Liebe, das ist die Hauptsache. Damals habe ich mich ein wenig für sie geschämt. Doch wenn ich heute an sie denke, hätte ich mir keine anderen Eltern gewünscht. Niemals.»

Anne-Marie erzählt mir, dass sie ihre Hausaufgaben an einer Ecke des Küchentischs machte. Das Radio lief, und ständig kam jemand vorbei, Nachbarn, die Familie, Freunde. Als später der erste Waschsalon im Viertel aufmachte, traf sie dort Pilar. Ihre Mütter schickten sie mit einem riesigen Sack schmutziger Wäsche hin. Dann saßen Anne-Marie und Pilar nebeneinander vor der Trommel und machten ihre Hausaufgaben. Pilar ist ein bisschen weiter gegangen als Anne-Marie. Sie ging nach der Zehnten ab. Sie fühlt das gleiche große Bedauern. Sie hätte das Abitur gemacht, wenn die Französischlehrerin ihr nicht systematisch schlechte Noten gegeben hätte. Pilar protestierte. Der Rektor bestellte sie und ihre Mutter zu sich und sagte, er könne nichts für sie tun. Angewidert gab Pilar auf. Sie machte einen Berufsabschluss im Gesundheitsbereich. Die soziale Durchmischung an der Sainte-Madeleine bedeutete für diese Einwanderertöchter trotz allem eine Chance. Anne-Marie bedauert, dass die Kinder in der österreichischen Schule heute so früh, je nach sozialer Abstammung, voneinander getrennt werden. «Heute wären wir uns vielleicht gar nicht begegnet, wäre doch schade, nicht?»

Anne-Marie, Pilar und ich hatten in der Sechsten gleichzeitig ins Lycée Fustel de Coulanges gewechselt. Aber wir waren nicht mehr in der gleichen Klasse und trafen uns nicht mehr auf dem Pausenhof. Wir gehörten nun verschiedenen Welten an, und unsere Freundschaft verkümmerte. Ich kann mich nicht einmal an den Tag erinnern, an dem sie die Schule verlassen haben. Am Ende der Neunten zerstreuten sich die Mädchen der Sainte Madeleine plötzlich wie eine Gruppe verängstigter Spatzen in alle Richtungen. Sie sind alle gegangen. Ich blieb als Einzige übrig. Von da an waren wir unter uns, die Kinder von Ärzten, Geschäftsleuten, Lehrern und Führungskräften. Meine Mutter war Elternvertreterin. Sie war schockiert, als sie im Schulbuch blätterte und den Beruf der anderen Eltern entdeckte. Das Schulsystem ist ein Apparat zur Eliminierung der Arbeiterklassen, sagte sie. Alles war vorgespurt, und das empörte sie. Wie aber hätte sie reagiert, wenn ich die Schule geschmissen hätte und wie Anne-Marie Telefonistin geworden wäre?

Anne-Marie nahm ihre Ausbildung selbst in die Hand. Sie müsse «raus», sagte sie, als sie Málaga verließ und für ein Jahr ins Ausland ging, um eine neue Sprache zu lernen und sich in der Welt umzusehen. Raus, das hieß nach London, wo sie als Au-pair-Mädchen in einer *posh* Familie in Kensington arbeitete. Sie hatten einen Fahrer und eine Putzfrau mit Cockney-Akzent. Ein Einzelkind mit Seitenscheitel, das aussah wie ein kleiner Greis. Als der Junge ins Eton College kam, fuhr Anne-Marie zurück nach Málaga. Und von dort ging es weiter «raus» nach Zürich, um Deutsch zu lernen, während sie bei McDonald's arbeitete, und schließlich nach Wien, in jene Stadt, die «ab Oktober wie Straßburg ist. Grau. Regen. Nebel.» Sie fand eine Au-pair-Stelle bei einem Sexualtherapeuten. Manchmal schnappte sie die Geständnisse eines Patienten auf. Verklemmtheit, Frigidität, Phantasien. «Ach herrje, ich sah all diese Leute aus dem Büro kommen!» Ich nutze die Gelegenheit, ihr die Frage zu stellen, die mir seit einer Weile auf den Nägeln brennt. «Aber du hattest doch einen Freund vor der Hochzeit?» «Machst du Witze? Aber sicher.»

Sechs Monate nach ihrer Ankunft in Wien lernte Anne-Marie auf einer Party Markus kennen, der auf Dorfbällen Schlager sang. Er hatte eine Gitarre, nackenlanges Haar und einen samtenen Blick. Ihre in Frankreich gebliebenen Cousins waren eigentlich eher ihr Typ. Sie hatten die Schmalzlocke und den Hüftschwung von Johnny Halliday. «Dagegen sind österreichische Schlager der Horror!» Markus war gerade achtzehn geworden. Anne-Marie war fünfundzwanzig. Es war eine Turbo-Liebe. Im Winter wurde Anne-Marie schwanger. Alle warnten sie: «Lass abtreiben! Das wird nie funktionieren!» Aber Markus ist ein großer Romantiker. Er sagte ihr immer wieder: «Wir brauchen nicht viel. Mach dir keine Sorgen.» 1985 heirateten Anne-Marie und Markus. «Ich habe gewartet, bis er neunzehn war, um im Rathaus seines Dorfs heiraten zu können. Meine Familie ist gekommen. Ich war schwanger, aber man hat es nicht gesehen. Wir hatten nicht die besten Karten, und doch sind wir inzwischen seit über fünfunddreißig Jahren zusammen.»

Einige Monate später wurde ihre Tochter geboren. Markus ging oft auf Tournee, und da schwirrten all diese Mädchen um ihn herum. Anne-Marie hatte ein Auge auf sie. Sie verjagte sie wie Fliegen. *«Siehst du nicht, dass er in Begleitung ist!»* Aber dieses Künstlerleben war zu unbeständig. Nach zwei Jahren entschied Anne-Marie: «Du nimmst eine feste Stelle an! Hättest halt nicht heiraten und ein Kind zu bekommen sollen!» Markus verabschiedete sich von den Samstagabendbällen und seinen Groupies und nahm einen Job als Speditionskaufmann in einem Transportunternehmen an. Er verdiente gut bis zur Öffnung der Mauer. Und die Firmen Ungarn und Tschechen einstellten. Die sprechen gut Deutsch und kosten weniger. Seitdem wettert Markus gegen Ausländer.

Anne-Marie spielte immer noch mit dem Gedanken, das Abitur zu machen. Sie arbeitete sogar ein wenig abends, wenn die Kleine schlief. Tagsüber ging sie putzen und nahm ihr Kind mit. Sie setzte es auf ein Sofa und schaltete hin und wieder den Staubsauger aus, um es zu füttern. Eines Tages musterte die Dame des Hauses sie von oben bis unten: «Ich glaube nicht, dass Sie die Konstitution für ein solch großes Haus haben. Betreiben wir lieber spanische Konversation.» Von da an gingen Anne-Marie und ihre Arbeitgeberin mit dem Baby spazieren und unterhielten sich auf Spanisch.

Anne-Marie war immer ein sonniges Mädchen gewesen. Und wie hübsch sie war! Alle erinnern sich an sie. Auf dem Klassenfoto sitzt sie in der ersten Reihe. Sie trägt eine Schottenkarobluse. Ihre Arme sind verschränkt, an die Brust gepresst, ihr Rücken vorgebeugt, ihr Kopf zur Kamera gerichtet. Sie ist hellwach. Die gleiche freudige Energie wie heute, wenn sie wild gestikuliert, um den Fluss ihrer Erinnerungen zu beschleunigen, als ob Worte nicht reichten, um diese Vergangenheit wieder aufleben zu lassen, die wir alle gemein haben. Anne-Marie ist noch immer sehr hübsch, auch wenn sie sich entsetzt zeigt. «Wir sind jetzt alte Barbies, machen wir uns nichts vor, meine Ärmste.» Sie ist sehr schlank, ihr braunes Haar reicht ihr bis zum Po. Noch immer dieser Achatglanz in den grünen Augen, die winzigen Eckzähne, wenn sie lächelt. Draußen auf dem Ring fahren die Kutschen vorbei, und wenn ein Kunde die Tür des Cafés aufstößt, geht für ein paar Sekunden der Geruch von Pferdedung durch den Raum. «Wir sind jetzt Frauen von Welt», entscheidet Anne-Marie. Wir machen ein Selfie. Aber wir sind schon weit weg von Wien. Wir sind gemeinsam an der Place du soleil Nummer fünf, wo sie in Straßburg gewohnt hat, am Sonnenplatz. Eine strahlende Adresse, die gut zu ihr passt.

Anne-Marie war zwei, als sie nach Frankreich kam. Franco war noch an der Macht. Ich hatte mir immer vorgestellt, Anne-Maries Eltern seien vor dem Franco-Regime geflüchtet, was sie für mich zu Guerilleros machte, aber es war die Armut, die sie vertrieben hatte. Am ersten Sonntag wird ein Gruppenfoto gemacht, um der in Spanien zurückgebliebenen Familie zu imponieren. Vincente, der Vater, trägt ein weißes Hemd mit hochgekrempelten Ärmeln und eine schwarze Hose. Seine Schuhe glänzen in der Sonne. Mit der Uhr am Handgelenk, seinem üppigen Schnauzbart sieht er aus wie Burt Lancaster. Er hat Klasse, Vincente. Mein Vater war voller Bewunderung für diese Spanier, die lieber verhungert wären, als auf ihr perfekt gestärktes weißes Hemd zu verzichten. Er idealisierte die Armut der Südländer. Stolze Menschen. Genau das Gegenteil von uns Elsässern, die an der Garderobe sparen, um sich den Bauch vollzuschlagen. Maria, die Mutter, in einem ärmellosen weißen Kleid, spitzen Pumps, Handtasche unter dem Arm, hält Ana-Maria und Maria Isabel an der Hand. Die beiden Ältesten wurden in Madrid geboren. Die drei Letzten in Straßburg. Alle Mädchen heißen Maria, wie ihre Mutter. Es gibt Ana Maria, Maria Isabel, Maria de la Soledad und Maria Immaculada, Kuki genannt, was etwas weniger einschüchternd ist. Und ganz am Schluss der kleine Bruder, José Antonio, Pépito für die Franzosen. Ein Sohn wie der Messias. «Nach all diesen Mädchen war es an der Zeit, nicht? Aber als er geboren wurde, standen seine Ohren ab, und er war ganz zerknittert. Also sagte mein Vater zu meiner Mutter: ‹Maria, wenn ich daran denke, dass wir so lange auf so etwas gewartet haben!›» Anne-Marie sieht auf dem Foto aus wie eine Jahrmarktspuppe in ihrem Rüschenrock, der so kurz ist, dass ihr weißes Höschen und ihre gebräunten Beine zu sehen sind. Sie klammert sich an ihre Eltern, um in diesem völlig fremden Land, in das sie katapultiert wurde, nicht den Halt zu verlieren. Bei genauerem Hinsehen kann man die Verzweiflung auf Marias Gesicht erkennen. Sie hat gerade die dreckige Wohnung entdeckt, in der die Männer, die schon mal vorangegangen waren, zu viert oder fünft gelebt hatten. Von dem Tag an, an dem sie in Straßburg ankam, hatte Maria nur einen Gedanken im Kopf: wieder zurück.

«Na los, nennen wir es beim Namen. Wir waren arm! Und unsere Wohnung, eine winzige Mansarde, war, man kann es nicht anders sagen, eine Bruchbude.» Das ist das Erste, was Anne-Marie sagt, als sie mir von ihrer Kindheit in Frankreich erzählt. Sie lacht, weil es ihr ein wenig peinlich ist, mir gegenüber zuzugeben, was sie so lange zu verbergen versucht hatte. Sie bewohnten diese kleinen Zimmer unter dem Dach, die in bürgerlichen Familien wie der meinen den Dienstmädchen vorbehalten waren. An den Wänden gab es Wasserflecken und fromme Bilder. Über dem Elternbett wachte ein Christus am Kreuz. An den Fußleisten hatte sich die Tapete gelöst, und durch die Fenster drang der Wind. Eines Tages gab uns Madame Franz als Aufsatzthema: «Beschreibe dein Haus». Anne-Marie gesteht mir, dass sie wie gelähmt war. «Was sollte ich denn schreiben? Ich habe mich so geschämt.» Wenn sie von der Schule nach Hause ging, machte sie einen Umweg, damit niemand wusste, wo sie wohnte. Nur Martine wurde zum Übernachten eingeladen. Da Martine noch ärmer war als sie, brauchte sich Anne-Marie vor ihr nicht zu schämen.

Ich war nur einmal bei Anne-Marie zu Hause. Ihre Eltern hatten meine Mutter und mich zu ihrer Erstkommunion eingeladen, zur *communion privée*, wie man damals sagte. Wir waren die einzigen Französinnen. Ich habe mich nicht gefragt, warum uns diese Ehre zuteilwurde. Anne-Marie erzählt mir, dass meine Mutter ihr zur Hälfte die Klassenfahrt in die Berge finanziert hatte. Meine Mutter hatte mir nichts davon gesagt. Die Eltern von Anne-Marie wollten sich bei dieser netten Dame bedanken.

Die ganze Familie und die engsten Freunde von Anne-Marie waren da. Sie wohnten alle im Umkreis von zehn Minuten Fußweg, die Großeltern väterlicherseits, Tanten und Onkel, eine Menge Cousins und Cousinen. Da sah ich mit meinen eineinhalb Großelternpaaren, einer Tante, einem Onkel und zwei Cousins alt aus.

Ich habe ein Foto von diesem Sonntag aufbewahrt: drei kleine Mädchen mit weißen Socken, Anne-Marie in Lackschuhen, ihre kleine Schwester Isabelle und zwischen den beiden ich. Anne-Marie hält die Puppe, die meine Mutter ihr geschenkt hat. Eine blonde Puppe mit süßlichem Plastikgeruch. Wenn man sie hinlegt, schließt sie ihre blauen Augen. Anne-Marie hat mir ins Album geschrieben:

Bald ist Weihnacht,
Ich wünsche Dir viele Spilsachen.
In Erinnerung an eine Klassenkameradin die Dich
liebhat.

Abgesehen von diesem Foto erinnere ich mich an nichts mehr. Ich erinnere mich nicht, dass die Wohnung unter dem Dach war, dass ihr Vater mit der Hand bis zur Decke reichte, auch nicht, dass Pépito, der kleine Bruder, im Wohnzimmer schlief und die vier Mädchen sich ein Zimmer teilten, zwei pro Bett, Kopf an Fuß, ohne Platz für einen kleinen Nachttisch zwischen den beiden Betten. Aber ich weiß noch, dass meine Mutter sich mit all diesen Spaniern angefreundet hatte. Sie erzählte ihnen mit Händen und Füßen von ihrer Reise nach Andalusien mit der Vespa. Anne-Marie allerdings hat den «Vorfall» nicht vergessen. Er hat den großen Tag mit Schande übergossen, die Erinnerung an ihr neues Kleid ausgelöscht, an die Kuchen auf dem Tisch in der für den Anlass auf Hochglanz gebrachten Küche. «Wirklich, du erinnerst dich nicht? Aber du warst doch da. Der Pole unter uns kam wutentbrannt auf den Treppenabsatz heraus, weil wir zu laut waren. Ich rannte die Treppe hinunter, und er zog mich zur Seite. Ich schrie. Mein Vater kam, um nachzusehen, was los war, und der Pole schlug ihm auf die Augenbraue. Mein Vater blutete. Das musst du doch gesehen haben?» Anne-Marie lässt nicht locker. Sie hat Mühe zu glauben, dass ich dieses Ereignis, das für sie so demütigend war, vergessen konnte. Zum ersten Mal lud sie ein kleines französisches Mädchen in ihr Haus ein, und eine Französin aus einer anderen Welt, und da prügelt sich ihr Vater herum wie ein Bierkutscher.

Ich erinnere mich einzig an den Neid, der mich zerfraß. So ein kleines Brautkleid hätte ich auch gerne gehabt, Lackschuhe, weiße Socken und Ringellocken in meinem glatten Haar. Ich hätte auch gerne das große Kirchenschiff der Sainte-Madeleine mit einer Kerze in der Hand durchschritten. Wie fromm, wie lieb, die kleine Pascale. Meine Mutter mit Tränen in den Augen. Mein Vater, der aufsteht, um die Szene zu filmen. Mein blendend weißes Kleid. Das Klackern meiner ersten kleinen Absätze auf dem Stein des Kirchenschiffs. Der Stapel Geschenke, der zu Hause auf mich wartete, die Uhr, der Kugelschreiber, der Kulturbeutel, das Silberarmband, der Kassettenrecorder, der Plattenspieler, die Kleiderbürste, die Umschläge mit Geldscheinen in einem Weidenkorb. Ich wäre auch gerne wie Anne-Marie die Prinzessin der Party gewesen. Aber ich bin in meinem marineblauen Blazer, meinem hellblauen Kleid ohne die geringste Spitze, meinen flachen Schuhen und meinen beiden Rattenschwänzen nichts als eine Statistin auf dem Foto. Auch ich hätte gerne meine Kommunion gehabt, wie alle anderen Mädchen meiner Klasse. Was für eine abstruse Idee für meine Eltern! In den Augen meiner Mutter stand eine Erstkommunikantin einer Majorette an Vulgarität in nichts nach.

Als wir sie einmal am Sonntag zu unserem Ausflug aufs Land mitnahmen, saß Anne-Marie im Familienauto, einem Peugeot 404, neben mir auf dem Rücksitz. Abwechselnd bestiegen wir rittlings die Armlehne zwischen den beiden Sitzen. So jagten wir über die Wiesen, die hinter den Fenstern vorbeizogen. Anne-Marie war stolz, in eine französische Familie eingeladen worden zu sein. «Du warst meine Verbindung zu Frankreich. Dank deiner Eltern habe ich meine erste Kuh gesehen. Wir haben Gänseblumenkränze geflochten. Ich hatte noch nie so viel Grün gesehen. Daran erinnerst du dich auch nicht?» Nein, ich habe kein Bild von diesem Familienpicknick zurückbehalten. Das Gedächtnis bewahrt nur, was aus dem Rahmen fällt. Die Kühe für Anne-Marie, die Lackschuhe für mich.

Die Straßburger Place du Soleil war das kleine Spanien. Eine in den frühen sechziger Jahren von den Spaniern eroberte exterritoriale Enklave. Es gab ein Centro español, das Tanzveranstaltungen organisierte. Es gab eine spanische Schule, in der die Kinder am Donnerstag und am Samstagmorgen zum Unterricht gingen. Man traf sich für Feste, für Taufen. Gleich hinter der Place du Soleil verkam die Stadt zu einem Dschungel aus hohem Gras, einem konturenlosen Niemandsland. Wo heute die Universitätsgebäude und der Campus stehen, gab es nichts als Felder, so weit das Auge reichte. In der Ferne ragte das Münster mit seiner Turmspitze in den blauen Himmel. Viele Familien verbrachten hier ihre Sonntage. Sie gruppierten sich nach Nationalität. Spanier blieben unter Spaniern. Portugiesen unter Portugiesen. Und die Elsässer unter sich. Man vermischte sich nicht. Homogene Stämme verbarrikadierten sich hinter ihren Körben, ihrem Proviant, ihrem Transistor und ihren vielen Kindern. Die Väter dösten. Die Mütter schwatzten. Die Kinder spielten rundherum in den unermesslich weiten Wiesen. Die Freiheit. Bei Einbruch der Dunkelheit kehrten alle in ihre winzigen Wohnungen zurück.

Anne-Marie war irgendwann zur Place du Soleil zurück-gekehrt. Sie hatte die Umgebung ihrer Kindheit kaum wie-dererkannt. Alles schön, alles sauber. Das Viertel war neu gestaltet worden. Sie glaubte, in London oder Lissabon zu sein, so sehr gleicht sich der Trend überall. Anne-Marie be-reut die Jahre nicht, die sie in Frankreich verbracht hat, ihre Straßburger Kindheit ist ein Teil von ihr. Sie bereut es auch nicht, Spanien für immer verlassen zu haben. Sie hat ihre Schwestern. Selbst über dreitausend Kilometer hinweg hat sie sie, und das schützt sie vor allem. Als bei ihrer Mutter vor ein paar Jahren die Diagnose eintraf – Leberkrebs, eine Frage von Monaten –, nahm Anne-Marie eine lange Auszeit, um bei ihr zu sein. Es war für sie eine Selbstverständlichkeit. Anne-Marie schlief mehrere Wochen lang neben ihrer Mut-ter im Ehebett. Ihr Vater wurde in ein anderes Zimmer ver-legt. Maria wusste nicht Bescheid über ihre Krankheit. Man zog es vor, ihr nicht zu sagen, wie ernst es war. Nachts, in der Dunkelheit, weinte Anne-Marie neben diesem warmen und immer schwächer werdenden Körper. Das Traurigste sind für Anne-Marie Menschen, die im Leben allein sind. Wie dieser Nachbar unter ihr. Er spricht den ganzen Tag mit niemandem ein Wort. Er hat keine Familie. Ab und zu klopft Anne-Marie an seine Tür und lädt ihn ein, auf einen Kaffee hochzukommen. Und wenn er gar nicht mehr gehen will, schickt sie ihn liebevoll zurück: *«Ich muss weiter, Herr Lang.»*

15

Mensch sein

Am 29. April 1968 schrieb mir unsere Lehrerin, Madame Franz, gleich hinter meiner Mutter ins Poesiealbum. Ein Ehrenplatz. Sie füllte eine ganze Seite. Ein erdrückender Text für ein kleines Mädchen. Madame Franz legte die Messlatte sehr hoch.

Kein Leichtes ist es, Mensch zu sein.
Es heißt, ist man auch noch so klein,
Weder Kraft noch Mühe zu scheuen,
Nicht Hingabe, nicht Einsatz bereuen.
Es heißt, den Armen die Kraft zu weihen,
sich unter die Gerechten zu reihen,
Seine Liebe zu geben, und ohne zu klagen,
Die Enterbten in seinem Herzen zu tragen

Um Mensch zu werden, bleib treu, mein Kind,
den Pflichten, die heute die deinen sind.
Die Stunden, ob gut oder bös, tragen verborgen
in sich die Saat schon des Morgen.

Madame Franz ist nicht auf dem Klassenfoto. Einzig ihr Mantel, der hinten im Raum auf einem Bügel am Schrank hängt, verrät die Anwesenheit unserer Lehrerin. Madame

Franz steht nicht gern im Rampenlicht. Sie kümmert sich neben dem Fotografen um die Bildkomposition. Sie hat einen Strauß Wiesenblumen auf ihr Pult gestellt und unsere Haltung korrigiert.

Zwei Jahre lang war sie unsere Lehrerin gewesen. Dann verschwand sie aus unserem Leben. Wir trafen sie nie auf der Straße an. Wir hörten nie wieder etwas von ihr. Sodass wir schließlich dachten, sie sei schon lange tot. Aber wir hatten sie nicht vergessen. Wir wollten einfach, dass sie für immer in der Zeit unserer Kindheit erstarrt blieb. Für uns würde sie für den Rest ihres Lebens dieses unbestimmte Alter haben wie alle Erwachsenen damals. Sie würde diese sanfte Frau bleiben, die uns lehrte, dass in der Grammatik wie im Leben das Männliche Vorrang vor dem Weiblichen hat. Eine dieser stillen Gewissheiten, die wir nicht hinterfragten, weil sie von ihr kamen, die uns aber später zu schaffen machen würden. Wir fragten uns nie, was aus ihr geworden ist, wie alt sie inzwischen war und vor allem, wer sie eigentlich ist. Madame Franz hatte kein Leben außerhalb der Schule, keinen Mann, keine Kinder, keine Freunde. Sie gehörte uns allein. Und so wurde sie, sobald wir von ihr weggingen, von der Erde verschluckt.

Aber sie war nicht verschwunden, ohne Spuren zu hinterlassen. Ihr Einfluss war tiefgreifend. Eine Lehrerin ist wie die erste Liebe, unvergesslich. Wir alle bewunderten sie. Als ich meine Mitschülerinnen nacheinander fragte, ob sie sich an einen Lehrer erinnern, der sie besonders geprägt hat, antworteten alle, ohne zu zögern: Madame Franz! Jede von uns erinnert sich an einen besonderen Moment mit ihr. Catherine hatte wochenlang einen Apfel auf ihrem Nachttisch aufbewahrt, den ihr Madame Franz für die Pause gegeben hatte. Sie hatte solche Ehrfurcht vor diesem Geschenk, dass sie ihn nicht zu essen wagte. Der Apfel faulte Nacht für Nacht neben der schlafenden Catherine dahin. Bis sich der Modergeruch im ganzen Zimmer verbreitete. Eines Morgens war der Apfel weg. Catherines Mutter hatte den unappetitlichen Fetisch in den Müll geworfen. «Madame Franz hatte meine Armut bemerkt, sie interessierte sich für mich», sagt Catherine, die das «eine fürsorgliche Haltung» nennt.

Ich verstand nicht, warum meine Eltern sich ansahen und laut loslachten, als ich verkündete, dass ich Lehrerin werden möchte, wenn ich mal groß bin, *«maman»* und *«maîtresse»*, sagte ich, die Doppeldeutigkeit des Wortes ignorierend. Ich verbrachte Stunden damit, Madame Franz zu imitieren. Als Schülerinnen mussten meine Puppen herhalten, Wärmflaschen, Spielkarten, die Zinnsoldaten meines Bruders, Plastikfiguren von der Tankstelle, Holzstöcke und Kieselsteine, was ich gerade in die Finger bekam. Mit einem Blick durch den Türspalt in mein Zimmer konnte man erraten, wie der Tag in der Schule gelaufen war. Haben wir einen erbaulichen Kanon gesungen? Haben wir das Einmaleins heruntergeschnurrt? Und wie war Madame Franz an dem Tag gelaunt? Abgesehen davon, dass Madame Franz nie geschrien hat. Nie ein lautes Wort. Wenn wir zu viel Lärm machten, fing sie an zu flüstern, hob den Daumen und wartete. Nach ein paar Sekunden war wieder Ruhe eingekehrt. Wenn wir müde waren, ließ sie uns singen, und wenn sie mal wirklich nicht mehr konnte, ballte sie die Fäuste in den Taschen ihrer Bluse, wahrscheinlich um sich zu schützen. Kein einziges Mal hat sie die Hand gegen eines der Kinder erhoben. Niemals flog ein Stück Kreide, ein nasser Schwamm wie eine Rakete durch das Klassenzimmer an den Kopf eines schwatzenden Mädchens. Nur ein einziges Mal hat sie die Nerven verloren und nimmt es sich noch heute übel. Eine Schülerin wollte sich zum Arbeiten niederknien und das Heft auf die Bank legen. Madame Franz befahl ihr aufzustehen. Die Kleine weigerte sich. Madame Franz packte sie am Kragen und führte sie zum Waschbecken, um sie mit Wasser zu benetzen, damit sie wieder zur Vernunft kam. Aber das Kind hielt den Daumen unter den Wasserhahn, und Madame Franz wurde vollgespritzt. «Es geschah mir ganz recht», sagte sie. «Ich hätte so etwas niemals tun dürfen.»

Jeannine erinnert sich, dass Madame Franz sie im Krankenhaus besucht hatte. Sie war von einem Auto angefahren worden. Gehirnerschütterung. Madame Franz brachte ihr eine Tafel Schokolade und setzte sich für eine Weile an ihr Bett. Madame Franz war es, die Anne-Marie zum Zahnarzt begleitete. Ihre Mutter sprach kein Französisch. Die Lehrerin sprang wie selbstverständlich ein. Madame Franz war Françoises «Anker» gewesen, als ihre Eltern sich scheiden ließen. Und wie immer ist es Françoise, die es auf den Punkt bringt: «Es gibt Menschen, die ein Leben prägen und ihm eine entscheidende Wende geben. Madame Franz war eine von ihnen.»

Madame Franz war nicht wie die anderen. Sie stand außerhalb der binären Aufteilung der Sainte-Madeleine-Schule. Die Lehrerinnen gehörten zwei verschiedenen Gruppen an. In der einen waren die alten Jungfern. Die Staatliche Schule erlaubte es ihnen, die Ehe zu umgehen. Mademoiselle Weiner war ein Wesen unbestimmten Geschlechts, mit einem wächsernen Teint, immer schwarz gekleidet. Sie erinnerte mich an meine Urgroßtanten, diese ranzig riechenden, fast hundertjährigen alten Demoiselles, die wir in ihren großen, dunklen Wohnungen besuchten. Und Mademoiselle Mathias, eine lange, blutarme Bohnenstange

177

mit spröden Lippen, die uns verließ, um eine schöne Hochzeit zu feiern. Sie hatte sich mit Jesus vermählt. Sie zog das Kloster der Schule vor, den Benediktinerinnenschleier dem kleinkarierten Lehrerinnenkittel. Eine der beiden, ich weiß nicht mehr welche es war, zog uns an den Ohren, wenn wir mit einer Rechenaufgabe nicht fertigwurden. Körperliche Züchtigung war in französischen Schulen nicht mehr Usus, aber ein rotes Ohr hat noch niemandem geschadet.

Der andere Clan, fast schon mondän, war den Damen vorbehalten. Madame Glett mit ihrer majestätischen, unter großem Einsatz von Haarnadeln und Kämmen auf dem Kopf aufgetürmten blonden Skulptur. Ein Schleier aus Lack gab dem Ganzen den nötigen Kitt. Madame Glett hätte besser an den Hof des Sonnenkönigs gepasst als in den dieser armseligen Schule. Wir trafen sie manchmal, wenn ich meine Mutter zur Repassiererin begleitete, die in einer muffigen Werkstatt im ersten Stock eines Fachwerkhauses in der Rue des Hallebardes die Laufmaschen ihrer Strümpfe stopfte. Madame Glett grüßte meine Mutter, tippte mir mit ihren rot lackierten Nägeln auf den Kopf und rauschte, einen Duft von Iris und Jasmin hinter sich herziehend, davon.

Und Madame Ormerie, unsere Grace Kelly in Brünett, die Schönste von allen. Mit ihrer Perlenkette, ihrem Handtäschchen und ihrem weißen Kittel zum Schutz des Kaschmir-Twinsets sah sie aus, als wäre sie den Hochglanzseiten eines Versandhauskatalogs entsprungen. Madame Ormerie war eine verwöhnte Frau. Ihr Mann überschüttete sie mit Geschenken. Es wird erzählt, dass ihre Finger an dem Tag, als er sie mit einem Nerzmantel beglückte, in der Tasche an ein kleines Kästchen stießen. Ein Ring, in ein samtenes Etui gebettet. Das ist kein Ehemann, das ist ihr Kavalier, spotteten die Neiderinnen. Es ist anzumerken, dass es Madame Ormerie nicht an Kühnheit fehlte. Sie war eine der ersten Frauen, die in Hosen zur Arbeit kamen. Diese kleine Revolution der späten sechziger Jahre befreite die Frauen von ihren engen Röcken, Unterkleidern und Strümpfen. Welcher Skandal in Deutschland, als im April 1970 eine sozialdemokratische Abgeordnete im Hosenanzug zu einer Bundestagssitzung erschien. Die Würde der Frau werde mit «Füßen getreten», hörte man aus den Reihen der CSU. Heute kann man die Abgeordneten und Ministerinnen, die im Parlament einen Rock tragen, an den Fingern einer Hand abzählen. Blazer und Hose sind die Uniform der Politikerinnen. Bloß nicht zu feminin sein, wenn man in dieser noch immer von Männern dominierten Welt ernst genommen werden will. Madame Ormerie also holte, wenn sie knapp dran war, weit aus und nahm vier Treppenstufen auf einmal. Am Dutt jedoch hat sie festgehalten. Es kam nicht in Frage, dass ihr schweres Haar über ihre Schultern wogte. Auch das gehörte sich nicht. Zu sinnlich.

An Wintervormittagen beaufsichtigten Madame Glett und Madame Ormerie den Pausenhof gemeinsam, in ihre weiten Pelzmäntel gehüllt, geschminkt und parfümiert. Madame Franz trug ihren kleinen Wollmantel, ihr Gesicht war mit Wasser und Seife gewaschen, und sie roch nach Bescheidenheit und dem Eukalyptus ihrer Hustenbonbons. Ein pflegeleichter Haarschnitt. Kein Schmuck, abgesehen von ihrem Ehering. Die unverschämte Parade dieser Grazien empörte sie. Was dachten sie sich bloß dabei? Im Nerz zu erscheinen vor diesen Kleinen, die kaum etwas auf dem Leib hatten.

Es ist ein Wagnis, Jahre später die Idole der eigenen Kindheit wiederzufinden. So oft stürzen sie vom Sockel, auf den man sie gestellt hatte. Das wollte ich bei Madame Franz unbedingt vermeiden. Ich konnte auf keinen Fall ihre Aura der Heiligkeit mit der profanen Realität tauschen, die meine erwachsenen Augen mir zurückspiegeln würden. Was, wenn ich eine Frau entdecke, die von Groll zerfressen ist? Wenn die von uns so angehimmelte Lehrerin eine herrische alte Dame geworden ist? Wenn sie ganz einfach anders war als das Bild, an dem wir festhalten wollten? Ich war nicht bereit, das Risiko dieser Enttäuschung einzugehen. Und so beschloss ich, nicht nach ihr zu suchen.

Vor einigen Jahren jedoch trat Madame Franz eines Tages plötzlich wieder in mein Leben. Es war in einer Straßburger Buchhandlung. Ich war aus Berlin gekommen, um eins meiner Bücher vorzustellen. Der Buchhändler hatte mich auf einem Podium platziert, das den Raum überragte. Vor mir eine Ansammlung von Köpfen, die von hier oben alle gleich aussahen. Um nicht den Faden zu verlieren, habe ich mir angewöhnt, nach einem wohlwollenden Gesicht im Raum zu suchen. Und mich dann, statt mich von den feindseligen Schnuten des Paares in der ersten Reihe einschüchtern zu lassen, an ihm zu orientieren. Ich entdeckte eine elegante alte Dame mit seidig weißem Haar. Sie saß in der Mitte des Raumes, den Kopf leicht zur Seite geneigt. Sie hörte mir aufmerksam zu. Ich ließ mich von ihrer stillen Anwesenheit lenken, und nach einer Weile sprach ich nur noch zu ihr. Am Ende der Veranstaltung reihte sich die alte Dame in die Schlange der Freunde aus der Vergangenheit ein, die mir Hallo sagen wollten. Als sie an der Reihe war, sah sie mir in die Augen und fragte: «Erkennen Sie mich nicht mehr, Pascale?» Ich musterte sie und suchte nach einem vertrauten Merkmal. Ich versuchte, diese neue Figur in den langen Wandteppich meiner Kindheit einzupassen, der für mich in der Buchhandlung ausgerollt wurde. Aber nein, das Gesicht sagt mir nichts, tut mir leid. «Ich muss sehr gealtert sein ... Ich bin Madame Franz.»

Da erkannte ich plötzlich ihre vom Alter kaum veränderte Stimme, ihren ernsten Blick, diese ganz besondere Art, die sie schon damals hatte, den Kopf leicht zur Seite zu neigen, wenn sie uns aufmerksam zuhörte. Ja, das war sie. Madame Franz. Ich sprang vom Podium herunter, und wir gaben uns die Hand. Ich getraute mich nicht, sie zu umarmen oder zu küssen. Darf man sich mit einer ehemaligen Lehrerin solche Vertraulichkeiten erlauben? Sie rief aus: «Meine kleine Pascale, Sie haben sich kein bisschen verändert!» Sie siezte mich auf einmal. Sie war ganz klein geworden, reichte mir nur bis zur Schulter. Lange standen wir einander gegenüber. Gerührt über dieses unverhoffte Wiedersehen. Sie lebte noch. Sie war da, vor mir, stolz, dass ihr Coup gelungen war. «Sie wollten mich wohl zu schnell unter die Erde bringen, stimmt's?» Meine kindliche Freude beglückte sie. Morgen? Morgen zum Tee. Wir verabredeten uns für drei Uhr bei ihr zu Hause.

Als ich am nächsten Tag in dem vornehmen Wohnviertel, in dem sie lebte, im dritten Stock ihres kleinen Mietshauses die Tür des Aufzugs aufstieß, erwartete mich Madame Franz bereits auf dem Treppenabsatz. Sie schloss mich in ihre zerbrechlichen Arme und bat mich herein. Ihre gepflegte Wohnung war sonnig, mit feinem Tüll an den großen Fenstern, hellen Möbeln und einem Balkon über einer ruhigen Straße. Ich fühlte mich sofort wohl. Auf dem Beistelltisch lag ein Buch, dessen Lektüre mein Klingeln wohl unterbrochen hatte. Madame Franz setzte sich in ihren seegrünen Sessel und lud mich ein, ihr gegenüber auf seinem Zwilling Platz zu nehmen. Sie saß aufrecht, die Füße hochgelegt, die Arme auf die Lehnen gestützt. Ihr Gesicht war von Kummer gezeichnet. Sie hatte vor kurzem ihren Mann verloren. In ein paar Wochen wollten sie ihren siebzigsten

Hochzeitstag feiern. Doch er hat sie sitzenlassen und ist vor dem Fest gegangen. Eines Morgens brach er im Badezimmer zusammen. Sie konnte es immer noch nicht fassen. Dieser Tod hinterließ eine große Leere in ihrem Leben. Es fiel ihr schwer, sich daran zu gewöhnen, dass ihr Gefährte beinahe eines ganzen Lebens nicht mehr da war. «Sie halten mich wahrscheinlich für verrückt, aber ich spreche die ganze Zeit mit ihm. Es ist, als würde er immer noch an meiner Seite leben.» Und es stimmt, er war anwesend. Sein Porträt auf dem Regal, sein Ehering, der sich an den seiner Frau schmiegte, die nun beide trug, seine Notenblätter, der Stuhl, den ich usurpierte und der einst ihm gehört hatte, der Moment ihrer Begegnung, von dem sie mir sofort mit säuselnder Stimme wie ein Teenager erzählte. Es war im Lehrerseminar in der Avenue de la Forêt Noire in Straßburg, wo sie ihr französisches Examen nachholen musste, da die deutschen Abschlüsse nach der Rückkehr des Elsass zu Frankreich nicht mehr anerkannt wurden. Es war gleich nach dem Krieg. Er leitete den Chor, in dem sie sang. Wäre sie nicht so schamhaft, hätte sie bestimmt zu sagen gewagt, es sei Liebe auf den ersten Blick gewesen. «Ich war vernarrt in ihn. Ein Freund sagte ihm, dass ein Mädchen in der dritten Reihe ihn ständig anstarre. Er brauchte ein bisschen Nachhilfe. Er trug den Kopf in den Wolken. Nur Musik im Sinn. Wenn die anderen abends ausgingen, spielte er Geige. Auf der Straße pfiff er vor sich hin. Er sah die Mädchen nicht an. Er wurde ‹der Träumer› genannt. Als er mich endlich ansprach, verstand ich kein Wort, so schnell sprach er.» Damals hatte man nicht viel Zeit, um einander kennenzulernen. Die Rektorin des Lehrerseminars rief ihre Schülerin zu sich: «Mir ist zu Ohren gekommen, dass Sie einen Freund haben.» Die Verhältnisse mussten geregelt werden. Die beiden Verliebten erhielten eine gemeinsame Anstellung in einem Dorf am Fuß der Vogesen, mit der Auflage, innerhalb eines Jahres zu heiraten, um Klatsch und Tratsch zu vermeiden. Er war einundzwanzig, sie dreiundzwanzig.

Die Hochzeit fand am 24. Dezember in der evangelischen Kirche Temple de Sion im Straßburger Viertel Petite France statt. Sie hatte von einem langen weißen Kleid geträumt, aber trug an jenem Tag ein kleines blaues Kostüm bis über die Knie. Kein Blumenstrauß. Keine Fotos. Das junge Paar besaß keine Kamera. Der Vater von Madame Franz hatte ein Pot-au-feu und einen Salat zubereitet, danach fuhren die beiden mit dem letzten Bus in ihr Dorf zurück. Im Schnee stapften sie den Hügel hinauf. Die Vermieter ihrer Dienstwohnung erwarteten sie mit Kaninchen und Nudeln. Am nächsten Tag sang der Chor für sie. «Es war einfach, aber die Ehe hat gehalten. Wir waren glücklich, dass wir unseren Beruf gemeinsam ausüben konnten. Ein Jahr später kam unser erstes Kind zur Welt.»

Madame Franz war an dem Morgen, an dem ich sie besuchte, zu ihrer Friseuse gegangen. Sie hatte sich sogar einen orangefarbenen Strich auf die Lippen gemalt. Sie trug eine pastellfarbene Weste mit großen geometrischen Mustern und einen grellrosa Seidenschal, um ihre Halskrause zu verbergen. Sie war über 94. Sie servierte mir einen Kamillentee und ein Stück Zimtkuchen. Seit dem Tod ihres Mannes sah sie nicht mehr fern. Sie wollte den ganzen Lärm unserer Epoche nicht mehr hören. Politik, Terroranschläge, Klimaerwärmung ... All die Katastrophen, nein, sie war jetzt zu alt für das Elend der Welt. Sie las lieber. Oder rief eine ihrer verbliebenen Freundinnen an, die noch nicht «abgetreten» waren. Sie entschuldigte sich für den Ausdruck, der den Schmerz etwas abmildern sollte. Übrigens wäre sie, wenn das so weiterginge, bald als Einzige übrig. So war der Be-

such einer ehemaligen Schülerin eine willkommene Auf-
lockerung ihres geregelten Tagesablaufs. Ihr Gedächtnis
war phänomenal. Sie erinnerte sich an jedes «ihrer Kinder»,
Roseline, Françoise, Catherine und die anderen.

Die Welt, die mir Madame Franz an diesem Nachmittag
beschrieb, glich nicht den Glanzbildern in unserem Poesiealbum. Sie war bei weitem nicht so schön. Die Mädchen
in unserem Poesiealbum kommen sehr altmodisch daher:
Hüte, Glockenröcke, Lackschuhe, Blumenkörbe, Schleifen
im Haar und honigsüßes Lächeln. In wenigen Minuten hatte Madame Franz den Mythos der guten alten Zeit zerstört.
«Die Sainte-Madeleine-Schule, das war das reinste Elend.
Ich war entsetzt, wenn ich von den Kindern hörte, was zu
Hause vor sich ging. Damals wurden viele Kinder von ihren
Großmüttern erzogen. Bei den Elsässern gab es mehr Pro-
bleme als bei den Eingewanderten, wo die Familien zusam-
menhielten.» In der Sainte-Madeleine-Schule prüfte unsere
Lehrerin jeden Morgen, ob Hände und Ohren sauber waren.
Montags ging sie auf Läusejagd. Mit zwei Schiefergriffeln
beugte sie sich, als mühte sie sich mit einem chinesischen
Essen ab, über unsere Köpfe und trennte die Strähnen, um
die Haare zu inspizieren.

Madame Franz war eine Ersatzmutter für uns. Manchmal
setzten wir uns auf ihren Schoß. Wir alle erinnern uns an
die raue Maserung ihres Wollrocks, ihre sanften Worte, ihr
beschwichtigendes «Na, na». Wir erklärten nichts, und Madame Franz stellte keine Fragen. Sie spürte, wenn irgendwo
der Schuh drückte, sie ersetzte unsere versagenden Mütter,
besänftigte unseren Kummer, wischte unsere Tränen ab
und sammelte unseren Rotz in einem großen Taschentuch,
das sie, Abrakadabra, wie eine Zauberin mit einer Drehung
des Handgelenks aus dem Ärmel zog. Auch wenn wir in

der Schule nie darüber sprachen, ahnte sie, was zu Hause los war, die Dramen, die sich hinter verschlossenen Türen abspielten. Wenn die Tränen wieder einsetzten, drückte Madame Franz etwas kräftiger zu. «Heute ist es nicht mehr erlaubt, ein Kind auf den Schoß zu nehmen. Ich wollte nicht zu viele Fragen stellen, und Kinder sagen sowieso nichts. Ich trat in ihr kleines Leben und sah sehr gut, wenn etwas nicht stimmte. Es tat mir weh, aber ich durfte nicht eingreifen. Ich spürte, dass die Kinder die Leidtragenden gewesen wären, wenn ich mich eingemischt hätte.»

Madame Franz erinnert sich noch genau an die Scheidung von Françoises Eltern und auch an das kleine Mädchen, das sie eines Tages fragte, ob es normal sei, jeden Morgen einen anderen Papa zu haben, oder an jenes, das ihr erzählte, dass es in dem Zimmer, in dem es schlief, kein Fenster gab, oder an dasjenige, das wach blieb, weil der Fernseher in ihrem Zimmer stand und sein Vater jeden Abend davorsaß, bis das Testbild auf dem Bildschirm erschien. Sie erinnerte sich an das Kind, das sich morgens in der Klasse übergeben musste. Madame Franz sagte ihm, es solle am Nachmittag zu Hause bleiben. «Mutti soll dir eine Tasse Tee machen und dich ins Bett bringen!» Aber am Nachmittag kam das Mädchen mit seiner wütenden Mutter zurück. «In was mischen Sie sich ein?», rief die Mutter. Als sie gegangen war, gestand das Kind Madame Franz, dass es ein herumliegendes Medikament geschluckt hatte. Und da war dieses kleine italienische Mädchen, das fröstelnd in einer Strickjacke, ohne Wintermantel, ankam. Ihre Mutter sprach kein Wort Französisch. Madame Franz gab ihr die Adresse der Hilfseinrichtung Secours populaire und bat sie, mit ihrer Mutter dorthin zu gehen. Am Montag erschien das Mädchen mit einem schönen, warmen Wollmäntelchen.

«Wo hast du denn das her?», fragte Madame Franz erfreut.

«Das ist mein Sonntagsmantel, den ich zur Messe trage.»

Diese Menschen waren zu stolz, um betteln zu gehen.

Madame Franz wurde oft von Fräulein Gillet, der Schulleiterin, zurechtgewiesen: «Aber hören Sie, Sie gehen zu weit. Sie sind doch keine Sozialarbeiterin. Lassen Sie diese Leute allein zurechtkommen.» Madame Franz gehört zu denen, die immer noch glauben, dass die Schule auffangen muss, was in der Familie schiefgeht. «Ich bin nur eine kleine Lehrerin, wissen Sie.» Ich muss so bewundernd geschaut haben, dass sie es für nötig hielt, mich zu warnen. Damit es kein böses Erwachen gibt. Sie sei weder Maria Montessori noch Louise Michel, diese Lehrerin, Schlüsselfigur der Pariser Kommune, die sich ein Leben lang für die Armen einsetzte. Vielleicht, aber ich wusste, dass sie ganz natürlich diese Dosis gesunden Verstand und Menschlichkeit besaß, für die keine noch so innovative Methode das Rezept ausstellen kann. Keine dieser Pionierinnen der Pädagogik konnte ihr das Wasser reichen. Madame Franz wollte schon immer Lehrerin werden. Es war ihre Berufung, und außerdem war sie erblich vorbelastet. Ihre Großeltern waren Lehrer, ihre Mutter, ihre Schwester, ihr Mann und einer ihrer beiden Söhne. Und doch hätte es beinahe nicht geklappt. Ihr Vater beschloss, dass seine Tochter mit sechzehn Jahren im familieneigenen Lebensmittelladen in der Avenue de la Forêt-Noire in Straßburg anfangen sollte. Aber diesmal hat Madame Franz nicht nachgegeben. Vielleicht zum einzigen Mal in ihrem Leben schlug sie mit der Faust auf den Tisch und sagte: «Auf gar keinen Fall!» Am nächsten Tag meldete sie sich zur Aufnahmeprüfung ins Lehrerseminar an.

Sie sah ihre Arbeit als Mission. «Wir Lehrer können großen Schaden anrichten. Wir können den Kindern entweder die Lust am Lernen vermitteln oder sie ihnen für immer verderben. Wir haben eine große Verantwortung. Ich habe immer versucht, sehr vorsichtig zu sein.» Die Schule von heute betrachtet Madame Franz sehr kritisch. «Es ist verrückt. Es gibt keine Rechtschreibung mehr. Das Diktat wird zu Hause auswendig gelernt. Bei uns wurden montags die Vokabeln abgefragt, und am Freitag gab es ein unvorbereitetes Diktat. Wir werden noch zu Analphabeten.»

Den ganzen Nachmittag ließ unsere alte Lehrerin für mich ihr bescheidenes Leben Revue passieren. Ich erfuhr, dass sie fünf Jahre alt war, als ihre Mutter erkrankte und gelähmt wurde. Ihr von der Situation überforderter Vater vertraute seine Frau und Tochter seinen Schwiegereltern in Colmar an. Madame Franz hatte keine normale Kindheit gekannt. Ihre Mutter konnte ihre Tochter nicht auf den Schoß nehmen, um sie zu trösten, oder ihr im Winter die Rotznase putzen. Madame Franz war elf, als ihre Mutter starb. Ihr Vater heiratete später, während des Krieges, wieder, ohne seine Tochter zu informieren. «Ich war ein verschrecktes kleines Mädchen und hatte schon immer ein ängstliches Temperament», erzählte mir die Frau, die ich für unbesiegbar gehalten hatte.

Ich erfuhr, dass Madame Franz drei Kinder und mehrere Enkelkinder hat, dass sie für die Franzosen Élisabeth und Muller und Mademoiselle war und 1940, als die Deutschen einfielen, über Nacht zu Elisabeth und Müller und Fräulein wurde, dass sie im Sommer die dunklen Täler des Schwarzwaldes schätzte und an Heiligabend die belegten Brote – «das macht das Leben so viel einfacher» –, dass ihr Großvater im August 1940, als die Deutschen die Statue von

General Jean Rapp in Colmar vom Sockel stießen, losgezogen war, um die Splitter aufzusammeln, dass ihre Eltern zu Hause nur Französisch sprachen, sie aber fließend Deutsch konnte, weil sie das Lehrerseminar von Straßburg besuchte, das in Lehrerbildungsanstalt umbenannt und nach Bad Rippoldsau im Schwarzwald verlegt worden war, dass sie das NSDAP-Parteibuch die Toilette hinunterspülte, dass sie bei der Befreiung Todesängste ausstand, als die zurückkehrenden Franzosen sie vor eine Säuberungskommission zitierten – «Warum sind Sie zum Studium nach Deutschland gegangen, Mademoiselle? Warum haben Sie nicht ‹nein› gesagt?» –, und dass sie, worüber ich mich vielleicht meisten wunderte, nicht schwimmen konnte. Ich erfuhr sogar, dass sie eine kleine Phobie vor Schmutz hatte: Sie weigerte sich, Bücher aus der Bibliothek auszuleihen, weil sie sich vor den Seiten gruselte, die von so vielen unbekannten Fingern umgeblättert wurden.

Ich erfuhr, dass sie 1968, im Jahr meines Poesiealbums, vierundvierzig war. Dass sie damals jeden Morgen um halb sechs, wenn alle anderen noch schliefen, aufstand, um sich vor ihnen zu waschen und dann «ihre» Kartoffeln zu schälen, «ihren» Salat zu säubern und «ihren» Tisch zu decken, weil alle zum Mittagessen nach Hause kamen und es schnell gehen musste, damit alle um halb zwei wieder loskonnten. Damals ging die Schule in Frankreich von acht Uhr morgens bis Mittag und von zwei bis vier, jeden Tag außer Donnerstag, auch am Samstag. Es gab keine Kantine. Sie erzählte mir, dass freitags die ganze Schule nach Fisch roch. Wenn die Kleinen am Nachmittag zurückkamen, waren ihre Kleider, ihre Haare, alles davon durchdrungen. An diesem Tag blieben Mäntel und Jacken an Haken draußen im Flur vor dem Klassenzimmer. Und samstags machte sie abends einen Umweg am Friseursalon vorbei. Wenn es nicht zu voll war, ging sie kurz hinein und ließ sich die Haare legen. Zu Beginn ihrer Karriere trug sie jeden Abend Lockenwickler, denn eine Lehrerin sollte «in allem ein Vorbild sein». Sie war stolz: «Zu meiner Zeit sah man in der Pause nie eine Lehrerin mit einer Zigarette im Mund. Nicht einmal eine Tasse Tee zwischen den Stunden gab es. Ich betrat das Klassenzimmer nie mit einer fleckigen Bluse oder einem schlecht gebügelten Rock.» Ihr Mann trug eine Krawatte zum Unterricht und wechselte täglich sein Hemd. Sie erzählte mir, dass sie sonntags oder nachts bügelte und donnerstags, am einzigen schulfreien Tag, die Wäsche machte. Lange Zeit seifte sie die Wäsche von Hand ein und rührte die Laken für fünf Personen mit einem Holzstab in einem Kessel mit kochendem Wasser. Dann spülte sie sie in kaltem Wasser und hängte sie auf dem Dachboden auf. «Von da kommt meine Arthritis», sagte sie und massierte ihre geschwollenen Knöchel.

1968 stellte ihr Mann sie vor die Wahl: Kühlschrank oder Waschmaschine. Sie entschied sich für die Waschmaschine. Für sie ist das die wahre Befreiung der Frau. Schluss mit dem fauligen Geruch von Dampf und Seife, der sich in der ganzen Wohnung ausbreitete. Während die Frauen draußen ihr Recht auf Emanzipation einforderten, füllte Madame Franz die Trommel, und die Maschine sprang an wie ein Airbus beim Start. Aber nachts schaltete sie weiterhin ihre Taschenlampe ein, damit sie im Bett Pullover stricken konnte, ohne ihren Mann zu wecken. Wenn die Pullover für die Kinder zu klein waren, wurden sie aufgetrennt, um die Wolle zurückzugewinnen und neue zu stricken, wieder und wieder, bis das Garn riss, erschöpft von diesen vielen Metamorphosen. «Man hatte nicht viel Zeit für sich.»

Ich erfuhr auch, dass sie das Haus um zwanzig vor verließ, um vor uns anzukommen, «ihr» Zimmer zu lüften, «ihre» Wandtafel vorzubereiten, die Vokabeln, die Lückendiktate. Mittags eilte sie nach Hause, um «ihr» Mittagessen zuzubereiten. Sie hat keinen einzigen Tag wegen einer simplen Erkältung gefehlt. Sie war kein einziges Mal zu spät gekommen. Nur einmal hatte sie ein Taxi zur Schule genommen. Eine Ausgabe, die sie sich nur schwer verzeihen konnte. Zumal es mit zwei kleinen Lehrergehältern nicht einfach war, über die Runden zu kommen. Am Anfang verdiente sie ein wenig mehr als ihr Mann. Das machte ihr zu schaffen. Würde er damit zurechtkommen? «Es war mir unangenehm. Für einen Mann ist das schwierig.» Aber die Dinge renkten sich bald ein. Ihr Mann wurde Musiklehrer an einem Gymnasium. Sie zog es vor, bei den Kleinen in der Grundschule zu bleiben und sich um ihren Mann zu kümmern. «Er war verloren ohne mich. Er brauchte mich. Als ich für drei Tage ins Krankenhaus musste, war er völlig aufgelöst.»

Das erste Fahrrad in der Familie war für sie. So schaffte sie es zwischen Mittag und zwei Uhr schneller hin und zurück. Nach der Geburt des dritten Kindes kauften sie ihr erstes Auto, einen weißen Renault Dauphine. Die Familie machte Sonntagsausflüge. Madame Franz hatte immer etwas zum Flicken, Stricken oder Korrigieren dabei. Abends nach den Hausaufgaben – «Lehrerkinder mussten gute Schüler sein, also wiederholten wir jeden Abend den Unterrichtsstoff» –, wenn gegessen und gespült war, die Krümel aufgefegt waren, warteten noch etwa dreißig Hefte, die korrigiert werden wollten. Ihr Tag endete um elf Uhr abends.

In der Schule war der Mai 1968 ein Monat fast wie jeder andere. Ich erinnere mich an keine Erklärungen zu der überreizten Atmosphäre draußen, nur an einen heftigen Eifersuchtsanfall. Eines der Mädchen der Klasse durfte, um nicht die Schule zu versäumen, weil sie von weit her kam und die Busse nicht mehr fuhren – ich habe vergessen, welches, und das ist kein Zufall –, bei Madame Franz schlafen. Ich spürte die Wut im Bauch, als ich das Mädchen morgens an der Hand unserer Lehrerin ankommen sah. Hatte Madame Franz ihr Haar gekämmt? Hatte sie ihr das Frühstück zubereitet? War sie an ihr Bett gegangen, um ihr einen Gutenachtkuss zu geben? Hat sie ihr mit ihrer sanften Stimme eine Geschichte vorgelesen? Eine Geschichte für sie ganz allein? Madame Franz hat diese Ungerechtigkeit nie bemerkt. Sie hatte andere Sorgen. Ihr ältester Sohn hatte sich die Haare wachsen lassen und war auf die «Schanzen» in Paris gestiegen, wie Madame Franz die Barrikaden im Quartier Latin nannte. Ich wollte wissen, welches Lager meine Lehrerin gewählt hatte, das der Bürgerlichen oder das der Verfechter für mehr Gerechtigkeit? «Ich bin für diejenigen, die keine Gewalt säen», sagte Madame Franz mit erschrecktem Stimmchen. Die halbherzige Antwort vermochte mich nicht zu befriedigen. Nachdem sich draußen die Pflastersteine wieder beruhigt hatten, drehte das Laubblatt weiter seine monotonen Runden in unseren Diktaten.

Aber wie hat Madame Franz es geschafft, die großen Umwälzungen Ende der sechziger Jahre so ungerührt an sich vorüberziehen zu lassen? Brach ihre Welt nicht jeden Morgen ein bisschen mehr zusammen? Sie fuhr doch mit ihrem Fahrrad an den Prozessionen wütender Studenten und Arbeiter vorbei und roch das Marihuana auf dem kleinen Weg entlang der Ill. Gleichberechtigung der Geschlechter? Aufteilung der Hausarbeit? Sie wich meiner Frage aus: «Ich hatte anderes zu tun. Meine Familie, meine Hausarbeit, den Unterricht vorbereiten. Jeder seine Aufgabe. Zu meiner Zeit haben die Männer nicht viel gemacht.» Sie lachte. Ein kleines, nicht ganz echtes Lachen, das ihr im Hals stecken blieb. «Ich weiß nicht, wie ich es geschafft habe. Ich wollte keine Putzfrau. Ich habe zugenommen. Ich stand unter großem Stress. Ich habe viel geweint. War völlig überarbeitet. Ich bekam Migräne und konnte mich nicht ausruhen.» Wir, ihre Schüler, haben nie etwas davon gemerkt. Sie hätte ihren Beruf gerne noch weiter ausgeübt. Aber sie konnte nicht mehr gehen. Mit fünfundfünfzig ging sie in Rente.

Je mehr Madame Franz mir von ihrem Alltag erzählte, umso unwohler wurde mir. Doch sie ermutigte mich, Fragen zu stellen, und ich steckte meine Nase in all die Ecken und Winkel, zu denen ich als Kind keinen Zugang hatte. Ich war neugierig, und sie war glücklich, ihr Leben vor meinen Augen abzurollen. Ihr Mann lebte wieder auf, ihr Familienalltag, ihre guten Jahre. «Ich konnte sehen, dass ich meinen Mann glücklich machte und unsere Kinder an uns hingen. Das ist doch, was zählt.» Ihr hingebungsvolles Leben war so tugendhaft wie der Text, den sie in mein Album schrieb. Aber ich wollte meinen Erinnerungen auch nicht ihren Glanz nehmen. Hätte ich mir gewünscht, sie wäre wagemutiger gewesen? Mehr wie die Frauen, denen ich später einmal gleichen wollte? Ich hatte Angst, sie zu ermüden, und fragte immer wieder: «Wird es Ihnen nicht zu viel, Madame Franz? Ich kann an einem anderen Tag wiederkommen.» Aber sie lachte: «Aber nein, meine Liebe, bleiben Sie, bleiben Sie so lange wie möglich.» Wir plauderten, bis es dunkel wurde. «Ich habe mir solche Sorgen um euch alle gemacht», gestand sie mir, als sie mich zur Tür begleitete. «Was sollte nur aus meinen Kinderchen werden? Ich konnte so wenig für euch tun.»

16

Keine Wellen
schlagen

Zur Zeit der Saint-Madeleine-Schule wollte ich Thierry la Fronde sein, der französische Robin Hood aus der Fernsehserie. Er ist ein geächteter Ritter, und er will dem guten König Jean II., der in England gefangen gehalten wird, den Thron von Frankreich zurückgeben. Ich verpasse keine Folge. Am Heiligabend zögere ich lieber die Bescherung hinaus, als Thierry la Fronde zu verpassen. Ich ziehe ihn Zorro vor. Thierry ist schön in seiner eng anliegenden Strumpfhose und mit der Medaille auf der haarlosen Brust. Er ist groß, mutig, großzügig und sehr gewandt. Er hat eine Verlobte. Ihr Name ist Isabelle. Sie sieht sanft aus unter ihrer weißen Mütze. Sie sagt fast nichts. Sie hat große, verliebte Augen. Ich beneide sie sehr. Wegen Thierry la Fronde. Aber ich will nicht so sein wie sie. Sie ist ein Vorzeigepüppchen. Es sind die Männer, die ich bewundere. Diejenigen, die in den Filmen das Unrecht wiedergutmachen und zu Hause am Abfluss herumtüfteln, wenn das Waschbecken verstopft ist.

Wenn meine Schulkameradinnen zu Besuch kommen, sitzen wir ganze Tage lang in dem alten Eichenschrank in meinem Zimmer. Ein Möbelstück wie eine Grotte, das seit

Jahrzehnten an der Wand lehnt. Es würde auseinanderfallen, wenn es verschoben würde. Der Vormieter hat sich
nicht getraut, es beim Umzug mitzunehmen. Also hat er
es dagelassen, und nun nimmt es einen großen Teil des
Raumes ein. Er ist unsere Höhle. Wir haben es mit Kissen
und Decken ausgekleidet. Wir bringen unseren Vorrat an
Keksen, eine Wasserflasche, eine Taschenlampe und einen
Plattenspieler, den mein Vater «Pickup» nennt, so wie er
das Wohnzimmer «Living» und den Kleiderschrank «Dres-
sing» nennt. Abgesehen davon spricht er kein Englisch. Im
Dunkeln lauschen wir auf dicken Vinylschallplatten mit
$33\frac{1}{3}$-Umdrehungen den Abenteuern von Thierry la Fronde.
Wir hören sie uns Dutzende Male an. Noch heute kenne
ich die Dialoge auswendig, die Intonation der Stimmen,
die genaue Stelle, an der eine Pause eintritt. Ich sehe das
mittelalterliche Dorf. Die finster blickenden Engländer.
Thierry und seine Gefährten kriechen durch das Unterholz
des Sologne-Waldes. Und Isabelle schmeichelt Thierry mit
ihren großen Rehaugen, engelsgleich. Ihr Liebe ist natürlich
platonisch. Abends im Bett schlüpfe ich in Isabelles Haut.
Ich lächle, mache einen Kussmund und stelle mir vor, dass
Thierry sich über mich beugt. Doch Isabelle und Thierry
küssen sich nur ein einziges Mal auf den Mund. Ganz am
Schluss. Zweiundfünfzig Episoden lang muss man auf ein
paar Sekunden eines steifen Kusses warten. Und dann
kommt der Abspann.

Ich dachte immer, ich sei so erzogen worden, dass ich
den Jungs vollkommen gleichgestellt war. Judo, Klettern,
kurze Haare, Studium, Reisen, totale Freiheit, ermutigte
Sexualität und die Pille ab dem Teenageralter, die Freiheit,
mein Leben selbst zu gestalten, nicht zu heiraten, mit einem Freund zusammenzuleben, einen Beruf auszuüben
und Ambitionen zu haben, erst spät und wann ich es für

richtig hielt, Kinder zu bekommen. Meine Eltern haben nie einen Unterschied zwischen meinem Bruder und mir gemacht. Sie haben nie meinen Elan gebrochen oder den leisesten Druck ausgeübt. Deshalb habe ich die Gleichberechtigung zwischen Mann und Frau lange nicht in Frage gestellt. Sie war ein für alle Mal erreicht. Aber sicher.

Wir sind um den großen Tisch mit provenzalischer Decke in Roselines Wohnküche versammelt, die uns an einem Januarsonntag zu sich eingeladen hat. Sie trägt Pantoffeln, schließlich empfängt sie zu Hause. Der Pool hinter dem Erkerfenster liegt unter Schnee begraben. Seine Umrisse sind kaum zu erkennen. Die Verlegenheit unseres ersten Treffens, als sich niemand so recht zu sprechen traute, ist verflogen.

Feministinnen, wir? Wir sind eine Generation, die sich schwertut mit diesem Etikett. Zu radikal, zu extremistisch, zu fordernd. Altmodisch. Martine ist skeptisch, weil es die Männer zu sehr stigmatisiert. Sie hat Männer gesehen, die von ihren Frauen geschlagen wurden, «da macht man es sich etwas einfach, das Banner des Feminismus vor sich herzutragen».

Catherine glaubt eher an die Erziehung, um die Denkweisen voranzubringen. Sie denkt, dass sich die Gleichberechtigung zwischen Männern und Frauen, wenn man mit der Aufgabenteilung groß geworden ist, von selbst versteht. Ihr Mann flickt und näht. Sie verwaltet das Budget und entscheidet über die Ausgaben. Es liegt an den Eltern zu zeigen, dass ein Junge tanzen und mit Puppen spielen, ein Mädchen auf Motorräder stehen (wie sie) und zu Weihnachten ein ferngesteuertes Auto bekommen kann.

Roselines Mann zahlt die Hypotheken für das Haus, weil er mehr verdient. Sie kümmert sich um die Lebenshaltungskosten. Wenn sie am Samstagabend essen gehen, um sich in Ruhe zu unterhalten, zahlen sie die Rechnung abwechselnd.

Jeannines Mann erledigt einen Großteil der Hausarbeit und putzt die Scheiben. Der Staubsauger und der Mopp sind seine Utensilien. Aber die Küche ist die Domäne von Jeannine.

Françoise glaubt nicht wirklich an die feministische Revolution: «In der Kantine der Post sind die Männer die Köche und die Frauen putzen und machen den Abwasch. Hinter den Töpfen stehen sie erst abends, wenn sie nach Hause kommen. Ihr seht, es hat sich nicht viel getan. In der Schule sind die Mädchen besser als die Jungs. Was sie später ausbremst, ist das Familienleben neben der Arbeit. Man muss schon sehr geschickt sein, um all diese Leben unter einen Hut zu bringen. Männer haben nicht diese verschiedenen Rollen zu spielen. Und wenn Frauen sich ein bisschen um ihre eigenen Interessen kümmern, wirft man ihnen sofort Egoismus vor.» Martine stimmt zu: «Aus einem so starken Schema brichst du nicht so leicht aus. Machen wir uns nichts vor. Heute arbeiten alle Frauen, aber die Aufgabenteilung liegt noch in weiter Ferne. Genauso wie die Einkommensgleichheit.»

Wenn ich heute dem Raunen lausche, das unser Poesiealbum um unsere Kindheit verbreitete, sage ich mir, dass wir einen ziemlich weiten Weg zurückgelegt haben. Keine von uns ist zu einer dieser unscheinbaren Frauen geworden, die in unseren Alben gepriesen werden. Dieses auf den ersten Blick harmlose Büchlein trägt allem Anschein zum Trotz die Spuren der seit fünfzig Jahren ausgefochtenen Kämpfe, der Errungenschaften und Rechte, die – wie wir alle befürchten – heute wieder in Frage gestellt werden könnten.

Die Frau meines Poesiealbums gleicht Isabelle. Sie ist ein Miniaturwesen, ein winziges Ding, ja, die Vertreterin des Geschlechts, das als «schwach» bezeichnet wird: *klein, süß, rein, bescheiden, gut, sanft, niedlich, diskret, hilfsbereit, brav, nett, fleißig,* manchmal sogar *fromm* ... Mit diesen Adjektiven werden wir in unseren Poesiealben dargestellt. «Der kleinen, manchmal etwas spitzbübischen Pascale», schreibt eine meiner Lehrerinnen. Spitzbübisch, das ist der Gipfel der Aufmüpfigkeit. Die Wörter stolz, mutig, kämpferisch, ehrgeizig oder durchsetzungsfähig kommen in den konventionellen Texten meines Albums nie vor. Ebenso wenig wie draufgängerisch oder wortgewandt. Die sind für Jungs reserviert. Für Thierry la Fronde.

Wir sind Blumenfrauen: ein Vergissmeinnicht, das keinen anderen Anspruch hat als lebenslange Treue, ein Veilchen, das sich im Moos verkriecht, oder gar eine Margerite, «einfach und rein, aus einer Träne Jesu geboren». Auf keinen Fall eine Rose, die zu stolz auf ihre Schönheit, ihrer selbst zu sicher ist. Einer der berühmtesten Poesiealbumsprüche lautet:

Sei wie das Veilchen im Moose,
sittsam, bescheiden und rein
und nicht wie die stolze Rose,
die immer bewundert sein will.

Mit solchen Direktiven wurden wir in den stürmischen Fluss des Lebens geworfen. Und haben die Mädchen meines Poesiealbums nicht im Übrigen, ohne es zu merken, bestimmte Rollen übernommen, die ihnen zugedacht waren? Sie sind Schwesternhelferinnen, Kindergartenhelferinnen, Sekretärinnen, Lehrerinnen geworden, Berufe, in denen man sich für andere einsetzt, Berufe für Frauen. Giacomina ist die

Einzige, die einen Männerjob macht. Und man muss sehen, wie sie die Architekten in die Schranken weist, wenn sie das Gefühl hat, dass sie von oben herab behandelt wird, weil sie eine Frau ist. Der Konflikt liegt schon einige Jahre zurück, aber die Wut bebt noch in ihrer Stimme: «Einmal hat einer versucht, mich wegen eines Schwimmbads über den Tisch zu ziehen. Ich wehrte mich. ‹Sie sind ja verklemmt›, sagte er. ‹Nein, Monsieur, ich bin sogar ziemlich entspannt.› In meinen Augen stand geschrieben: Erbärmlicher Dummkopf. Ich habe ihn drei Monate lang hingehalten, er hatte seinen Pool nicht zu Weihnachten. Ich sagte zu ihm: ‹Monsieur, im Winter geht man in den Schnee.›» Es ist kein Zufall, dass ihr Vater von ihr sagte, sie sei der beste seiner Söhne. Valérie und ich haben geschlechtsneutrale Berufe gewählt. Valérie ist Bühnenbildnerin und ich Journalistin. Aber einen Thierry la Fronde gibt es nicht unter uns.

«Ein heimtückisches Ding», sagt Martine über unser Poesiealbum. «Es kommt so lammfromm daher, aber es ist gefährlich. Es reflektiert die ganze Unterwürfigkeit, die von den Mädchen gefordert wurde. Ich frage mich, ob wir nicht unbewusst so einiges übernommen haben.» Jeannine fängt an, die in unserer Kindheit erhaltenen Befehle aufzuzählen: «Schlag keine Wellen, wiederholte man uns von morgens bis abends.» Sei nicht zu laut! Widersprich nicht! Stör nicht! Fall nicht auf! Komm mal ein bisschen runter! Bei jedem neuen Fund schrien wir entsetzt auf. «Bei den elsässischen Frauen hieß es früher, man müsse ‹bràv› sein», übersetzt Pascale L. «Im Grunde genommen: schön sein und den Mund halten», resümiert Roseline. «Mit anderen Worten: Klappe halten!», sagt Françoise, die die Dinge gerne beim Namen nennt. «Bei uns war es jedenfalls nicht angeraten, aufmüpfig zu sein. Eine geschiedene Frau hielt sich besser still. Meine Mutter hat sich so geschämt. Wenn wir zu Besuch waren, saßen meine Schwester und ich schweigend auf dem Sofa. Wir durften uns nicht ins Gespräch der Erwachsenen einmischen.» Wenn Françoise heute ihre Mutter im Pflegeheim besucht, bekommt sie oft eine Bemerkung über ihr extravagantes Outfit zu hören. «Meine Mutter möchte, dass ich einen marineblauen Rock und ein Blüschen mit Bubikopfkragen trage, bis zum Hals zugeknöpft. Pech gehabt!», sagt sie und reckt ihre Brust in der knallroten Bluse. «Seisch nix!» Sag nichts, fleht ihre Mutter, als Françoise sich beim Koch des Heims beschweren will. «Die Mahlzeiten sind eine Katastrophe. Geräucherte Schweineschulter mit Linsen zu Mittag und Cassoulet mit Parmesan zu Abend. Auf vierzehn Mahlzeiten kommt zehnmal Schwein. Logisch, es ist das billigste Fleisch. Egal, ob meine Mutter erbrechen muss, sie befiehlt mir, den Mund zu halten.» Ihre Mutter gehört der stillen Generation an. Derjenigen, die hart arbeitet und keine Forderungen stellt.

Im Übrigen zog die Sainte-Madeleine-Schule am selben Strang. Wir bekamen Punkte, und wenn man zehn Punkte hatte, ein Bildchen, falls wir anständig waren. Das «Betragen» wurde genauso benotet wie Fleiß, Diktat, Aufsagen, Singen und Handarbeit. Die Unterwürfigkeit springt einem auf dem Klassenfoto ins Auge. Niedliche, gehorsame Püppchen, die nie frech antworteten, keine Schimpfwörter benutzten, sich nicht schmutzig machten, immer die schöne Hand gaben, um guten Tag zu sagen, die Zauberworte danke und bitte nicht vergaßen, sich ganz klein machten, um die Erwachsenen nicht zu stören. Wenn wir unruhig waren, schickten uns die Lehrerinnen in die Ecke. Und wenn wir überheblich zu werden drohten, wurde uns rasch der Mund gestopft. Im Zeugnis lobten die Lehrer selten, ohne eine Ermahnung mitzuliefern. «Pascale ist intelligent und strebsam, aber oft geistesabwesend.» «Pascale ist eine seriöse und fleißige Schülerin, aber sie träumt oft ...» Ich würde zu gerne wissen, wohin mich diese drei Punkte führen sollten.

Wir listeten gemeinsam die Ermahnungen auf, die wir so oft gehört hatten: «Stell dich nicht in den Mittelpunkt! Tanz nicht aus der Reihe! Sei hilfsbereit! Widersprich nicht! Neugier ist eine schlechte Eigenschaft! Hör auf, dich interessant zu machen!» «Hör auf, dich interessant zu machen! Lasst euch das mal im Mund zergehen!» Françoise unterbricht diesen Wasserfall. «Es ist doch ein echtes Plus, interessant zu sein. Wer will sich schon in den Schatten verkriechen wie ein Veilchen im Moos, wenn er im Licht strahlen kann wie eine Rose, die stolz auf ihre Leuchtkraft ist? Uns wurde zwar kein Kopftuch aufgezwungen, aber es läuft auf dasselbe hinaus.» Françoise schenkt uns Wein nach. Wir stoßen an. Die Teufelinnen freuen sich, ihren Poesiealben ein Schnippchen geschlagen zu haben.

Pascale W. erinnert sich, dass sie ein Musterkind gewesen war. Ihr Vater brauchte nur ein wenig seine Stimme zu erheben, und schon spurte sie. Immer sauber, am Sonntag immer weiße Socken. Am Montag drehte sie sie um, damit sie noch ein paar Tage herhielten. Nie eine Dummheit, niemals in Pfützen springen, dass es spritzte, niemals auf Bäume klettern. Auch Roseline sagte besser kein falsches Wort, «sonst gab es rechts und links um die Ohren». Sie ahmte die raue Hand ihres Vaters nach, der sie auf die rechte Wange schlug, dann ausholte für die linke. «Diskutieren war nicht bei uns. Besser, ich war zu Hause, wenn das Münster halb schlug.» Wenn ihr Vater sie mit seinem strengen Blick ansah, parierte auch Jeannine. Ihr Vater hatte Indochina hinter sich, zwei Jahre als Freiwilliger. Am Sonntagmorgen weckte er seine Kinder, indem er das Horn imitierte. Jeannine hört es immer noch. «Er war kein Vater zum Kuscheln.

Wir kletterten nie auf seinen Schoß. Er verkörperte die Autorität, aber Liebesbekundungen gab es keine. So was gab es nicht damals.» Wenn er morgens in die Werkstatt ging, machte Jeannines Vater beim Trödler halt. Er brachte seinen Kindern oft eine Kleinigkeit mit, die meistens daneben war. Jeannine erinnert sich an Gummistiefel, die ein bisschen zu eng waren, die sie aber anzog, um ihm eine Freude zu machen. Sie hatten ein Boa-Muster, und Jeannine hatte schreckliche Angst vor Schlangen. Sie bedankte sich trotzdem mit einem artigen Lächeln, «Danke, Papa».

Damals galt Schüchternheit bei Frauen noch als Tugend. Die Augen senken, wenn man angesprochen wird, nicht widersprechen, wenn man nicht einverstanden ist. Jeannine und Roseline geben zu, dass sie schüchtern waren, aber so schüchtern, dass sie bis zu den Ohrspitzen rot anliefen, dass sie über jedes Wort stolperten, dass sie in ein anderes Zimmer flüchteten, wenn Besuch kam, dass sie sich nie trauten, im Unterricht den Finger zu heben, obwohl sie die Antwort wussten. «So was muss man erst einmal loswerden», sagt Françoise. «Es ist kein Wunder, dass Frauen oft das Gefühl haben, nicht zu genügen, dass sie Angst haben, es nicht zu schaffen, so perfektionistisch sind. Wie lange habe ich gebraucht, um mich etwas zu trauen im Leben! Während Männer durchstarten, haben wir Angst, Wellen zu schlagen.» Ob Frauen ehrgeizig sein durften, wollte ich wissen. «Ehrgeiz», sagt Roseline, «ist bei Frauen unserer Generation verpönt. Bei einer Frau, die beruflich weiterkommen will, heißt es gleich, sie sei karrieregeil, sie gehe über Leichen, um ihre Ziele zu erreichen, sie vernachlässige ihre Kinder und ihren Haushalt und stelle obendrein auch noch die Männer in den Schatten. Eine ehrgeizige Frau ist eine Bedrohung.»

Jeannine denkt, dass dies der Grund ist, warum die Metoo-Debatte erst so spät ausgebrochen ist. Weil man uns beigebracht hat, keine Wellen zu schlagen, haben wir alle eine unauffällige Aggression, eine «unangemessene Geste», eine «kränkende Bemerkung» wortlos eingesteckt. Françoise kann es noch immer nicht fassen. «Wir wären nie auf die Idee gekommen, gegen die sexistischen Witze zu protestieren, auch wenn sie uns noch so sehr verletzten. Wir hätten niemals einen Chef mit Grabschhänden zum Teufel gejagt, einen Kerl auf der Straße in die Schranken gewiesen, der uns hinterherpfiff, von der Gewalt hinter den zugezogenen Vorhängen in den vorbildlichen Haushalten ganz zu schweigen. Die Frauen haben in harten Ehen ausgeharrt. Wir haben es vorgezogen, das alles unter den Teppich zu kehren und weiterzulächeln. So sind wir dressiert worden.»

Als der Leiter des Supermarktes, in dem Catherine im Sommer als Kassiererin jobbte, sie in einem kleinen fensterlosen Raum an die Wand drückte und zu küssen versuchte, war ihr erster Reflex, sich zu schämen, «diese unbegreifliche Scham, von der alle Frauen sprechen, die belästigt oder, schlimmer noch, vergewaltigt worden sind». Aber wofür schämen? Schuld an dem zu sein, was ihr passiert ist? Am nächsten Tag trat der Leiter sie in der Kantine unter dem Tisch mit dem Fuß und zwinkerte ihr zu. Catherine war neunzehn und konnte nachts nicht mehr schlafen. Von einem Tag auf den anderen schaute die Buchhaltungsleiterin sie feindselig an. Sie wusste Bescheid, Catherine war sich sicher. «Aber bestimmt dachte sie, ich sei die Schlampe in der Geschichte. Die Frauen haben ebenfalls noch einiges zu lernen.» Catherine sprach schließlich mit ihren Eltern, die ihr zur Kündigung rieten. Sie waren es, die den Scheck ihrer Tochter im Büro des Chefs abholten. Am Ende hatte Catherine nur zehn Tage statt der sechs Wochen gearbeitet, die ihren Urlaub am Meer finanzieren sollten. Catherine ist erleichtert, dass ihre Töchter sich endlich trauen, ihre Meinung zu sagen, «sie sind entschlossen und wirken einschüchternd auf all diese Sexbesessenen.»

Jeannine denkt, dass sie dieses Modell hinter sich gelassen hat, dass man sich den Eltern gegenüber behaupten muss, um zu lernen, wie man sich im Leben wehrt. Jeannine hatte darauf geachtet, das Schema bei ihrer Tochter nicht zu reproduzieren. «Ich habe ihr gesagt, dass man nicht alles akzeptieren kann. Ich habe ihr beigebracht, zu argumentieren, sich zu verteidigen. Was dich nicht umbringt, macht dich stärker.» Jeannine versucht, so wenig wie möglich in die Erziehung ihrer Enkelinnen einzugreifen. Aber manchmal, wenn die Kleinen meckern und sich den Erwachsenen widersetzen, sagt sie ihrer Tochter, sie soll sie machen lassen, dass sie ein bisschen Temperament brauchen.

Ja, die Dinge haben sich geändert. Roseline ist voller Bewunderung: «Wenn ich sehe, was heute von den Mädchen in der Schule verlangt wird. Sagt eure Meinung! Drückt euch aus! Argumentiert! Ihr müsst nicht mit allem einverstanden sein! Sie müssen kritisches Denken lernen und mitreden. Ich wäre den ganzen Tag knallrot gewesen bei einer solchen Methode. Heute wird Schüchternheit beinahe als Krankheit angesehen. Damals war es ein weibliches Attribut, ein Zeichen von Demut.» Roseline hat lange gebraucht, bis sie in der Öffentlichkeit das Wort zu ergreifen wagte. Sie weiß nicht, ob sie sich trauen würde, eine Gehaltserhöhung zu verlangen. Zum Glück sind die Löhne in der Einrichtung, in der sie arbeitet, durch einen Tarifvertrag geregelt. Erhöhungen erfolgen automatisch. Als der Chef ihr eines Tages anbot, die Leitung einer Abteilung zu übernehmen, fiel sie aus allen Wolken. «Ich wäre nie auf die Idee kommen, darum zu bitten. Mein großes Problem ist das Selbstvertrauen. Das kommt von der Erziehung, völlig klar. Alles bleibt in unseren Zellen abgespeichert.»

Trauen wir uns also, dieses Adjektiv zu benutzen, das in unseren Poesiealben den Frauen nie zugeschrieben wird. Was ist für euch eine starke Frau? Sie haben alle dieselbe Definition. Die Frauen, die sie bewundern, sind jene Heldinnen, die das tägliche Karussell von Arbeit-Familie-Beziehung in Gang halten, ohne von Männern abhängig zu sein. Die kämpfen, nicht kapitulieren, die weitermachen. Sie greifen zu kriegerischen Worten. Das Leben einer Frau gleicht einem riesigen Schlachtfeld. Anne-Marie und Martine haben nur ein Vorbild vor Augen: ihre Mutter. Anne-Marie, weil diese einfache Frau, die ihre Familie verlassen hatte, um in einem grauen Land zu leben, dessen Sprache sie nicht einmal sprach, sich nie bei ihren Kindern beschwerte. Martine, weil ihre Mutter jeden Tag «in den Bau ging». «Meine Mama», sagt sie, «war allein und hat von A bis Z alles selbst geregelt. Mein Vater lebte sein Leben außerhalb dieser lauten Wohnung. Es war in der Tat besser für uns, wenn er sich nicht zu sehr einmischte. Es wäre nicht gut herausgekommen. Jedenfalls wird im Matriarchat nicht delegiert. Eine starke Frau muss durchhalten, was immer geschieht.» Catherine zögert. «Ich weiß nicht. Ich hatte immer gedacht, meine Mutter sei das Nonplusultra auf diesem Gebiet: immer verfügbar, gute Schülerin, hingebungsvolle Tochter, fürsorgliche Schwester, liebende und leidenschaftliche Ehefrau, eine präsente und selbstbewusste Mutter, Marmeladenoma, hilfsbereite Nachbarin. Und dann brach plötzlich alles zusammen, als sie vor zwanzig Jahren in eine Depression fiel. Sie hatte vergessen, an sich selbst zu denken und ihr eigenes Leben zu leben. Was also ist eine starke Frau? Vielleicht eine, die es versteht, ihren

Willen durchzusetzen, ohne immer allen gefallen zu wollen, aber auch, ohne dabei die Menschen in ihrem Umfeld zu opfern. Gibt es sie überhaupt?»

Welche berühmten Frauen bewundern sie? Simone Veil, eine ehemalige Auschwitz-Deportierte, die erste Gesundheitsministerin von Valery Giscard d'Estaing und die erste Präsidentin des Europäischen Parlaments, findet allgemeine Zustimmung. Alle nennen sie als Erste, weil sie «gegen den Widerstand der männlich dominierten Nationalversammlung das Recht auf Abtreibung durchgesetzt hat» (Martine), weil «sie das Grauen erlebt hat und trotzdem viel für den Frieden getan hat» (Françoise), weil «die Konzentrationslager keine Kleinigkeit waren» (Myriam). Auch die Namen Marie Curie, Françoise Giroud fallen, «wegen ihrer Intelligenz» (Martine), Angela Merkel, weil sie «einfach geblieben ist, diese bescheidene kleine Frau aus Ostdeutschland. Natürlich entspricht ihre Kleidung nicht ganz dem, was man von einem Staatsoberhaupt erwarten würde» (Jeannine), Mutter Teresa, «es ist nicht jedem gegeben, sich um andere zu kümmern und sich selbst zu vergessen» (Myriam), die erste Pilotin der Lufthansa, sagt Martine, die Pionierinnen mag. Anne-Marie bewundert Michelle Obama. «Sie hatte die gleichen Probleme wie meine Mutter, nur noch schlimmer, weil sie schwarz ist. Sie hilft Kindern aus armen Stadtvierteln, in der Schule zu bleiben, nicht aufzugeben und später zu studieren.»

17

Null und
nichtig

Alle rund um den Tisch sind sich einig. Wenn es etwas gibt, über das wir nicht mit uns reden lassen, dann ist es die finanzielle Unabhängigkeit der Frauen. Françoise äußert sich als Erste. Sie ist die eifrigste Aktivistin von uns allen, und sie mag die großen Worte, ihre Noblesse, ihre Durchschlagskraft, wenn sie sie zwischen Möhrensalat und Quiche auf den Tisch schmettert. «Ich fordere meine Rechte als Frau ein. Ja, wir müssen den Männern gleichgestellt werden. Chancengleichheit bei der Arbeit! Dasselbe Gehalt. Ich werde doch keinen Kerl fragen, ob ich mir ein Paar Latschen kaufen darf. Auch wenn sich die Männer gerne von uns gebraucht fühlen, ich will von niemandem abhängig sein.»

Wir alle haben die kleinen Diebereien unserer Mütter mitbekommen. Um ein bisschen eigenes Geld zu haben, zweigten sie gelegentlich ein paar Francs vom Haushaltsgeld ab. Sie vergaßen, das Wechselgeld in die Blechdose, den Safe der Armen, zurückzutun, die für die laufenden Ausgaben bestimmt war. Sie legten sich heimlich eine Reserve für kleine Extras an. Meine Mutter kaufte ein Steak weniger, damit sie auf dem Heimweg zum Blumenladen gehen konnte. Es stand immer ein Strauß auf dem Kamin. Wir waren fassungslos, als Roseline uns daran erinnerte, dass Frauen in Frankreich bis 1965 die Erlaubnis ihres Mannes brauchten, um arbeiten zu dürfen, einen Lohn zu bekommen, ein Bankkonto auf ihren Namen zu eröffnen oder ein Scheckheft zu besitzen. Die deutschen Frauen waren einerseits schneller: Sie durften ab 1958 ein Bankkonto eröffnen und ihr eigenes Geld verwalten, ohne jemanden um seine Meinung fragen zu müssen. Und andererseits waren sie sehr spät dran: Ehemänner durften sich in Westdeutschland der Berufstätigkeit ihrer Frauen, wenn sie der Meinung waren, dass diese dadurch gezwungen waren, «ihre Pflichten als Ehefrau und Mutter zu vernachlässigen», erst ab 1977 nicht mehr widersetzen. Damit beschäftigt, unser Leben und unsere Karriere aufzubauen, hatten wir das völlig vergessen. Es erscheint uns so grotesk. «Es war eine Art, sie einzusperren», sagt Françoise. «Wenn du gezwungen bist, deinen Mann zu fragen, bedeutet das, dass er die Macht hat, mit dir machen kann, was er will.»

«Und hört euch mal das an, man glaubt zu träumen», sagt Roseline, der es Spaß macht, die Entfremdung der Frauen in all ihrer Pracht zu zeigen. «Im Jahr 1975 – ihr habt richtig gehört: 1975! – schafft ein Gesetz das Recht des Ehemannes ab, die Korrespondenz seiner Frau zu kontrollieren. Für unsere Mütter haben sich die Mentalitäten nur im Schneckentempo geändert. Welch langer Weg, und wie viel Glück wir doch haben!»

Ein sonntägliches Mittagessen in einem elsässischen Dorf verwandelt sich in ein Suffragettentreffen. Gemeinsam erstellen wir den Katalog der kleinen Verbote, die man unseren Müttern auferlegt hat. Es gab so viele. Manche wurden auch uns noch beigebracht. Bei jedem neuen Einwurf ein entsetzter Aufschrei: Eine Frau erscheint nicht in Hosen zur Arbeit. Beim Sitzen presst man die Oberschenkel zusammen, am besten überschlägt man die Beine. Eine Frau trägt Strümpfe, sie geht nie ohne aus dem Haus, auch nicht im August. Eine Frau watschelt nicht wie eine Ente, sie geht aber auch nicht mit ausholenden, energischen Schritten wie ein Mann, auch nicht, wenn sie es eilig hat. Eine Frau trinkt kein Bier, das ist vulgär. Höchstens ein Gläschen Wein an Festtagen, ein bisschen beschwipst darf sie sein, ja, aber nicht blau. Eine Frau spricht einen Mann im Bus nicht an, sie steht nicht auf, wenn ein Mann sie begrüßt, im Restaurant setzt sie den Hut nicht ab, auch nicht die Wollmütze, auch nicht, wenn auf ihrer Stirn der Schweiß perlt. Eine Frau ist hübsch, schlank und enthaart. Eine Frau schläft nicht in fremden Betten. Warum auch, wenn sie sowieso keine Lust empfinden soll? Wenn ein Mann «was zur Abwechslung sucht», heißt es, er hat ein feuriges Temperament. Wenn eine Frau ihren Mann betrügt, wird sie als Hure bezeichnet.

Eine Frau streckt die Brust heraus und zieht den Bauch ein. In der Sainte-Madeleine-Schule bringt man uns frauengerechte Haltungen bei: die Arme über dem Bauch verschränkt, sodass wir ganz verschrumpelt dasitzen. Oder die Hände auf dem Rücken, die Schultern gesenkt, den Oberkörper vorgeworfen, damit wir ein schönes Dekolleté formen, sagen unsere Lehrerinnen. Es ist verboten, mit dem Bleistift zu spielen oder mit den Fingerspitzen aufs Pult zu klopfen. Wir sind von unseren eigenen Gliedern gefesselt, zur Untätigkeit verurteilt. Wir üben Selbstkontrolle. Eine Reihe von absurden Regeln, über die wir heute lachen. «Fehlten nur noch das Korsett und der Keuschheitsgürtel», die kleine Provokation lässt Françoise sich nicht nehmen.

In den sechziger Jahren führte das Wirtschaftswachstum zu einer Explosion im Dienstleistungssektor, und es entstanden viele Arbeitsplätze für Frauen. Die meisten unserer Mütter arbeiteten nicht oder nicht genug, um selbst für sich aufzukommen. Mit Ausnahme von Françoises Mutter, die als Einzige geschieden war und keine Wahl hatte. Die Mutter von Pascale L. hat zwar ihrem Mann im Rathaus ausgeholfen, aber natürlich schwarz und also ohne Beitrag zur Rentenkasse. Bevor Roseline geboren wurde, hatte ihre Mutter als Sekretärin bei einer Versicherungsgesellschaft in Straßburg gearbeitet. Danach kassierte sie gelegentlich bei ehemaligen Kunden die Beiträge ein. Die Versicherungsgesellschaften schickten damals ihre Mitarbeiter zu ihren Kunden nach Hause, um sicherzustellen, dass bezahlt wurde. Roselines Mutter erhielt einen kleinen Prozentanteil des eingetriebenen Geldes. Aber nach einer Weile wurde dieses Verfahren zu kostspielig, und das Unternehmen stellte es ein. Roseline erinnert sich, dass ihre Mutter so lange wie möglich an dieser Tätigkeit festhielt, da es für sie eine Möglichkeit war, aus dem Haus zu kommen und Leute zu sehen.

Catherines Mutter hatte bis zur Geburt ihres dritten Kindes eine Vollzeitstelle als Sekretärin. Danach betreute sie ein Kind bei sich zu Hause. Später arbeitete sie wieder als Sekretärin, bis sie in den Ruhestand ging. «Meine Eltern haben beide gearbeitet, weil sie hofften, gemeinsam unsere Lebensbedingungen verbessern zu können. Keiner von beiden wollte im sozialen Determinismus stecken bleiben. Wir hatten viele Bücher zu Hause. Am Tisch wurde diskutiert. Ich wurde arm, aber dank meiner Eltern frei geboren. Sie hatten einen gemeinsamen Traum: ein eigenes Häuschen. In dem Jahr, in dem ich achtzehn wurde, bauten sie ein Einfamilienhaus auf dem Land, und ein paar Jahre später kam der Pool dazu. Die große Stärke meiner Eltern war, dass sie sich liebten und ein sehr modernes Paar waren. Das hat mein Frauenbild geprägt. Ich bin stolz auf meine Mutter.»

Das letzte Kind von Catherines Großmutter kam fast gleichzeitig mit Catherines kleiner Schwester zur Welt. «Es war die Großmutter, die völlig an die damalige Gesellschaft angepasst war. Meine Mutter hatte diese Zwänge bereits durchbrochen.» Bei Tisch gab Catherines Großmutter ihrem Mann stets das größte Stück Fleisch. Er war derjenige, der das Geld nach Hause brachte. Ihre Söhne legten die Kaninchenknochen auf den Teller ihrer Mutter. Sie nagte an den Resten. Catherine kann es bis heute nicht fassen: «Im Prinzip gaben sie ihrer Mutter den Abfall. Sie stand ihnen völlig zu Diensten. Erst bediente sie die Männer und danach die Frauen. Niemand sah darin eine Art von Diskriminierung. Das war die Ordnung der Dinge. Der Mann des Hauses musste verwöhnt werden, für sie, für ihre eigene Existenz, war kein Platz. Die Großmutter wurde *D'r Mutter* genannt. Sogar ihr Mann nannte sie so.»

Catherines Großmutter fing erst spät, erst nach dem Tod ihres Mannes, an zu leben. Da war sie siebzig. Diese fröhliche Witwe entdeckte eine Leidenschaft für *Mensch ärgere dich nicht* und versammelte regelmäßig ihre Freundinnen zum Nachmittagskaffee. «Sie entdeckte die angenehmen Seiten des Lebens, zu Weihnachten buk sie Plätzchen, die sie verschenkte. Sie hatte nur wenig Geld, aber sie sparte das ganze Jahr über für die Schokolade und die Butter. Sie kam gerne zu uns nach Hause. Meine Mutter machte ihr die Nägel, die Haare, und sie nahm ein Bad. Sie war in ihrer Ehe nicht sehr glücklich gewesen. Mein Großvater trank. Manchmal wurde er gewalttätig. Aber es war unvorstellbar, sich von ihm scheiden zu lassen. Und außerdem war sie religiös. Diese Frauen haben wirklich das Leben verpasst.» Catherine ist froh, dass ihre Mutter dieses Muster nicht reproduziert hat. Ihr Vater hilft bei der Hausarbeit mit, weil er Zeit mit seiner Frau verbringen möchte. «Für meine Eltern war es selbstverständlich, dass ich studierte und später einen richtigen Beruf hatte. Sie hätten das letzte Hemd dafür hergegeben.» Catherines Mutter hatte sich bei den Hausaufgaben neben sie gesetzt, «und wehe, wenn sich die Lehrerin über mein Verhalten beschwerte. Dann steckte ich zu Hause eine doppelte Ohrfeige ein. Damals hatten die Lehrer die Eltern noch nicht gegen sich. Heute haben viele Eltern Rachegefühle gegenüber der Schule. Sie wollen ihre Kinder schützen. Sie wollen nicht, dass sie das Gleiche erdulden müssen wie sie. Oft geben sie dem Kind recht. Der Lehrer gilt heute nichts mehr. Wir werden als Privilegierte angesehen, die zu viel Urlaub haben und die vor allen anderen in Rente gehen.»

Catherine machte ihr Abitur am Gymnasium Pontonniers, einem der besten der Stadt. Danach studierte sie moderne Literatur, legte die Aufnahmeprüfung für das Lehrerseminar ab, und als sie bestand, brach sie das Studium ab. Sie unterrichtete jahrelang an der Schule, später bildete sie Lehrer für den Deutschunterricht aus, um die Zweisprachigkeit im Elsass zu fördern. Catherine hat ihre Arbeit «mit Leidenschaft» ausgeübt. Sie wird heute regelmäßig zu den Hochzeiten ihrer ehemaligen Schüler eingeladen. «Es ist wichtig für mich, dass sich die Schüler an mich erinnern und sagen, dass es ein schönes Kapitel in ihrem Leben war.»

Meine eigene Mutter arbeitete an drei Nachmittagen in der Woche in einer Privatschule zur Ausbildung von Stenotypistinnen. Mit einer Stoppuhr in der Hand diktierte sie die

Artikel, die sie aus *Le Nouvel Observateur* und dem *Spiegel* ausgewählt hatte. Meine Mutter war perfekt zweisprachig. Sie hatte während des Krieges die deutsche Höhere Mädchenschule und nach der Befreiung das französische Gymnasium besucht. Ihre Schülerinnen liebten sie. Die Ellbogen an den Körper gedrückt, tippten sie die Leitartikel über die Emanzipation der Frau in ihre Maschinchen. Vielleicht sollte man der Liste der guten Ratschläge für Frauen noch hinzufügen: «Lernen Sie Maschinenschreiben!»

Meine Mutter, die mir stets die Notwendigkeit finanzieller Unabhängigkeit eingetrichtert hat, hätte selbst von ihrem mageren Einkommen nicht leben können. Die Kluft zwischen ihren Prinzipien und der Realität war groß. Sie war nicht in der Lage, die Empfehlungen, die sie mir tagein, tagaus abgab, für sich umzusetzen. Ich erinnere mich noch genau an den Tag, an dem meine Mutter ihr eigenes Bankkonto eröffnete. Es war ein Ereignis zu Hause. Es war viele Jahre nach der Verabschiedung des neuen Eherechts. Sie zog sofort mit ihrem neuen Scheckbuch los, um meinem Vater ein Geschenk zu kaufen. Socken oder einen Pyjama, glaube ich. Und an dem Tag, an dem sie ihren Führerschein machte, eine weitere Trophäe der Emanzipation, rief sie Mademoiselle Gillet an, die Direktorin der Sainte-Madeleine, und bat sie um Erlaubnis, mich ein wenig früher nach Hause gehen zu lassen. Die Nachbarn waren zum Champagner geladen. Meine Mutter war dreimal durchgefallen. Ihr Zertifikat prangte auf dem Kaminsims. Sie waren dünn gesät, die Mütter meiner Albummädchen, die den Führerschein besaßen. Françoises Mutter hat es mit 38 Jahren beim fünften Versuch geschafft. Die von Catherine, frühreif in allem, bekam ihn mit 25. Sie war mit ihrer dritten Tochter schwanger. Die anderen Mütter hat nicht einmal der Gedanke gestreift. Den Führerschein? Wozu das denn? Wir haben sowieso kein Auto. Meine Eltern kauften für meine Mutter einen 4L, das Auto der Postboten. Er war ständig voller Kinder, die sie herumchauffierte.

Als wir später, in der sechsten Klasse, bei Schulbeginn gebeten wurden, auf einem Blatt Papier ein paar persönliche Informationen anzugeben, schrieb ich bei der Frage nach dem Beruf der Mutter aus irgendeinem Grund NICHTS hin. Sechs große, brutale Buchstaben, die ihre ganze Existenz leugneten, ihre Arbeit für null und nichtig erklärten. All die Stunden, die sie in «ihrer» Küche verbrachte, die Steno-typie-Kurse und sogar der Führerschein, zählte das alles nichts? Ich sehe die Verblüffung meiner Mutter noch vor mir, als sie sah, welche Beschreibung ich von ihr gegeben hatte.

Dabei war meine Mutter die Ausnahme. Ihre bürgerlichen Freundinnen aus der Mittelschicht arbeiteten nicht, und meine Mutter wollte auf keinen Fall mit den zuchtperlen-kettenbestückten Twinset-Ehefrauen der Baulöwen, für die mein Vater arbeitete, in einen Topf geworfen werden. Sie nannten ihre Frauen *Miesele*, Elsässisch für «Mäuschen», während sie ihnen geistesabwesend den Scheitel tätschel-ten. Miesele, das ist wie «sanftes Veilchen», nur dass sie sich nicht im Moos breitmachten, sondern sich in ihren Häusern abrackerten. Diese Ehefrauen strickten schweigend, wäh-rend ihr Mann sich über die Feministinnen der ersten Welle lustig machte, «die müssen verkehrt herum sein, und nicht nur im Straßenverkehr», und über ihre Lust zu arbeiten, die sie «lächerlich» fanden. Während Miesele eine Masche von ihrer Nadel abhob, zeigte ihr Mann der versammelten Runde eine Karikatur, die in *Les Dernières Nouvelles d'Alsa-ce* erschienen war. Darauf ein Chef, der seine Sekretärin, in Minirock und mit einem Halbpferdeschwanz wie Sheila, die

Yéyé-Sängerin, begrabscht. Sie beugt sich über ihre Schreibmaschine. «Ich werde nicht einer dieser autoritären Ehemänner sein, die die Karrieren ihrer Frauen ruinieren und verlangen, dass sie zu Hause bleiben!», flüstert der Chef seiner Sekretärin ins Ohr.

Als ein Berater, der seiner Zeit voraus war, Präsident de Gaulle die Schaffung eines Frauenministeriums vorschlug, reckte der General seine riesige Brust, hob mit einer verächtlichen Grimasse die Schultern und antwortete in schroffem Ton: «Ein Frauenministerium? Und warum nicht ein Unterstaatssekretariat für Häkelei?» Frankreich war Ende der sechziger Jahre noch eine festgefügte Welt, in der jeder seinen Platz hatte: die Männer bei den Staatsangelegenheiten und in der Kneipe; die Frauen am Herd und in der Kirche. Der radikale Machismus des Generals schockierte niemanden.

«Sie konnten nicht weg, auch wenn sie unglücklich waren», sagt Roseline. «Sie wären finanziell niemals klargekommen. Sie hatten keine Wahl. Außerdem hätte sich meine Mutter nie scheiden lassen. Es war eine Frage der Moral. Sie hätte auch nicht mit einer geschiedenen Frau befreundet sein können. Könnt ihr euch das vorstellen?»

«Du gehst, wenn du kannst», sagt Pascale L.

«Du gehst, wenn du willst!» Françoise ist nicht einverstanden. «Wenn man gehen will, findet man Mittel und Wege. Ich habe nicht viel Verständnis für Frauen, die sich abhängig machen. Meine Mutter hatte nichts: keine Ausbildung, keine Arbeit, kein Geld, und sie hat meinen Vater trotzdem vor die Tür gesetzt. Sich in den sechziger Jahren scheiden lassen, das erforderte Mut. Sie ging putzen und zog meine Schwester und mich allein auf. Später arbeitete sie in einem Kindergarten. Sie half der Kindergärtnerin, brachte die Kinder auf die Toilette. Undankbare Jobs halt. Heute bin ich stolz auf sie. Aber ich habe von ihr auch gelernt, dass das Leben einer Frau eine Bürde ist.»

Françoise besucht ihre Mutter jeden Sonntag im Pflegeheim. Sie nimmt diese hochbetagte Frau, die ihr Gedächtnis verliert, am Arm und führt sie zum Mittagessen in ein gutes Restaurant, «das letzte Vergnügen, das ihr geblieben ist. Es bricht mir das Herz. Ein Leben lang kämpfen, um so zu enden.»

Françoise hat von der Scheidung ihrer Eltern 1969 in Bachat Bouloud erfahren. Wir waren mit der Schule für einen Monat in ein Kinderferiendorf in Chamrousse im Département Isère gefahren. Jean-Claude Killy hatte bei den Olympischen Spielen in Grenoble gerade drei Goldmedaillen gewonnen, und wir verbrachten ganz in der Nähe unsere erste und einzige gemeinsame Klassenfahrt. Eine Sensation. Für die meisten Mädchen der Klasse waren es die ersten Ferien überhaupt. Das erste Mal, dass sie über die Vogesen hinauskamen, ins Landesinnere, auf 1650 Meter Höhe. Das erste Mal, dass sie so lange von ihren Eltern getrennt waren. Sie fanden die Zeit lang. Nicht alle konnten mit. Zu teuer. Einige Eltern hatten große finanzielle Opfer gebracht, um ihren Töchtern diese Ferien zu ermöglichen, die staunend die Tannenwälder entdeckten, die Skilifte, das kubistische Totem, Emblem der Station, die Zweibettzimmer, die Badezimmer, die riesige Kantine mit den großen Glasfenstern und dem Panoramablick auf das Taillefer-Massiv und die Vercors-Kette in der Ferne. Alle erinnern sich an diesen Aufenthalt. Ganz besonders Françoise. Eines Morgens, einen Tag vor ihrem Geburtstag, kam ein Brief an, «meine Mutter teilte mir mit, dass sie sich scheiden ließ. Ich sagte niemandem ein Wort und weinte die ganze Nacht.» Françoise blieb mit ihrem Geheimnis allein, sagte auch ihren Lehrerinnen nichts. In unseren Familien brachte man uns bei zu schweigen. Die Dramen, die sich bei uns zu Hause abspielten, drangen nicht nach außen. Mit einem Kloß im Bauch pustete Françoise die Kerzen auf dem Kuchen aus. Was sie sich wohl beim Schreiben dieses Diktats in der Deutschstunde gedacht hat? «Die Chalets in Chamrousse sind aus hellem Holz. Unsere Skilehrer sind nett. Das Dorf ist angenehm: Seine Landschaft ist schön, seine Einrichtungen sind gut. Die Kinder sind glücklich.» Und ob sie sich auf das Geschlecht der Substantive und das Problem des Lederhändlers konzentrieren konnte, der ohne uns nicht in der Lage war, den Preis für seine Portemonnaie-Lieferung zu sechsundvierzig Francs das Stück zu berechnen?

«Ich habe das Gefühl zu ersticken, wenn ich an diese Zeit zurückdenke», sagt Françoise, die mit Myriam das einzige Scheidungskind in der Klasse war. Zwei von zweiundzwanzig. Kein Vergleich mit heute. Die Mutter von Françoise war eine Art Pionierin. Aber Françoise hat sich schrecklich geschämt. «Meine Mutter hat uns gebeten, außer Haus nicht darüber zu sprechen. Und vor allem, keine Aufmerksamkeit zu erregen. Eine geschiedene Frau, das war ein Skandal damals. Eine Aussätzige.» Yvonne de Gaulle wachte im Übrigen darüber, dass keine Geschiedene die Schwelle des Élysée-Palasts überschritt. Auf Druck seiner 1900 geborenen Gattin mit fast fünfzig Ehejahren auf dem Buckel hätte der General um ein Haar Brigitte Bardot wieder ausgeladen, die schönste Geschiedene der Welt, die er zu einem Empfang gebeten hatte. Tante Yvonne, wie sie genannt wurde, nahm es mit der Einhaltung moralischer Grundsätze sehr genau. Eines der ersten Dinge, die sie bei ihrer Ankunft im Élysée anforderte, war eine Pietà, die der Louvre schnell und kostenlos zur Verfügung stellte.

Jeannine verließ die Schule mit siebzehn, um eine Lehre zu machen. Ohne Abitur. Manchmal bedauert sie es. «Man hätte mich nur ein klein wenig zu schubsen brauchen. Aber bei uns war es normal, dass man so schnell wie möglich arbeiten ging. Wir waren vier Kinder. Meine Lehrer riefen meine Eltern zu sich, um sie zu bitten, mich in der Schule zu lassen. Doch es war nichts zu machen. Ich bin nach der Neunten abgegangen.» Jeannine wäre gerne Floristin geworden. Aber sie konnte in Straßburg keine Lehrstelle finden. Damals wäre sie nicht im Traum auf die Idee gekommen, allein in eine andere Stadt zu ziehen. Also «landete» sie in der Stoffabteilung der Grandes Galeries, eines der beiden Kaufhäuser jener Zeit. Ihr Lehrlingsgehalt als angehende Verkäuferin gab sie ihrer Mutter, die ihr Taschengeld überließ, um den Bus zu bezahlen, und ab und zu «ein kleines Extra». Nach ihrer Heirat ist Jeannine ziemlich herumgekommen. Sie fand Gelegenheitsjobs: Kassiererin im Supermarkt Mammouth in Schiltigheim, an den Wochenenden Kellnerin in einem Restaurant für Flammkuchen, Babysitterin ... Jeannine war 22, als ihr erstes Kind auf die Welt kam. Und weil ein Gehalt nicht ausreichte, betrieb sie sieben Jahre lang einen Dorfladen. Direkt gegenüber dem Rathaus. Eine ideale Lösung. Sie musste ihre Kinder nicht betreuen lassen. Ihr Mann setzte sie in der Schule ab, bevor er zur Arbeit ging, mittags aßen alle zu Hause, und um vier kamen die Kinder in den Laden, um hinter der Theke ihre Hausaufgaben zu machen. Wenn sie am Wochenende abends im Restaurant servierte, war ihr Mann zu Hause. Schließlich ergatterte Jeannine einen Job als internationale Vertriebsassistentin in einer kleinen Firma, die von einem Deutschen geführt wurde. «Ohne jegliche Qualifikation, aber perfekt zweisprachig. Ich bin eine Selfmade-Woman. Mein Chef vertraute mir und übergab mir große Verantwortung. Ich blieb zwölf Jahre lang bei ihm.» Aber eines Tages trat er in den Ruhestand, und die Firma ging in andere Hände über. Der neue Chef setzte Jeannine über Nacht vor die Tür. Aber warum sie? «Sie sind die Älteste und die Teuerste», dekretierte der neue Chef. Jeannine war fassungslos, blieb drei Jahre lang arbeitslos. Sie nutzte die Gelegenheit, um sich um ihre Enkelinnen zu kümmern. Jeannine war bereit, jeden Job anzunehmen, um genug für die Rente zusammenzubekommen. Und dann ein Glücksfall: Sie fand eine Stelle als Assistentin in einem amerikanischen Logistikunternehmen, das schalldämpfende Teile zur Geräuschreduzierung in Autos herstellt. «Heute bin ich die Beschwerden-Tante.» Jeannine nimmt die Reklamationen entgegen, bearbeitet sie auf den Portalen und antwortet Kunden, wenn es sein muss, auch auf Deutsch oder Englisch.

Pascale W. ist froh, dass sie es nicht wie ihre Mutter gemacht hat: «Sie hat ihre Stelle in der Parfümabteilung von Magmod gleich nach meiner Ankunft aufgegeben. Und danach nie wieder gearbeitet.» Die Eltern von Pascale W. drängten sie, eine Arbeit zu suchen, die es ihr ermöglicht, selbst für sich aufzukommen. Es kam nicht in Frage, eine schlechte Note nach Hause zu bringen. «Mein Vater war Perfektionist. Die Angst, nicht gut genug zu sein, hat mich nie verlassen. Meine Ängste kommen von da. Ich finde mich auf der Schulbank wieder. Mir wird eine Frage gestellt, und ich weiß die Antwort nicht.» Pascale W. machte ein Fachabitur als Sekretärin. «Seit ich ein kleines Mädchen war, drehte sich alles um Papiere, Hefter, kleine Schubladen, Aktenordner, Ablagen», sagt Pascale W. Mit achtzehn begann sie, als Stenographin in einer Anwaltskanzlei zu arbeiten, danach war sie zwanzig Jahre lang in einer Versicherungsgesellschaft. «Ich bin nicht dafür gemacht, in die eigenen vier Wände eingesperrt zu sein. Ich brauche eine Tätigkeit außer Haus. Selbst jetzt, da ich nur noch vormittags arbeite, wird mir nachmittags langweilig. Sport mag ich nicht. Ich bin handwerklich begabt, aber sticken, häkeln, dekorieren, das füllt doch kein Leben aus.»

Daran gibt es auch für Roseline nichts zu rütteln. Ihre drei Kinder blieben bis siebzehn Uhr in die Kita. «So ist das nun mal. Mama arbeitet. Ich versuchte, Mutterschaftsurlaub zu bekommen, um länger stillen zu können, aber sie schauten mich nur mit großen Augen an. Also stillte ich drei Monate lang. Zum Glück hatte ich geregelte Arbeitszeiten, um sechzehn Uhr war Feierabend, und das funktionierte sehr gut. Außerdem haben meine Kinder gelernt, selbständig zu werden, das ist wichtig.» Roseline hätte es sich eigentlich leisten können, zu Hause zu bleiben. Ein gut verdienender Ingenieur-Ehemann, drei Kinder, die sie den ganzen Tag beschäftigt hätten, und ein großes Haus, das es zu unterhalten gilt. Pascale L., die nur eine Tochter hat, weist darauf hin, dass es mit nur einem Kind einfacher ist. «Du kannst es überallhin mitnehmen. Unter der Woche kümmerte sich meine Schwiegermutter um unsere Tochter. Umsonst. Wir hatten Glück. Keine Tagesmutter. Oh, ich wollte nicht zu Hause bleiben. Ich wollte arbeiten, mein eigenes Geld verdienen.»

«Kann man zufrieden sein mit einem Leben, das nur aus Zeitvertreib besteht?», fragt Françoise, die arbeitet, seit sie zwanzig ist. Könnte sie noch einmal von vorne anfangen, würde sie wieder dieselbe Arbeit wählen: «Ich könnte keine Tätigkeit ausüben, bei der es nur ums Geld geht. Mein Berufsweg gefällt mir. Ich habe eine Menge gelernt, auch wenn ich ein paar Federn gelassen habe.» Françoise mag es, «mit Menschen umzugehen». Die Leute in ihrer Abteilung verdienen nicht viel, aber sie möchte, dass sie abends nach getaner Arbeit zufrieden und ohne Druck in der Magengegend wegen der schlechten Atmosphäre heimgehen können. Es kommt ihr vor, als würde sie jeden Tag ihr ganzes Team mit nach Hause nehmen. Sie lebt mit ihnen zusammen, und irgendwelche menschlichen Probleme gibt es immer. Ein Koch, der hinter den Töpfen eine Flasche Weißwein versteckte und ihn lauwarm trank. Eine Frau, die Essen klaute. Eine schöne Tschetschenin, die zu ihrer kranken Mutter in ihre Heimat zurückfuhr und nie mehr wiederkam. Françoise hat keine Ahnung, was aus ihr geworden ist. «Wir hatten sogar eine Party veranstaltet an dem Tag, an dem sie die französische Staatsbürgerschaft erhalten hatte.» Françoise hatte sie zum Französischunterricht angemeldet. Sie war die Einzige im Team, die keine Fehler machte. Jedes Jahr hofft Françoise auf eine Neujahrskarte von ihr. Vor fünf Jahren hat Françoise eine Weiterbildung in Management absolviert und eine Diplomarbeit geschrieben, um Staatsbeamtin zu werden. «Meine Mutter hat gesagt: ‹Brauchst du das denn wirklich auch noch? Bist du noch nicht müde genug?› Und ich war so stolz.»

Keine einzige Frau an unserem Tisch ist finanziell von ihrem Mann abhängig. Und keine von uns fühlt sich schuldig, weil sie ihre kleinen Kinder in die Obhut einer Tagesmutter gegeben und später in den Kindergarten geschickt hat. Oder weil sie in der Schulkantine zu Mittag gegessen haben und im Sommer ins Ferienlager gefahren sind. Alle unsere Mütter haben uns ermutigt, einen Beruf zu lernen. Alle wollten, dass wir es weiter bringen als sie und von unseren Ehemännern unabhängig werden. Keine von uns hat jemals den anklagenden Satz gehört: «Man bringt doch keine Kinder zur Welt, um sie loszuwerden.» Die Kinder machen mit, und es geht ihnen nicht schlechter dabei.

Ich lebe in Deutschland, wo es immer noch so schwierig und oft auch verpönt ist, Beruf und Familie miteinander zu vereinbaren, und ich finde diese entspanntere Sicht auf das Muttersein wieder. Ich fühle mich unter Françoise, Catherine, Roseline und den beiden Pascales zu Hause, und das nähert uns noch mehr an. Es gibt eine seltsame Kluft zwischen den Albumsprüchen und unserer Lebenswirklichkeit. Diese Formeln passen nicht mehr in unsere Kultur. Nach 1945 kehrte sich das Elsass Frankreich zu, seinen Werten und seiner emanzipierteren Sicht auf die Frau. Als ich kurz vor dem Mauerfall nach Bonn kam, fiel mir die Schere auf, die zwischen der Heftigkeit des feministischen Kampfes und dem geringen Fortschritt im Alltag der Frauen bestand, der Stolz mancher Frauen, ihre Kinder nicht in den Kindergarten zu schicken, von der Krippe für die ganz Kleinen gar nicht zu reden.

18

Der Mann ihres Lebens

M it den Ehejahren ist es wie beim Kartenspiel: Krieg. Jede deckt ihre Karte auf, und die mit der höchsten Zahl gewinnt. «Neununddreißig Jahre!», triumphiert Pascale L. «Sechsunddreißig Jahre!», sagt Roseline, ein wenig enttäuscht, dass sie mit dieser astronomischen Zahl nicht alle andern übertrumpfen kann. «Wir kennen uns seit einundvierzig Jahren!», meldet sich Catherine, die in den Augen der anderen ein wenig schummelt, weil sie erst seit vierunddreißig Jahren verheiratet ist. Bruno war für sie «ein klarer Fall». Sie ist ganz gerührt, als sie von ihrer Jugendliebe spricht, die seit so langem ihr Ehemann ist. Im Sommer ließen die Eltern ihre Schwester und sie allein auf dem Campingplatz, auf dem sie ihren Wohnwagen abgestellt hatten. Sie wollten nicht, dass sie während der langen Sommerferien in der Stadt auf der Straße herumhingen. Am Wochenende stießen sie zu ihnen. Der Campingplatzwart hatte ein Auge auf die Kinder. Dort sah Catherine Bruno zum ersten Mal, im Gemeinschaftsraum, wo sich die jungen Leute abends trafen. Sie war vierzehn, er drei Jahre älter. Catherine erinnert sich, als wäre es gestern gewesen: «Er war das genaue Gegenteil von mir. Ein Bohemien, ein Weltenbummler. Er trug einen Matrosenpullover und spielte Gitarre. Ich war ein wohlerzogenes kleines Mädchen. Wir waren so verschieden, dass alle dachten, daraus würde nichts. Aber ich habe mir kein einziges Mal gesagt, es hätte auch ein anderer sein können.»

«Bei mir sind es einundvierzig Ehejahre!» Jeannine hat gewartet, bis alle ihre Karte aufgedeckt haben, um ihr Herzass auszuspielen. Sie kann es selbst kaum fassen, wie lange ihre Beziehung schon dauert. «Ich war knappe zwanzig. War es, was man Liebe auf den ersten Blick nennt? Ich weiß es nicht. Ich wurde für eine Kiste Bier verkauft. Mein Mann war mit meinem Bruder im Militärdienst. Eines Tages sagte er zu ihm: ‹Wenn du deine Schwester in die Disco mitbringst, zahle ich dir eine Kiste Bier.› Wir feierten unsere Hochzeit in Mundolsheim im Restaurant La Grenouille. Es gab gefülltes Spanferkel und eine Kiste Bier. Papa hatte das Auto im Regen dekoriert. Die Bänder hingen patschnass hinunter, und er trug eine gelbe Wachsjacke.» Ist sie nie von einem anderen in Versuchung geführt worden? Nicht einmal ein kleiner Flirt mit einem Kollegen bei der Weihnachtsfeier in der Firma? Ein und derselbe Mann, das ganze Leben lang! Das kommt mir surrealistisch vor für unsere Generation. Nicht diese Jungen, die sich ablösen, bis man sich auf eine ernste Geschichte einlässt. Kein One-Night-Stand, keine Urlaubsromanze, keine Jugendsünde, keine saisonale Leidenschaft, keine Berg-und-Tal-Fahrt? Keine Midlife-Crisis, keine Scheidung, keine Patchworkfamilie? Nie sitzengelassen, nie enttäuscht worden. Keine Gefühlsstürme, wie sie für unsere Epoche typisch sind. Meine Freundinnen von der Sainte-Madeleine haben früh geheiratet. Damals gab es für Frauen noch ein Verfallsdatum. Wenn man mit fünfundzwanzig noch nicht unter der Haube war, war der Zug abgefahren. Am Katharinentag bekam man einen Hut aufgesetzt, gelb für Weisheit, grün für die Hoffnung, einen Ehemann zu finden. Das Gespenst der alten Jungfer lauerte.

Pascale L., Jeannine, Catherine und Roseline haben den ersten und einzigen Mann ihres Lebens geheiratet. Aber sie «mussten» nicht heiraten wie ihre Mütter. Sie hatten keinen dicken Bauch unter ihrem weißen Kleid versteckt. Jeannine überlegt einen Augenblick. Sie beantwortet meine Fragen stets mit großer Ernsthaftigkeit: «Ich habe nur einen einzigen Mann gehabt, und ich behalte ihn. Wenn alles gut läuft, warum solltest du dich dann anderswo umschauen? Natürlich gibt es Momente, wo du Lust hast, alles hinzuschmeißen. Das ist normal, aber man rauft sich zusammen. Man muss Konzessionen machen, tolerant sein. Wenn du eine fixe Vorstellung hast und meinst, immer recht zu haben müssen, kann es natürlich nicht gut gehen.» Am Abend vor dem Einschlafen möchte Jeannine aber doch erfahren, wie es bei anderen so zugeht. Sie liest – «ein absolutes Muss!» – Liebesgeschichten, Heimat- und Arztromane oder auch Biographien. Es kommt ihr beinahe vor wie ein kleiner Ehebruch.

«Ich bin wohl der Paradiesvogel hier», meldet sich plötzlich Pascale W. Sie hat sich bisher aus diesem Ehewettstreit herausgehalten. Sie sieht uns mit einem merkwürdigen Lächeln an. Überheblichkeit oder Neid? Schwer zu sagen. Sie möchte ein paar Dinge klarstellen. Bei ihr sieht die Sache ein bisschen anders aus. Mit ihren beiden «den Bach runtergegangenen» Ehen, ihren beiden Scheidungen und den Abenteuern auf Dating-Websites bringt Pascale W. eine frische Brise in diesen Nachmittag, der etwas eintönig zu werden drohte. Françoise und ich atmen auf. Wir sind nicht mehr die Einzigen, deren Liebesleben im Zickzack verlaufen ist. «Bis sie anfing, fühlte ich mich mit meinem außerhalb der sakrosankten Ehe geborenen Baby als Paria», flüstert Françoise mir zu. Ich sitze Pascale W. gegenüber, mein Notizbuch neben dem Stück Zitronentorte. Mein Füller rast drauflos, meine Hand kommt kaum mehr hinterher. «Du solltest in Steno schreiben», rät sie mir. «Das geht schneller, und ich habe einiges zu erzählen.»

Alles hat damit begonnen, dass der Frauenarzt ihr ein Hormonpflaster gegen ihre Depression verschrieb. «Meine Libido ist erwacht», sagt sie, als würde sie den plötzlichen Ausbruch eines Geysirs verkünden. «Ich ging auf eine Dating-Webseite und traf mich einmal pro Woche mit einem verheirateten Mann.»

«Die berühmte Happy Hour», kommentiert Catherine, die sich für Pascale W. verantwortlich fühlt. Eine alte Vertrautheit verbindet die beiden, seit sie im selben Jahr als Nachbarinnen in die Cité Nucléaire gezogen sind. Catherine will ihre Jugendfreundin nicht alleinlassen gegenüber all den treuen Ehefrauen, die auf pikante Details warten.

«Nein, bei uns fand es montags von halb zwei bis halb fünf statt», korrigiert Pascale W. Mit den Uhrzeiten nimmt sie es genau. «So waren wir um Viertel nach fünf zu Hause, er bei seiner Frau, ich bei meinem Mann.»

«Ihr habt euch einfach für die Lust getroffen», pflichtet Catherine bei, als hätte Pascale W. am Montag nach dem Mittagessen einen Blumenbindekurs aufgesucht.

«Aber eines Tages hat mein zweiter Mann eine Nachricht auf meinem Handy entdeckt. Danach ging er mir drei Wochen lang auf den Nerv deswegen. Ich sagte ihm, ich hätte jemanden und zwischen uns sei es sowieso aus. Ich nahm meinen Mut in beide Hände und ging.»

Jeannine hat einige Maximen parat, wenn es darum geht, die Scherben einer Ehe zu kitten. Man muss versuchen, den Knoten zu lösen, statt das Seil zu durchschneiden. Eines Tages wird dir das Leben Steine in den Weg legen. Es liegt an dir, ob du daraus eine Mauer oder eine Brücke bauen willst. Sätze, die man in einem Poesiealbum für gefährdete Paare finden könnte. Sie haben den Vorteil, die komplexen Probleme der menschlichen Beziehungen in einem Rutsch zu lösen. Aber niemand hört ihr zu.

«Und dann?», unterbricht Pascale L., die Pascale W. mit geweiteten Augen anstarrt und die Fortsetzung kaum erwarten kann.

Pascale W. erzählt von ihren Streifzügen auf Netzseiten, wo verheiratete Männer etwas für «nebenbei» suchen.

«Das ist die perverse Seite der neuen Technologie», kommentiert Catherine.

Pascale L. teilt ihre Erfahrung mit uns, die sie morgens im Bus macht: «Es gibt nicht einen, der den Kopf nicht über seinem Handy hat. Kein Kontakt mehr möglich.»

Françoise klopft auf ihre Papierserviette. «Sie sind den ganzen Tag mit ihren Dingern beschäftigt. Du hast keine Chance, jemanden kennenzulernen.»

Jeannine fühlt mit: «In den Singlebörsen gibt es jede Menge Leute, die suchen. Wo willst du heute denn sonst jemanden kennenlernen? Etwa auf einem Ball, im Chor, in einem Verein, beim Scrabble?»

«Ich jedenfalls», sagt Pascale W., «suche schon seit zwei Jahren. Ich kann euch gar nicht sagen, wie viele ich schon getroffen habe. Um die vierzig wohl. Aber nur auf ein Glas, versteht sich.»

«Dir fehlt es an Kontakten», konstatiert Catherine, für die ein Problem mit der richtigen Diagnose schon halb gelöst ist. Catherine leitet eine Telefon-Helpline für Lehrer in Not. Man hat sie wegen ihrer Sozialkompetenz rekrutiert.

«Wenn du nach dem Märchenprinzen suchst, kannst du natürlich lange warten.» Martine ist genervt von all den Frauen, die in ein Idealbild verliebt sind und nicht sehen, dass es mit dem Typen ganz in der Nähe vielleicht doch recht gut klappen könnte. All die Freundinnen ihrer Tochter, die untröstlich sind, weil ein Kerl sie sitzengelassen hat!

Ich erzähle von den unschuldigen Heiratsanzeigen, die ich in *Les Dernières Nouvelles d'Alsace* von 1968 gefunden habe. Seitenweise seriöse junge Männer, Staatsangestellte, gebildet, gute Position, guter Charakter, gute Sitten, die eine einfache, liebevolle, praktizierende Katholikin für ein glückliches Heim suchen. Es gibt vornehme und wohlhabende Witwen und sogar eine vierundvierzigjährige protestantische Dame, einen Meter siebzig groß, stabile Position. Um nicht übrig zu bleiben, ist es besser, kleiner zu sein als die Männer. Bei der Antwort bitte ein Foto beifügen. Es wird zurückgesandt. Die Nicht-Seriösen werden gebeten, sich zu enthalten. Sexuelle Neigungen werden nicht erwähnt, natürlich nicht.

«Ach, die Zeiten haben sich geändert», seufzt Pascale W. «Wenn man sieht, welche Ansprüche die Leute heute auf den Websites haben.» Sie möchte auf keinen Fall von uns für eine Nymphomanin gehalten werden. Sie sucht jemanden, um «gemeinsam noch ein Stück Weg zu gehen». Und sie weiß auch genau, wie der Mann ihres neuen Lebens aussehen soll: Endfünfziger, mit Vorliebe dunkelhaarig, ohne Kinder zu Hause, «ich habe schon genug gegeben».

«Das dürfte nicht einfach werden», fühlt Pascale L. mit, die schließlich ganz froh ist, in den festen Händen ihres Michel zu sein.

«Ich bin wunschlos glücklich», rutscht es Roseline heraus. «Ich habe einen Mann mit einem hohen Bildungsniveau, drei Kinder. Ich wollte fünf, mein Mann zwei, also haben wir uns ungefähr in der Mitte getroffen. Ich habe eine gute Stellung, ein schönes Haus.» Es ist keine Böswilligkeit, dass Roseline Pascale W. ihr Glück unter die Nase reibt, eher eine Art, sich selbst zu beruhigen. Die Einsamkeit der anderen löst Angst aus. Während Pascale W. spricht, betrachtet Roseline zufrieden die Fotos von der Hochzeit ihrer Tochter, die in Reih und Glied auf dem Regal stehen.

Eines Tages entdeckte Pascale W. auf der Website einen großen, dunkelhaarigen, kräftigen Mann. Genau ihr Typ. Sie verabreden sich auf der Place d'Austerlitz. «Es waren zwei auf dem Platz. Ich und ein kleiner, dürrer Blonder, der im Kreis herumging. Irgendwann sprach ich ihn an: ‹Du hast das Foto eines anderen reingestellt, stimmt's?› Ich war wütend und habe ihn stehen lassen.»

«Ein toller Start. Vertrauensmissbrauch», empört sich Jeannine. «Er hat mit den Kilos, dem Brustumfang, dem Alter und der Haarfarbe betrogen.»

Ich bewundere Pascale W. für ihren Mut. Sie kümmert sich nicht um das Urteil der anderen. Sie hätte sich in ein gutes Licht rücken, ihre Eskapaden und Irrwege für sich behalten können, aber sie exponiert sich, stellt sich ganz allein diesem Gremium ehrbarer Ehefrauen. Ich sage mir, dass sie einen gewaltigen Weg hinter sich hat. Die Prüderie ihrer Erziehung, die Verbote, die Hemmungen, sie hat alles über Bord geworfen. Pascale W. ist eine befreite Frau.

Ich traf Pascale W. im August. An einem Donnerstag Schlag Mittag. Wir stießen vor dem Eingang des Restaurants auf-

einander. Hätten wir kein Wiedererkennungszeichen ver-
einbart – ich hatte ein rotes Notizbuch dabei, und sie
trug ein geblümtes Kleid –, hätten wir einander verpasst.
Pascale W. erinnert sich nicht mehr an mich. Ich hatte ein
vages Bild unserer Donnerstagnachmittage auf dem kleinen Platz in der Rue des Tonneliers vor Augen. Pascale W.
wohnte auf dem Platz, ich gleich um die Ecke. Am Abend
beugte sich ihre Mutter aus dem Fenster und rief sie zum
Abendessen herein. Dann war es auch für mich Zeit, nach
Hause zu gehen.

Keine ehemalige Nähe rechtfertigte also, was sie mir nun
anvertrauen sollte. Es war unser erstes Treffen. Die Kalbs-
leber, das Kartoffelpüree und die geschmorten Möhren
waren kaum auf dem Tisch, verkündete mir Pascale W.
mit ausdrucksloser Stimme: «Ich bin *libertine*!» Ich dachte
erst, ich hätte mich verhört, denn das mindeste, was man
sagen konnte, war, dass sie in ihrem knielangen Kleid, ihren flachen Schuhen und mit ihrer in jeder Hinsicht biederen Erscheinung nicht gerade aussah wie jemand, der
Orgien feiert. Doch sie schaute mich mit ihren haselnuss-
braunen Augen so ernst an, dass ich nicht anders konnte,
als ihr zu glauben. «Nur weil ich ein paar Pfunde zuge-
legt habe, werde ich nicht in Trauer leben», sagte sie und
strich über die Rundungen unter ihrem Sommerwiesen-
kleid.

Sie erzählte mir, dass sie früher das Inox frequentierte,
eine Swinger-Sauna in Illkirch-Graffenstaden. Kuschel-
ecken über siebenhundert Quadratmetern und drei Etagen
in einem Vorort von Straßburg. Es gibt Jacuzzis und Tanz-
flächen. Man kann abends einen Flammkuchen essen oder
auch ganz unkompliziert in einem frechen Negligé einen
Kaffee trinken. Und es gibt offene und verschließbare Ka-

binen, für Paare oder für mehrere. «Anfangs war ich ein bisschen verklemmt», gesteht mir Pascale W., während sie drei Möhrenrädchen auf ihre Gabel spießt. «Ich wickelte mich in mein Handtuch, aber inzwischen ist es mir nicht mehr peinlich.» Pascale W. kennt die Regeln des Etablissements auswendig, die das Inox seinen «Wertekodex» nennt: Alles ist erlaubt, aber man darf zu nichts gezwungen werden.» Männer und Frauen müssen Meister ihrer selbst und ihrer Lust bleiben. Das Duschen – mit Seife! – ist obligatorisch und der Geschlechtsverkehr in den Jacuzzis aus Hygienegründen strikt verboten. In meiner Dessertschale schaukeln die Schneeeier, die *îles flottantes*. Ich stelle mir meine Freundin in den «Streichelzimmern» oder der «Fetischzone mit modernster Ausstattung» vor. Houellebecq in Illkirch-Graffenstaden.

Es war seltsam, als Voyeurin eingeladen zu sein, um den sexuellen Ausschweifungen einer ehemaligen Schulkameradin beizuwohnen. Die Einzige von uns übrigens, die es wagt, Wellen zu schlagen. «Du kannst alles schreiben, was ich dir erzähle», wiederholte Pascale W. dreimal. Sie spürte meine Verlegenheit. Stellte mir keine Fragen über mein Leben. Dann blickte sie sich um und musterte die Gäste im Restaurant einen nach dem anderen. Um uns herum lauter mittlere Führungskräfte und Büroangestellte, die alle das Tagesmenü bestellt hatten. Sie sprachen über ihren Chef, ihre Steuern, ihre Immobiliendarlehen, ihren Urlaub, ihre Kinder. Pascale W. beugte sich zu mir vor: «Bei wie vielen Paaren ist nichts mehr los? Und wenn er ‹sehr fordernd› ist, wenn er ‹es› jeden Tag will und sie es aufgegeben hat, was dann?» Pascale W. zieht Samthandschuhe an, wenn sie über Sex spricht. Sie beendet ihre Sätze nicht, benutzt Metaphern. Sie nennt «diese Dinge» nie bei ihrem Namen.

Sie sagt lieber, «sie unterhalten eine Beziehung», «wir liebkosen uns», «du machst es» oder «er ist jahrelang nicht gekommen», um über sexuelle Beziehungen oder deren Ausbleiben zu sprechen. Und sie sagt «zurechtkommen» und «aufpassen», wenn es um Verhütung geht.

Als sie die «Dingsbumsabende» entdeckt hat, ist sie aus allen Wolken gefallen. «Ich hätte nie im Leben geglaubt, dass das ein solch riesiges Geschäft ist. Es gibt verheiratete Paare in unserem Alter. Und es gibt sogar Achtzehnjährige. Ich war zu einem privaten Dreier eingeladen bei einem Paar, das über jeden Verdacht erhaben ist und in einer schönen Villa in einem elsässischen Dorf lebt.» Die Männer schütteten ihr das Herz aus. «Wenn ich nicht mehr konnte, nahm ich meine kleine Pille, und weiter ging's.» «Einen Kaffee?», fragte die Kellnerin.

Nach dem Essen lud mich Pascale W. zu sich nach Hause ein. Sie zeigte mir auf dem Computer Fotos aus ihrer Kindheit. Da ist sie als Erstkommunikantin, eine kleine Madonna in weißer Albe mit Kerze in der Hand. Plötzlich ploppte in der unteren rechten Ecke des Bildschirmes ein Fenster auf: «Jean-Pierre, 61, aus Seine et Marne, sucht unerschrockene Frau für Sadomaso-Spiele.» Nächstes Bild: Pascale W. im Schottenrock und dickem weißem Wollpullover, die auf unserem kleinen Platz seilhüpft. Unten rechts: Philippe, 44, aus Nizza, sucht Gefährtin für Treffen und Ausflüge, mit Vorliebe unter der Woche. Mit einem entschlossenen Klick brachte Pascale W. die Eindringlinge zum Verschwinden. «Was habe ich denn in Nizza verloren ...» Sie möchte einen Mann finden, mit dem sie den Rest des Lebens verbringen kann. Ohne dass jeder in fremden Betten herumturnt. «Die Libertinage führt nirgendwohin.» Sie überlegt sich, ihr Glück auf einer Freundschafts-Website, in einem Wanderverein, bei kulturellen Nachmittagen, Brettspielen oder organisierten Ausflügen zu versuchen. Irgendwo muss er doch stecken, ihr Mann des Lebens.

19

Rotes Pipi

E s war DAS Ereignis des Mai 1968, das uns am meisten aufwühlte. Eine Szene wie in Schneewittchen. Während der Handarbeit stach sich Marie-Nieve, die Cousine von Anne-Marie, in die Fingerkuppe. Ein Blutstropfen rieselte herunter. Marie-Nieve schaute ihm nach und flüsterte uns den schockierenden Satz zu: «Frauen machen rotes Pipi.»

Ihre Worte fielen in die gedämpfte Stille dieses Frühlingsnachmittags. Marie-Nieve gab uns keine weitere Erklärung. Sie hob nur den Kopf, um die Wirkung ihres Satzes zu beobachten. Rot, die Farbe des Blutes und der Revolution. Niemand verstand, wovon dieses spanische Mädchen mit dem Namen des Schnees sprach. Außer denen, die einen Wissensvorsprung hatten, weil ihre älteren Schwestern ihnen schon «alles» erklärt hatten. Aber wir spürten, dass unsere Leben bald durch ein großes Ereignis erschüttert werden würden. Wir beugten uns wieder über unseren Kettenstich, während wir darauf warteten, dass die böse Fee uns mit ihrem Fluch belegte.

Fünfzig Jahre später hat niemand den diabolischen Glanz in Marie-Nieves Augen vergessen, ihre vor Erregung geröteten Wangen, die schwarze Strähne, die in dem Moment, als sie uns dieses Geheimnis verriet, über ihre

Stirn fiel. Ich möchte meine Klassenkameradinnen nicht überrumpeln mit meinen vielen intimen Fragen. Ich habe Skrupel, so in ihr Leben einzudringen. Ich fühle mich verantwortlich für das Vertrauen, das sie in mich setzen. Doch Roseline ist begeistert. Sie legt als Erste los. «Unsere Gespräche bringen Dinge zur Sprache, mit denen ich mich seit meiner Kindheit nie wirklich auseinandergesetzt habe. Du bringst unsere Gehirnzellen in Bewegung. Ich mag das!» In ihrer Familie war alles Sexuelle tabu. Woher die Kinder kommen, die Geburt, darüber wurde nicht gesprochen. Nicht mal die üblichen Ammenmärchen hat man ihr aufgetischt, im Elsass sind es die Störche, die die kleinen Jungen in den Kohl und die kleinen Mädchen in die Rosen legen. Oder die Babys werden im Laden gekauft. Absolutes Stillschweigen über «diese Dinge». Damals gab es in der Schule noch keinen Sexualkundeunterricht. An dem Tag, an dem Roseline in ihrer Unterhose einen Blutfleck entdeckte, hatte sie keine Ahnung, was mit ihr los war. Hatte sie sich verletzt, ohne es zu merken? Oder war sie schwer krank? Sie blutete zwei Tage lang, bevor sie mit ihrer Mutter sprach, die ihr «so ungefähr, grosso modo» erklärte, «Geschlechtsverkehr» komme nicht in Frage. Kein Wort mehr. Und daraus sollte einer schlau werden. Ihre Mutter drückte ihr einen Packen Binden in die Arme und eine Plastikunterhose, die beim Gehen knirschte. Sie ist noch heute verblüfft: «Ich war völlig verloren, die Freundinnen haben mich dann aufgeklärt. Ich wäre nie auf die Idee gekommen, meiner Mutter solche Fragen zu stellen. Man weiß intuitiv, dass man manche Dinge besser nicht anschneidet.» Die Regelblutung war wie «alle diese Unterleibsgeschichten» ausschließlich Sache der Frauen. Sagten die Männer, die nichts davon hören wollten. Und sie sagten auch, wenn eine Frau schlechte Laune hatte, sie habe eben ihre Tage, das werde vorbeigehen. Roseline begann, mit ihrem zukünftigen Ehemann auszugehen, und nahm heimlich die Pille. Sie erzählte ihrer Mutter, dass sie in dem Internat, in dem sie arbeitete, Nachtschicht mache, um ihr Studium zu finanzieren. Während Roseline ins verbotene Bett schlüpfte, Lust und Konkubinat entdeckte, stellte ihre Mutter Stück für Stück ihre Aussteuer zusammen: ein silberner Löffel zu Weihnachten, eine Gabel zu Ostern.

Viel weniger verklemmt als die anderen, hatte meine Mutter das Terrain schon im Vorfeld des roten Pipi bereitet. Eines Nachmittags klärte sie mich beim Bügeln «ihrer» Wäsche über die Dinge des Lebens auf. Bis heute sind die Worte Spermium und Eisprung für mich vom warmem Dampfgeruch des Bügeltuchs durchdrungen. Sexualität war eine Mischung aus Heldentum und guten Absichten. Um ein Kind zu machen, muss sich eine Armee flinker kleiner Kaulquappen auf ein Ei stürzen, das in einer dunklen Höhle sitzt. Nur eine wird mutig genug sein, sich in das Ei zu schleichen und es zu befruchten. Sie wird ein Schlachtfeld zurücklassen, übersät mit den Leichen ihrer Rivalen. Ich glaube, mit der Art und Weise, wie die Kaulquappen in den Bauch der Frauen gelangen, hatte sich meine Mutter nicht sehr lange aufgehalten. Während sie mit dem heißen Eisen über einen Hemdkragen glitt, gab sie mir einen vagen Hinweis: «Man muss sich ganz fest liebhaben, um ein Kind zu bekommen.» Meine Frage traf sie ziemlich unvorbereitet: «Aber warum haben du und Papa dann kein drittes Kind?» Meine Mutter sagte, es sei Zeit für die Hausaufgaben oder das Abendessen. Immer dieser knappe Satz, wenn die Erwachsenen die Worte nicht finden: Das wirst du später verstehen.

Ich erzähle von der Frauenverschwörung, die sich in meiner Familie um die Couch herum gebildet hatte, auf die sie mich gelegt hatten. Ich war dreizehn. Es war am Weihnachtstag, ein plötzlicher Schmerz zerriss mir den Bauch. Aber niemand schien sich zu beunruhigen. «Die Landung der Engländer steht bevor», flüsterte meine Großmutter meiner Tante zu, und man überließ mich der englischen Besatzung am anderen Ufer des Wohnzimmers, während der Rest der Familie am Tisch weiterschlemmte. Später, als wir wieder zu Hause waren, sagte meine Mutter mit Tränen in den Augen: «Du wirst jetzt eine Frau ...» Ich war unter der Dusche. Wir verrichteten beide im Bad die Abendtoilette. Damals wollte ich ein Junge sein. Diese theatralische Deklaration ging mir auf die Nerven. Ich würde Bauchschmerzen haben und an diesen Tagen vom Sport «dispensiert» werden, gezwungen sein, mich neben eine Reihe blasser Mädchen auf die Bank zu setzen, die für die «Unpässlichen» reserviert war. Ich hasste diese Frauenwörter. Ich schämte mich dafür.

Um mich nicht ganz im Vagen zu lassen, schenkte meine Mutter mir gleich am nächsten Tag eine «Enzyklopädie über das Sexualleben. Von der Physiologie bis zur Psychologie», verfasst von einem Team fortschrittlicher Frauenärzte und Psychologen. Ein Buch ist die einfachste Art, sich zu drücken, wenn es einem peinlich ist, über gewisse Dinge zu sprechen. Ich fand erschreckend präzise Anweisungen, die mir Angst machten. Insbesondere entdeckte ich, dass die Lust mit einem Aufstieg von vier Stockwerken im Aufzug zu vergleichen ist. Erstes Niveau: Vorspiel. Zweites Niveau: Erregung. Beim Mann Erektion des Penis, violette Färbung der Eichelkrone, Anschwellung der Hoden. Für die Frau vaginale Lubrikation, die das Einsetzen des sexuellen Verlangens anzeigt, Durchblutung der kleinen Lippen, Anschwellen der Klitoris. Drittes Niveau: Plateauphase. Und schnell erreichen wir das letzte Niveau: den Orgasmus. Ein Wort, das meine Mutter kaum auszusprechen wagte. Sie nahm es in den Mund wie eine heiße Kartoffel. Die «Enzyklopädie des Sexuallebens» beschrieb eine «Reihe von Kontraktionen in unterschiedlicher Anzahl im unteren Drittel der Vagina, ein Bereich, der unter dem anschaulichen Namen Orgasmus-Plateau bekannt ist». Unten auf der Seite zeigte ein Shunga einen Penis von monströsen Ausmaßen, eine Art haarlosen Rüssel, der eine zusammengerollte Geisha von der Seite aufspießt. Ich, die durch einen keuschen Kuss mit versiegelten Mündern in einem amerikanischen Schwarzweißfilm zum Erröten gebracht wurde, wusste nicht mehr, wohin ich schauen sollte. Die Autoren des Buches kamen zu dem Schluss: «Sexuelles Begehren und Lust können also auf stringente Weise objektiviert werden, wenn nicht auf phänomenologischer Ebene (da die konkreten Abläufe äußerst variabel sein können), so doch zumindest auf physiologischer Ebene.» Mit solchen Erläuterungen war ich mit meinen dreizehn Jahren ja bestens gerüstet! Was mich heute jedoch am meisten frappiert, ist das Cover der Enzyklopädie. Es zeigt ein Foto von einem Paar in der Missionarsstellung, im Negativ. Die Frau hält den Kopf des Mannes, der sich über sie beugt. An ihrer linken Hand glitzert in Großaufnahme ihr Ehering. Er ist nicht im Negativ, sondern in Gold, deutlich sichtbar, in der Mitte des Schwarzweißfotos.

Ein paar Jahre später vereinbarte meine Mutter für mich einen Termin bei ihrem Gynäkologen, der mich entbunden hatte. Er beeilte sich zu sagen, einer «kleinen Maus» werde die Pille nicht in den Mund gesteckt, ich solle besser erst mein Abitur bestehen, bevor ich mit Jungen schliefe. Und im Übrigen brauchte ich dann nicht an seine Tür zu klopfen, falls «etwas passieren» sollte. Dann gab er mir einen väterlichen Klaps auf den Rücken und führte mich zum Ausgang der Praxis.

Die Mutter von Catherine war genauso pragmatisch wie meine. Auch sie bestand darauf, dass ihre Tochter die Pille nahm. Catherine musste sie bremsen. «Noch nicht, Mama!» Catherines Mutter hatte Angst, dass ihre Tochter ihre eigene Geschichte wiederholen könnte. Sie war kaum sechzehn, als sie schwanger wurde. Als sie die Neuigkeit hörte, sah Catherines Großmutter ihrem zukünftigen Schwiegersohn scharf in die Augen, äußerte den denkwürdigen Satz: «Jacques, du enttäuschst mich!», und bat ihn, die Situation so schnell wie möglich «zu regeln». Catherines Vater stammt aus der Normandie. Er fand eine Arbeit und blieb im Elsass. Catherines Eltern lieben sich noch immer. «Meine Mutter ist ebenfalls die Frau eines einzigen Mannes. Und sie ist nur sechzehn Jahre älter als ich. Wir werden immer für Schwestern gehalten.» Meine Mutter war neunundzwanzig, als ich geboren wurde. Das war spät für damals. Ich erinnere mich, dass ich Catherine immer um ihre junge Mutter beneidet habe.

«Meine Eltern mussten auch heiraten.» Auch Pascale W. hat einen Beitrag zum Thema rotes Pipi und seinen Folgen. Als sie ihre Regel bekam, warnte ihre Mutter sie: «‹Die Pille bekommst du erst mit achtzehn.› Er musste sich in Geduld üben, mein erster Freund. Ich glaube, sie war traumatisiert. Für die Generation unserer Mütter war es ein heißes Pflaster. Man musste aufpassen und jedes Mal zu Gott beten, dass nichts passierte.» Die Mutter von Pascale W. wurde gleich beim ersten Mal mit ihr schwanger. Pascale W. kann es nicht fassen: «Stellt euch vor, beim ersten Mal. Man kennt sich kaum. Ist ganz jung. Weiß nicht, wie man es anstellen soll. Macht es hopplahopp, ohne Vergnügen. Und dann ist man für den Rest des Lebens aneinandergekettet.» Ein Konkubinat kam damals nicht in Frage. Wenn das Baby «zu früh unterwegs» war, «musste man heiraten». Ausdrücke, die ich schon lange nicht mehr gehört habe.

Die Eltern von Pascale W. hatten im Mai geheiratet. Sie kam im Oktober zur Welt. Ihr Vater hatte einen One-Night-Stand und war für immer gefangen. Pascale W. fühlt sich schuldig: «Er hat sein Leben ruiniert, sich für mich aufgeopfert. Meine ganze Kindheit über hörte ich, wie sie einander anschrien. Meine Mutter trug immer Make-up, falsche Wimpern, lackierte Nägel, gefärbte Haare und Parfüm. Es gab einen Mann, der es auf sie abgesehen hatte. Er wohnte in derselben Wohnsiedlung, im nächsten Block, und da mein Vater als LKW-Fahrer oft unterwegs war, hätte sie es leicht ausnutzen können. Sie widerstand, aber ich weiß es, sie liebte ihn, den anderen. ‹Wie dumm ich war›, hat sie mir einmal gestanden.» Seitdem hat sie ihrer Mutter all diese Fragen gestellt. Warum bist du nicht gleich gegangen? Hätten deine Eltern dich nicht unterstützen können? Und warum hast du mich behalten? Wie viele Paare waren so in ihrem Ehegefängnis eingesperrt, weil sie zu früh, in Eile, ohne sich zu kennen, geheiratet haben? Pascale W. hat «nie, niemals» gesehen, dass sich ihre Eltern «gehalten oder geknutscht» haben. Das erste Mal, dass sie die beiden Händchen halten sah, war vor ein paar Jahren in einem Park, es gab Glatteis. Ihr Vater hielt den Arm ihrer Mutter fest, damit sie nicht ausrutschte. Zwei kleine Alte, die sich aneinanderklammerten. «Sie mussten fünfundachtzig und achtundachtzig werden, bis sie sich gegenseitig ein wenig Zuneigung zeigten.» Kürzlich wurde der Vater von Pascale W. als Notfall ins Krankenhaus eingeliefert. Vater und Tochter fanden sich allein im Zimmer wieder. «Meine Eltern sind immer noch zusammen, also habe ich die Gelegenheit beim Schopf gepackt, um ihn zu fragen, ob er meine Geburt bereut. ‹Denk nicht, dass ich mein Leben ruiniert habe›, hat er geantwortet. ‹Fühl dich nicht schuldig. Wir wollten dich, und wir hatten auch gute Momente.› Er hat meine Mutter nie im Stich gelassen.»

Wir können uns heute kaum mehr vorstellen, dass es ein Problem sein könnte, «ledige Mutter» zu sein, «fille mère», wie man es nannte, «Mädchenmutter». Frankreich ist Europameister bei außerehelichen Geburten. Françoise zuckt auf: «‹Mädchenmutter›, allein schon das Wort ... Falls wir uns an diese Bezeichnung halten wollen, dann, meine Damen, befinden Sie sich in der Gegenwart einer Mädchenmutter. Zufälligerweise haben mein Freund und ich eines Abends etwas anderes getan als Karten gespielt.» Françoise war mit zweiundzwanzig schwanger geworden. Er war nicht die Liebe ihres Lebens, aber sie wäre niemals auf die Idee gekommen abzutreiben. Nach der Geburt des Babys blieben die blutjungen Eltern noch zwei Jahre zusammen. «Wir lebten ‹in wilder Ehe›. So hieß das damals. Es war schön, aber es konnte natürlich nicht von Dauer sein. Wir trennten uns und blieben in gutem Einvernehmen. Ich mag es, wenn jeder Tag anders ist. Man bringt sich um vieles, wenn man sich nicht traut, etwas aus dem Rahmen zu fallen. Nein, ich habe mit zweiundzwanzig nicht in Weiß geheiratet. Ich habe kein Haus gebaut. Ich wollte nicht zwanzig Jahre lang Nudeln essen, um es abzubezahlen. Mir schwebte ein bisschen was Exotischeres vor.»

Für Roseline wäre es eine Tragödie gewesen, vor der Ehe schwanger zu werden. Mit ihrer erzkatholischen Mutter und der Messe jeden Sonntag war an einen «Fehltritt» nicht zu denken. Eine Cousine aus Limoges ist mit einem Jungen durchgebrannt, ohne verheiratet zu sein. Das war 1968. Sie war achtzehn. Roselines Mutter, die ihre Patentante war, schrieb ihr einen Brief, es sei eine «Schande», nicht «warten» zu können, sich nicht für ihren Mann «aufzusparen» und «in der Sünde» zu leben. Martine erinnert sich, wie die Nonnen die Mädchen in die Seite piksten, wenn sie es in der Kirche wagten, ihren Blick in Richtung Jungenbank zu richten. Darum wurde sie, als sie das erste Mal einen Jungen küsste, von Schuldgefühlen gepackt. Als Jeannines Tochter schwanger wurde, ohne verheiratet zu sein, wurden die Großeltern nicht direkt informiert. «Es war für alle einfacher so. Und sie taten, als würden sie nichts sehen. Aber sie waren entzückt, Urgroßeltern zu werden, das überwog alles andere.» Jeannines Tochter hat alles am gleichen Tag erledigt: Hochzeit, *baptême républicain*, die zivile Taufe ihrer Kinder, Einweihungsparty für das Haus. Sie legte Wert darauf, im Rathaus ein weißes Spitzenkleid zu tragen.

Auch Giacomina hatte mir, als wir zusammen bei ihr im Garten saßen, erzählt, dass ihr Vater seinen Töchtern, sobald sie ihre Regel hatten, kategorisch untersagte, auf der Straße mit einem Jungen zu sprechen. Er bespähte sie vom Fenster aus, und wehe, er erwischte sie in flagranti dabei, ein paar harmlose Worte mit einem Wesen des anderen Geschlechts zu wechseln. Sich auf der Straße herumtreiben, man wusste, wohin das führte. Seine Töchter hatten «picobello» zu bleiben bis zur Hochzeit. Er würde nicht den kleinsten Verstoß dulden. Und es kam nicht in Frage, einen «Bastard» nach Hause zu bringen. Giacomina erzählte mir, dass ihr Vater, als der frischgebackene Ehemann ihrer Schwester seiner Frau am Abend der standesamtlichen Hochzeit, nach dem

Rathaus, aber noch vor der Kirche, einen «scheuen Kuss» auf die Wange gab, vom Tisch aufstand: «Du verlässt mit deinem weißen Kleid mein Haus, und dann kannst du machen, was du willst.» Er verpasste ihr vor den entsetzten Gästen eine Ohrfeige, auf dieselbe Wange, die den Kuss empfangen hatte. Er duldete keine «unreine» Tochter unter seinem Dach. Und wenn er eine seiner Töchter verheiratete, war es für ihn jedes Mal ein Tag der Trauer. Giacominas Mutter hätte vierzehn Kinder gehabt, hätte es nicht ein paar Fehlgeburten gegeben. Wenn sie in den Ferien nach Italien zurückkehrten, fühlten sich Giacominas Eltern ein wenig verloren. Sie entdeckten Mädchen in Tangas, Pobacken an der Luft, oben ohne an den Stränden, und Kirchen, die sogar sonntags leer waren. Ihr Land hatte sich verändert, hatte sie abgehängt. Kein bisschen picobello mehr, ihr Italien. Giacomina erzählte mir, dass sie sehr unter dieser mangelnden Freiheit für Mädchen gelitten habe, dass sie sich dagegen aufgelehnt habe, aber nur im Stillen.

«Ich habe Verspätung», ich «zähle die Tage», ich «habe sie noch nicht» ... All diese Arten, von der Periode zu sprechen, ohne sie zu benennen. All die Ängste der Frauen unserer Generation, der ständige Gang auf die Toilette, um nachzusehen, ob «sie» endlich gekommen war. Wenn man schwanger wurde, bevor man verheiratet war, nannte man das einen «Unfall», wie man von einem Verkehrsunfall spricht. Pascale L. erinnert sich, dass man die unverheirateten Mütter in den Dörfern während der Schwangerschaft «wegschickte», wegen der Nachbarn. Zu einer Cousine, die eingeweiht worden war. Vor allem durfte der Arbeitgeber nichts davon erfahren, er hätte sie feuern können. Es hätte eine Schande für die ganze Familie bedeutet. Übrigens hat auch ihre Mutter beinahe die Schmach erfahren. Eines Tages zählt Pascale L. an ihren Fingern nach und konfrontiert ihre Eltern: «Oh, ihr habt im April geheiratet, und ich bin im Dezember zur Welt gekommen? Das ist ein bisschen knapp, nicht?» Ihre Mutter gestand ihr, dass sie auf der Schnelle in der Waschküche ihres Häuserblocks gezeugt worden war.

Man kann nicht sagen, dass der Slogan der Situationisten, «Orgasmus ohne Grenzen», 1968 im Ehebett unserer Eltern zur Anwendung gekommen wäre. Der vorzeitige Rückzug, die herrschende Prüderie, Scham und Unwissen beschränkten das eheliche Kamasutra auf ein tristes Minimum. Die freie Liebe, der Summer of Love, «Make love, not war», «I can't get no satisfaction», «I want you», jeder schläft mit jedem ... Das alles galt für andere, in San Francisco oder in Paris, in jener fernen Hauptstadt, in der die Mädchen der Sainte Madeleine und ihre Eltern noch nie gewesen waren. Die Lust war damals etwas für «leichte Mädchen», nicht für ehrbare Frauen. Ein «seriöses» Mädchen, das bedeutete ganz einfach, dass sie keinen Sex und vor allem keinen Orgasmus hatte.

Einige Frauenzeitschriften begannen, die Frauen zu ermutigen, sich nicht mehr für ihren Körper und ihre Sexualität zu schämen. Zwar stand der Film *Helga* – «der erste Film über Sexualerziehung, das Intimleben einer jungen Frau, sexuelle Probleme, Empfängnisverhütung, Befruchtung und Geburt» – im Cinéma des Arcades drei Wochen in Folge auf dem Programm, in den Familien jedoch blieb Sexualität ein Tabu, besonders die der Frau. 1968 begann sich jedoch auch in der Provinz wie dem Elsass etwas zu regen. Schüchtern. In den Kinos des Stadtzentrums wurden die ersten erotischen Filme gezeigt. Das Palace präsentierte *Un jeu très dangereux*, «Ein höchst gefährliches Spiel», ein «aufregender Film und sehr sexy. Im ehebrecherischen Bett bahnt sich ein Verbrechen an! Das Erwachen des Fleisches.» Und im ABC steht *Je suis curieuse,* «Ich bin neugierig», auf dem Programm: «Er löst einen Skandal aus, er bringt zum Glühen, geht unter die Haut, stellt die Nerven auf die Probe, er ist der erotischste Film des schwedischen Kinos. Der Regisseur», so das Plakat, «war wild entschlossen, gesellschaftliche Tabus aller Art zu brechen.» Zwei Vorführungen am Nachmittag, eine am Abend, für Minderjährige unter sechzehn Jahren verboten. Meine Mutter starrte jedes Mal auf das Plakat, wenn wir am Palace vorbeigingen. Sie drückte meine Hand fester und begann zu lachen. Aber was ist denn auf einmal mit ihr los? Ihre Freunde, die Achtundsechziger, lachten nicht. Ein Flugblatt, das meine Mutter im Mai einsteckte, verurteilte diese Zurschaustellung des Fleisches: «Unsere Doppelmoral wird von den Wänden *unserer* Stadt Lügen gestraft: Die Plakate strotzen von Sexualität – genauso wie *unsere* Illustrierten, *unsere* Kinos –, und wenn *unsere* jungen Leute beunruhigt sind, verurteilen wir sie. Jeden Morgen die Haut von Brigitte Bardot für 40 Cents.»

«Los, geben wir es zu, wir waren dumme Gänse!», ruft Roseline aus. Es ist heute schwer vorstellbar, wie ahnungslos wir waren. Je mehr wir uns dem Alter des roten Pipi und der Pubertät näherten, desto mehr Warnungen erhielten wir. «Der weiße Sklavenhandel! Erinnert ihr euch noch an den weißen Sklavenhandel?», fragt Pascale L. mit heiserer Stimme, in der noch immer die Angst mitschwingt. Wir verstanden nicht, worüber die Erwachsenen sprachen. Man sagte uns, wir sollten vorsichtig sein, man könnte uns auf dem Schulweg entführen, mitten auf der Straße packen und auf den Rücksitz eines Autos werfen. Man sagte uns, wir sollten uns vor den Umkleidekabinen in Kaufhäusern in Acht nehmen. Sobald wir den Vorhang zuzögen, würde sich eine Falltür öffnen und uns in die Tiefe reißen. Man würde uns eine Spritze geben, um uns einzuschläfern. Und dann würden wir nach Tanger oder Marrakesch gebracht. Dort verlor sich die Bedrohung in einem verschwommenen Dunkel. Den Rest der Geschichte bekamen wir nie zu hören. Das Bordell, in dem wir unsere Jungfräulichkeit verloren hätten, die Nächte voller Tränen und die Hitze. Es war nicht nötig, «der weiße Sklavenhandel» reichte, um uns vor Angst erstarren zu lassen.

«Du gehst nie mit einem Mann mit, auch wenn er dir seine Goldfische oder seine Postkartensammlung zeigen will!» «Du nimmst keine Bonbons von jemandem, den du nicht kennst!», wiederholten uns die Erwachsenen. Und die Exhibitionisten! Diese einsamen Männer, die in ihren großen Regenmänteln hinter den Gittern des Freibads auf und ab gingen. Wir hatten noch nie einen nackten Mann gesehen, nicht einmal unseren Vater. «Schwer vorstellbar in der heutigen Zeit des Internets», bemerkt Catherine. «Wir waren weit, weit entfernt von der Pornographie, die man nachts diskret mit einem Klick des Zeigefingers auf einer Tastatur abrufen kann. Heute muss man wirklich blind sein, um als Kind keine nackten Menschen gesehen zu haben.» Ihre Freikörperkultur hatten die Deutschen uns nicht hinterlassen. Frankreich war in den sechziger Jahren von einer systematischen Prüderie. Um sich am Strand den Badeanzug anzuziehen, versteckte man sich unter einer Hülle aus Frotteestoff, die am Hals mit einem Gummiband zusammengezogen wurde. Noch etwas, das nicht mehr existiert. Marie-Anne war die Erste von uns, die in einer dunklen Toreinfahrt das steife Glied eines Mannes gesehen hatte. «Es sah aus wie eine große Tube Zahnpasta», erzählte sie uns. Es hatte nichts mit dem «Pfeifchen» oder dem «Zipfelchen» zu tun, jenen lustigen Spitznamen, mit denen die Frauen in meiner Familie das Geschlecht von kleinen Jungen zu bezeichnen pflegten. Für das der Mädchen gab es kein Wort.

Auf einmal verstehe ich diese eigenartige Bemerkung meines 1896 geborenen Großvaters. Es war im Sommer nach der «Landung der Engländer», mein gewöhnlich so distanzierter Großvater, der etwas am Rande der penetranten Frauen unserer Familie zu leben schien, musterte mich lange und sagte dann: «Achtung, die Männer werden anfangen, sich für dich zu interessieren.» Dieser beinahe inzestuöse Männerblick auf mir war mir unangenehm. Ich sprach mit niemandem darüber. In seinen Augen war ich also zu einem Köder für Jungen geworden, die nur das eine im Sinn hatten. Er wollte seine Enkelin beschützen. Dank Roseline und Giacomina verstehe ich diese Obsession, die ihn verfolgte. Meine Großmutter hatte mir erzählt, dass mein Großvater ihre älteste Tochter, meine sehr schöne und für ihre Zeit sehr freie Tante, als sie ins Elsass zurückkehrte, nachdem sie mit einem Liebhaber nach Paris durchgebrannt war, zum Hausarzt schicken wollte, um sie auf ihre Jungfräulichkeit testen zu lassen. Meine Großmutter wehrte sich.

Wir sind groß geworden mit verwirrenden Glaubensvorstellungen, sofort abgebrochenen Erzählungen und Küssen, wenn die Kinder nahten, beunruhigenden Gerüchten, schlüpfrigen Witzen: Seine Frau hat ihm zu Weihnachten ein Kondom gestrickt. Ha, ha, der ganze Tisch lachte. Hat das alles uns ein verkrampftes Verhältnis zu unserem Körper beschert? Schließlich sind wir die Töchter unserer Mütter, auch wenn wir, als privilegierte Generation, den Sex mit der Pille und noch vor Aids entdeckt haben. Gut geschützt in dieser «seeligen Zwischenphase», die sich von den späten sechziger bis in die frühen achtziger Jahre erstreckte.

Alle sind neidisch auf uns. Zumal wir nur Schmarotzer sind. Wir konnten in Betten schlüpfen, die andere für uns bezogen haben. Die Achtundsechziger waren es, die die gröbste Arbeit getan haben. Nicht wir.

20

Die Glückslücke

Françoise bewundert ihre Eltern. «Eines Tages fanden wir heraus, dass ein Neffe meiner Mutter homosexuell war. Das kam in dem Dorf, in dem er lebte, Science-Fiction gleich. Aber meine Eltern haben ihn verteidigt. Wir haben dieselben Werte.» Im Frankreich jener Zeit, wo heterosexuelle Sexualität und der zweckmäßige Samstagabend-Missionar die Norm waren, stellte Homosexualität den Gipfel der Abnormität dar. Wir waren noch so weit entfernt von all den marginalen Sexualitäten und den rund fünfzig Gendern, die heute aufgelistet werden. Transidentität, Queer-Bewegung, Genderfluid, Polyamorie ... Die Kombinationen sind endlos, um das binäre System zu durchkreuzen. Die Einführung eines dritten Geschlechts, eines «d» für «diversity», war auf Verwaltungspapieren unvorstellbar, die nur «Herr», «Frau» und damals noch «Fräulein» anboten ... Wie begrenzt die sexuelle Revolution der sechziger Jahre aus heutiger Sicht erscheint.

Mit einundvierzig lernte Myriam bei der Arbeit eine Frau kennen, in die sie sich verliebte. Sie saß an diesem Tag in ihrer Pause in einer Ecke und las. Eine Kollegin kam und setzte sich neben sie. «Sie hat mir zugehört, sie hat sich für mich interessiert. Das war mir noch nie passiert. So ist es geschehen.» Heute lebt Myriam seit neunzehn Jahren mit ihrer Partnerin zusammen. Sie haben vor zehn Jahren einen PACS, eine eheähnliche Lebenspartnerschaft, abgeschlossen. «Mein Vater hat nie erfahren, dass ich mit einer Frau zusammen bin. Ich hatte Angst, es ihm zu sagen. Meine Mutter wusste es. Ich war mir sicher, dass sie es gut aufgenommen hat, aber ein paar Jahre nach ihrem Tod erfuhr ich, dass es nicht einfach gewesen war für sie. Das hat mir weh getan.»

Auf dem Klassenfoto ist Myriam genau hinter Martine. Ein kleines Mädchen, das man kaum bemerkt. Den Kopf leicht zur Schulter geneigt, sitzt sie da, ein blasses Lächeln auf den gespannten Lippen. Heute fällt mir auf, dass wir nichts über sie wussten. Nach der Schule ist sie immer sofort verschwunden. Sie kam nie mit uns zur *Kratzermama*. Die Glocke läutete, und weg war sie. Bis zu unserem ersten Treffen vor dem Münster hatte niemand eine Ahnung von dem Drama, das sich in den Kulissen ihres Schullebens abgespielt hatte.

Ich frage mich, wie sie zu dieser glücksverheißenden Zahnlücke gekommen ist. Wir sitzen uns an einem kleinen, klapprigen Tisch auf dem Bürgersteig vor dem Café Bretelles, dem angesagtesten *Coffee shop* der Krutenau, gegenüber. Der Barista hat ein Herz auf den Sojamilchschaum unseres Macchiatos gezeichnet. Die Speisekarte «lädt» uns ein, zum Mittagessen «einen Veggie zu komponieren». Myriam erzählt mir von ihrer Kindheit, aber ich sehe nichts als diese Lücke. Ein klarer Zwischenraum, der, wie es heißt, eine Fähigkeit zur Lebensfreude verrät. «All diese Erinnerungen, die du aufrührst, positive natürlich», sagt sie.

Fredj, Myriams Vater, ein Tunesier, kam Mitte der fünfziger Jahre nach Frankreich, um als Schweißer zu arbeiten.

«Ein ganz Hübscher, mein Vater.» Myriam kann verstehen, dass ihre Mutter, eine Elsässerin, schwach geworden ist. Sie wurde sofort mit Myriam schwanger. Sie heirateten in aller Eile, bevor das Baby zur Welt kam. Ihre Mutter hatte bereits einen Sohn von einem anderen Mann. Ein weiteres kleines Mädchen kam später dazu. Myriam war das mittlere Kind.

Die Ehe ging nicht lange gut. Myriam war fünf, als sich ihre Eltern scheiden ließen. Das Sorgerecht für die drei Kinder bekam die Mutter. «Aber in dem Alter, wenn man bei dem einen ist, will man beim anderen sein», sagt Myriam, und ihr Lächeln weicht noch immer nicht. Eines Morgens warfen die drei Kinder, statt zur Schule zu gehen, ihre Schultaschen in ein Gebüsch und kreuzten in der Fabrik ihres Vaters auf. In den Augen des Gesetzes ist das ein «Ausreißen». Von diesem Tag an durfte Myriams Mutter ihre Kinder nicht mehr sehen. Der Richter befand, dass sie ihrer Verantwortung nicht nachgekommen sei. Sie hätte ihre Kinder zur Schule begleiten sollen, statt sie morgens auf der Straße sich selbst zu überlassen. Das Gericht übergab das Sorgerecht dem Vater.

Myriam fühlt sich noch heute schuldig, wenn sie an das Leid denkt, das sie ihrer Mutter angetan hat. «Vom sechsten bis zum elften Lebensjahr habe ich sie nicht gesehen», wiederholt sie, als ich noch einmal nachfrage, um sicher zu sein, dass ich mich nicht verhört habe. Nachdem sie weggelaufen waren, nahm der Vater die Sache in die Hand. Es kam nicht in Frage, nach der Schule auf der Straße herumzuhängen. Nach dem Unterricht hieß es, im Schnellschritt nach Hause zurückzukehren. Kein Spielen im Freien, kein Besuch einer Geburtstagsparty, kein Übernachten bei einer Freundin. Abends, wenn er ausging, schloss er seine Kinder in ihrem Zimmer ein. Sonntags schickte er sie aufs tunesische Konsulat, damit sie die Sprache seiner Heimat lesen und schreiben lernten. Es war zu dieser Zeit, dass Myriam in meiner Poesie schrieb:

> *Das Kind beginnt zu mahlen.*
> *Es mahlt sorgfältig ein schönes kleines Dorf, wo es ge-*
> *bohren war.*
> *Es ist ein schönes kleines Dorf.*

Myriam unterschrieb mit Myriame. Sie klebte das Bild eines kleinen Jungen ein, der mitten auf einer Wiese vor seiner Staffelei sitzt. Eine himmlische Ruhe. Das Paradies auf Erden. Ich konnte mich nie revanchieren. Myriam besaß kein Poesiealbum.

Kurze Zeit später fuhr Myriams Vater für ein paar Wochen nach Tunesien, um sich eine neue Frau zu suchen. Er kehrte mit einer Frau zurück, die den Stiefmüttern in den Grimm'schen Märchen würdig war, jung, gemein und eifersüchtig auf die Kinder aus erster Ehe. Sie zwang die Kinder «der anderen», morgens um fünf aufzustehen, um zu putzen, die Kohleöfen zu leeren und einzuheizen und mitten im Winter auf allen vieren den Boden mit eiskaltem Wasser zu schrubben. Myriam nennt sie «Madame». «Währenddessen schlief Madame.» Myriams Vater sah alles, griff aber nicht ein. Das neue Paar bekam zwei weitere Kinder, Jungen. Die drei Söhne wurden wie Paschas erzogen. Wenn Myriam und ihre Schwester sonntags über die Badewanne gebeugt die Wäsche wuschen, saßen die Jungen daneben, und schauten den Mädchen beim Arbeiten zu. Morgens bekamen sie eine große Schüssel mit frischer Milch. Die von Myriam wurde mit Wasser gestreckt. Sie war so dünn, dass sie den Boden ihrer Tasse sehen konnte. Die Mahlzeiten waren frugal. Von Montag bis Mittwoch gab es Couscous, ohne große Beilage, für den Rest der Woche Reis, der in Öl badete, manchmal Linsen. Von Zeit zu Zeit, wenn Madame auf Diät war, teilten sich alle ihre Brunnenkressesuppe. Sie kaufte den Mädchen nie etwas Neues zum Anziehen. Myriam und ihre Schwester teilten sich ein Kleid. «Madame hat ihre alte Unterwäsche an uns weitergegeben. Ich hatte nie Unterhosen oder einen BH in meiner Größe. Immer aus zweiter Hand. Eines Tages musste ich sogar mit den Schuhen meines Vaters in die Schule. Gerippte Schuhe aus Wildleder. Ich weiß es noch, als wäre es gestern gewesen.»

Myriam erinnert sich an die Ferien in Tunesien als Kind. Es war im Jahr 1969. Ihr Vater nutzte die Gelegenheit, den Sohn, der nicht von ihm war, beschneiden zu lassen. Die Tante zwang Myriam, auf der Seite oder auf dem Bauch zu schlafen, aber nicht auf dem Rücken, «das sei eine Aufforderung zum Sex. Kannst du dir das vorstellen? Ich war zehn damals. Als ich im gemischten Internat war und zu Hause von meinen Mitschülern erzählte, gab ich ihnen immer Mädchennamen. Bis ich sechzehn war, dachte ich, dass es reicht, einen Jungen zu küssen, um schwanger zu werden. Da siehst du mal, wie naiv ich war.»

Eines Morgens brach die Katastrophe aus, weil die Mädchen vergessen hatten, vor der Schule die Nachttöpfe der Jungen zu leeren. Madame war außer sich. Myriam und ihre Schwester hatten schon lange Fluchtpläne geschmiedet. Myriam sagte sich jeden Abend, dass der nächste Tag besser werden würde. «Wenn ich nicht gegangen bin», bedauert sie, «dann aus Schwäche. Wegen meines dummen Optimismus.» Als Myriam mit einem Gasrohr geschlagen wurde, lief ihre Schwester aus dem Haus, ließ die Wohnungstür weit offen. Sie suchte Zuflucht bei den Eltern der Schwestern Ben Salem aus unserer Klasse, die ihr keine Fragen stellten und sie für die Nacht beherbergten. Menschen aus dem gleichen Land standen einander bei.

Ich habe überall nach ihnen gesucht, nach Houria und Lahouaria Ben Salem, konnte sie aber nicht finden. Sie waren, zusammen mit Myriam, die einzigen nordafrikanischen Mädchen in der Klasse. Nordafrikaner waren im Straßburg meiner Kindheit selten. Der Algerienkrieg war noch sehr nah, und wir Kinder schnappten all die beleidigenden Namen auf, mit denen sie bedacht wurden, *bicot*, *bougnoule*, *Nord d'Af.* Es war nicht wie mit den Italienern, Spaniern oder Portugiesen, diesen Kindern der Sonne mit ihren kinderreichen Familien und dem Medaillon der Muttergottes um den Hals. Sie kamen aus einem Ferienland. Algerien, Marokko und Tunesien hingegen waren unbekanntes Gebiet. Das war noch vor dem Club Med und den Charterflügen. Die Elsässer aßen Ende der sechziger Jahre weder Couscous, Merguez, Tajine noch Gazellenhörner. Sie hüteten sich vor den Gewürzen, «von denen man mit Sicherheit Durchfall bekommt». Nur wenige Familien kannten Nordafrika. Der Vater von Pascale L., Jahrgang 1936, war ein Jahr als Soldat in Algerien gewesen. Sein Veteranenausweis gab ihm das Recht auf einen zusätzlichen halben Rentenanteil. Mein Vater machte als Student ein mehrmonatiges Praktikum in einem Architekturbüro in Algier. Von diesem Abenteuer ist ein Foto erhalten geblieben, das einen großen jungen Mann in kurzer Hose am Rande der Wüste mit einer rebellischen Locke und einer Schildpattbrille im Stil von Le Corbusier zeigt.

«Aber hat denn in eurer Umgebung niemand reagiert?» Es fällt mir schwer zu glauben, dass man derart die Augen verschließen konnte. «Wir lebten in einer anderen Zeit», sagt Myriam, als wäre das selbstverständlich und meine Frage völlig fehl am Platz. «Wenn heute Frauen geschlagen werden, wird darüber gesprochen. Damals hatte ich am ganzen Körper blaue Flecken, die Nachbarn klopften an die Tür, wenn ich schrie, aber niemand griff ein. Es ist unglaublich, aber in der Schule hat auch niemand etwas bemerkt. Und ich habe natürlich nichts gesagt.» Myriams Schwester wurde bei den Nonnen untergebracht, lief immer wieder weg und kam, bis sie volljährig wurde, von einem Heim ins andere. Myriam hat keinen Kontakt mehr zu ihr.

Einige Jahre später wurde auch Myriam ins Internat «abgeschoben». Der Schlafsaal war für sie das Paradies. «Es waren keine Laken auf den Betten, aber es kam mir nicht einmal in den Sinn, nach einem zu fragen. Ich hatte endlich meine Ruhe. Ich hatte Freundinnen.» Zwei friedliche Jahre, von vierzehn bis sechzehn, das Alter, in dem die Schulpflicht endet. Wenn sie nicht gerade Dienst im Krankenhaus hatte, wo sie putzte, kam ihre Mutter in den Pausen heimlich zu ihr. Sie wartete draußen vor dem Tor auf sie. So hatten sie mehrmals in der Woche auf einem Stück Straßenpflaster zehn Minuten für sich, das reinste Glück. Als ihr Vater davon erfuhr, nahm er seine Tochter aus dem Internat und wieder nach Hause. Wieder durfte sie ihre Mutter nicht sehen.

Ihr Vater schrieb sie an einer technischen Oberschule ein. Das Abi? Myriam lacht. «Mein Vater hatte nach der Grundschule aufgehört, und dann das Abitur ... Und dazu noch für ein Mädchen, das ist doch nicht dein Ernst!» Myriams Vater beschloss, dass sie Stenotypistin werden sollte, wie Madame. Myriam legte ein Diplom als Bürokauffrau ab.

Sie fand sofort einen Job in einem Transportunternehmen. Nicht mehr lange, und der Spuk wäre zu Ende. Sobald sie volljährig war, wollte sie ausziehen. Doch eines Tages rief ihr Vater sie in die Küche. Auf dem Tisch lagen ein Block Papier und ein Stift. Er sagte ihr, im Sommer würden sie nach Hause zurückkehren. «Ich habe dich deinem Cousin versprochen, und du schreibst ihm jetzt einen Brief.» Der Cousin war mindestens fünfunddreißig. Myriam siebzehn. Sie kannte ihn bereits. Er gefiel ihr überhaupt nicht: «Hässlich wie eine Laus, doppelt so alt wie ich. Zum Glück hat mein Vater nicht einfach ein One-Way-Ticket nach Tunis für mich gekauft und mir gesagt, wir würden nur zum Urlaub ins Dorf fahren. Ich wäre nie wieder nach Frankreich zurückgekommen. Ich, verheiratet mit einem alten Cousin, verschleiert, Ramadan. Auf gar keinen Fall.»

Myriam lief weg. Sie tauchte bei der Arbeit ihrer Mutter im Krankenhaus auf. Sie machten die ganze Nacht kein Auge zu aus Angst, dass der Vater rasend vor Wut bei ihnen aufkreuzen könnte. Am nächsten Tag gingen sie zum Gericht. Der Jugendrichter entschied, dass es sich bei so wenig Zeit bis zur Volljährigkeit nicht lohne, sie in ein Heim zu geben. Myriam lebte drei Jahre lang bei ihrer Mutter. Es waren gute Jahre. Sie durfte fernsehen und Bücher aus der Bibliothek ausleihen. Zu ihrem achtzehnten Geburtstag ging sie zum ersten Mal in ihrem Leben zum Friseur. Davor hatte ihr Madame immer einen Jungenhaarschnitt verpasst. Ihre Mutter zwang sie, abends auszugehen, ins Kino. Ihr erster Film: *Saturday Night Fever*. «Ich war so daran gewöhnt, zu Hause eingesperrt zu sein. Eine solche Freiheit war völlig neu für mich. Meine Mutter und ich haben immer gemeinsam Urlaub im Süden gemacht, und an den Wochenenden sind wir in den Seen um Straßburg schwimmen gegangen.

Ich konnte ihr endlich nahe sein und all die verlorene Zeit aufholen.»

Die Mutter fand für ihre Tochter Arbeit bei ihr im Krebszentrum des Krankenhauses. Der Geschirrspüler war außer Betrieb. Myriam wurde eingestellt, um den Abwasch zu machen, viertausend Stück, die jeden Tag gewaschen werden mussten. Sie hat sie gezählt. Einige Jahre später absolvierte Myriam eine Ausbildung zur Pflegehelferin. Und was ist mit dem Krankenschwesterdiplom, hat sie darüber nachgedacht? «Die Idee hat mich nicht einmal gestreift. Ich hatte bereits mein Zertifikat als Büroangestellte. Ich wollte nicht noch länger zur Schule gehen und über Büchern brüten. Es machen schließlich nicht alle eine Eliteschule. Ich wollte Geld verdienen. Ich war dumm.» Was Myriam wirklich bedauert, ist, dass sie keine Sprachen studiert hat. Sie spricht sechs: Französisch, Arabisch, Deutsch («Rolf und Gisela. *Wo ist die Zeitung*? Erinnerst du dich? Mein Sohn hat auch damit Deutsch gelernt. Die beiden werden nicht alt im Gegensatz zu uns!»), Englisch, Elsässisch, was bei der Arbeit in einem Krankenhaus unerlässlich ist, und ein wenig Kreolisch. Ihr Mann stammte aus Martinique.

Jahrelang hatte Myriam keinen Kontakt mehr zu ihrem Vater und zu Madame. Sie benutzte das Wort «Papa» nie wieder. Ihr Vater war für sie «der Alte». Myriam war neununddreißig, als sie sich ihrem Vater wieder annäherte. Sie trafen sich ab und zu auf einer Café-Terrasse, ohne Madame, «er war nett». «Ich konnte spüren, dass er mich gernhatte, aber wir sprachen nie über die Vergangenheit.» Myriams Vater starb während eines Urlaubs in Tunesien an einem Herzinfarkt. Bis zum Tod von Madame zitterte Myriam beim Gedanken, ihr auf der Straße zu begegnen. «Kannst du dir vorstellen, in meinem Alter eine solche Angst zu haben!» Myriam war 2009 ein einziges Mal nach Tunesien zurückgekehrt. Nach Djerba, für einen Strandurlaub. Aber sie besuchte ihre Familie nicht. Sämtliche Brücken sind abgebrochen. Sie macht ihrem Vater keine Vorwürfe.

«Wie machst du es nur, dass du so stark bist?» Ich bin sprachlos. Myriam lächelt. «Na ja, findest du? Was ich bereue, ist mein schwacher Charakter. Ich brauche Zeit, ich analysiere, ich habe Angst, voreilige Entscheidungen zu treffen. Ich bin das genaue Gegenteil von Giacomina, die einfach drauflospowert, ich bewundere sie. Natürlich war in meiner Kindheit einiges los, aber eine Katastrophe war es nun auch wieder nicht. Man muss relativieren. Es gibt immer Schlimmeres. Ich wurde immerhin satt. Heute beklage ich mich nicht. Ich habe mich ganz gut geschlagen.» Myriam sagt, dass sie bescheiden ist, dass sie nicht nach dem Mond greifen will oder so. «Gesundheitlich geht es mir recht gut. Mein Sohn verwöhnt mich, meine Frau verwöhnt mich, und ich habe zwei reizende Enkelkinder. Was kann man sich mehr wünschen?»

21

Engelmacherinnen

Ich war zwölf, als ich vom Fenster unserer Wohnung aus beobachtete, wie meine Mutter draußen auf der Straße ein Schild hochhielt. Sie demonstrierte für die Liberalisierung der Abtreibung. Als sie am Morgen losging, sagte sie zu mir, sie würde für einmal das Gesetz übertreten. Ohne zu verstehen, hatte ich plötzlich Angst um sie. Hinter dem Vorhang meines Zimmers versteckt, sah ich sie vorbeigehen. Sie wirkte exaltiert inmitten der vielen Frauen. Ich hatte sie noch nie so gesehen. Sie war beinahe eine Fremde für mich. Ich schämte mich, wie sich Kinder für die Extravaganz ihrer Eltern schämen.

Am 5. April 1971 hatte der *Nouvel Observateur* das Manifest der 343 Frauen veröffentlicht, die abgetrieben und gegen das Gesetz verstoßen haben. Simone de Beauvoir hatte den Text verfasst: «Eine Million Frauen lassen in Frankreich jedes Jahr abtreiben. Aufgrund der Illegalität geschieht dies unter gefährlichen Bedingungen. Über diese Millionen von Frauen wird geschwiegen. Ich erkläre, dass ich eine von ihnen bin. Ich erkläre, dass ich abgetrieben habe.» Am Abend nach der Demonstration las meine Mutter meinem Vater die schillernde Liste der Unterzeichnerinnen, der «343 Schlampen» vor: «Hör dir das an! Catherine Deneuve und Ariane Mnouchkine machen mit! Jeanne Moreau und

Micheline Presle! Und Marie-France Pisier! Und Françoise Sagan! Und Agnès Varda, Delphine Seyrig, Marguerite Duras ...» Meine Mutter war stolz, sich in den Kreis all dieser Frauen einzureihen, die sie bewunderte. Zwei Monate später griff das Magazin *Stern* jenseits der Grenze die Idee auf. Ganz oben auf der Liste: Romy Schneider. Die deutschen Frauen hatten uns übertrumpft. Sie waren 374. Als 1975 das Gesetz zur Legalisierung des Schwangerschaftsabbruchs verabschiedet wurde, für das sich die damalige Gesundheitsministerin Simone Veil starkgemacht hatte, ließen meine Mutter und ihre Freundinnen den Champagner fließen. Roselines Mutter dachte an diesem Tag bestimmt, Simone Veil würde besser an ihren Herd zurückkehren, und ich würde wetten, dass Giacominas Mutter sich vor dem Fernseher bekreuzigte.

Es war meine Tante, die mir als Teenager irgendwann, als ich bei ihr zu Besuch war, von dieser Abtreibung erzählte. Sie wollte ihre Nichte persönlich in die großen Stationen der weiblichen Existenz einführen. Eine Abtreibung für Privilegierte unter für damalige Verhältnisse königlichen Verhältnissen: Ein befreundeter Gynäkologe kam zu meiner Tante nach Hause. Ich glaube, es geschah in der Küche – oder bilde ich mir das ein? –, die für diesen Anlass vollständig desinfiziert worden war. Die Kinder wurden vorsorglich zu den Großeltern geschickt. Der Arzt hatte sich um die Nachuntersuchung gekümmert, und er hatte sein Honorar in bar bekommen. Meine Mutter ruhte sich ein paar Tage lang aus. Es war alles gut gegangen.

Ich bin überzeugt, dass meine Mutter die Einzige ist, die abgetrieben hat, und es fällt mir gar nicht so leicht, dies den anderen gegenüber einzugestehen. Ich fürchte, sie könnten schockiert sein. Aber Catherine unterbricht mich sofort: «In jeder Familie, in jedem Milieu gibt es geheime, illegale Abtreibungen. Meine Mutter hat auch abgetrieben. Sie ging in die Schweiz, wo der Abbruch legal war. Meine Eltern waren noch sehr jung, und ein drittes Kind war finanziell nicht tragbar. Als sich fünf oder sechs Jahre später meine kleine Schwester ankündigte, ging es ihnen besser. Sie haben sie behalten.» Die Mutter von Pascale W. konnte es sich nicht leisten, über die Grenze in die Schweiz zu fahren, geschweige denn nach England, ans Ende der Welt. Damals, als sie Verkäuferin in der Parfümabteilung bei Magmod war, «fummelten» ihre Kolleginnen mit «Haken, Stricknadeln und Sonden» an ihr herum, sogar mit literweise Pastis wurde versucht, das Baby «wegzumachen». Doch bei der Mutter von Pascale W. half alles nichts, dieses dritte Baby klammerte sich fest. Sie fand dann «eine Adresse», einen Engelmacher … Ein Ausdruck, den wir als Kinder nicht verstanden haben, der uns aber zum Träumen brachte. Die Mutter von Pascale W. «hat ihr Kind mit viereinhalb Monaten abgetrieben, weil kein Geld im Haus war». «Es» fand auf dem Ehebett statt. Ihr Mann war nicht dabei. Männer interessierten sich damals nicht für diese Geschichten. Sie waren bei der Geburt nicht dabei, warum sollten sie bei einer Abtreibung dabei sein? Pascale W. erinnert sich an den «Scharlatan», der eines Nachmittags bei ihnen im Wohnungsflur postiert war. «Ich muss neun Jahre alt gewesen sein. Ich wurde mit meiner Schwester ins Bett geschickt. Ich wusste nicht, wer er war. Er sah seltsam aus. Er schloss sich mit meiner Mutter im Elternschlafzimmer ein. Ich konnte sie vor Schmerzen schreien hören. Sie hatte eine starke Blutung, wäre beinahe daran gestorben. Es war ein kleines Mädchen.»

Wir denken an unsere Mütter, wie viel Angst sie jedes Mal beim Sex gehabt haben mussten. 1968 nahmen nur sehr wenige Frauen die Pille. Sie war erst im Dezember 1967 durch das Neuwirth-Gesetz bewilligt worden (auch hier waren die deutschen Frauen schneller als wir. Auf der anderen Seite des Rheins wurde die Pille 1961 für Westdeutschland, 1965 für Ostdeutschland legalisiert. 1961 wurde sie nur verheirateten Frauen verschrieben, die bereits mehrere Kinder hatten. Offiziell war es ein Medikament, das die Schmerzen der Menstruation lindern sollte. Seine empfängnisverhütende Wirkung ist nur in der Liste der «Nebenwirkungen» des Beipackzettels erwähnt). Es war sehr hoch dosiert, galt als gefährlich und wurde von der Krankenkasse nicht übernommen. Ich denke an meine Mutter, die auf dem Küchentisch meiner Tante liegt, an die Angst, die die beiden Frauen und ihr befreundeter Arzt ausgestanden haben müssen, dass plötzlich die Polizei aufkreuzt und alle abführt. Der abtreibenden Frau und ihrem Arzt drohte eine Gefängnisstrafe. Und was, wenn etwas schiefgegangen wäre? Unter welchem Vorwand hätten sie meine Mutter ins Krankenhaus einweisen sollen? «Sie haben, was Sie verdienen», hätte der diensthabende Arzt vielleicht geschimpft. Ich sage mir, dass unsere Generation es gut erwischt hat, dank der 343 Schlampen ... und meiner Mutter. Ich bin stolz auf sie.

Roseline schenkt einen Crémant mit rosa Grapefruit ein. Ein Damengetränk mit wenig Alkohol und ein bisschen zu viel Zucker. Catherine hebt ihr Glas auf die Gruppe: «Prost auf euch alle! Damit besteht mindestens keine Gefahr, dass man schon beim Aperitif *pompette* ist.» Catherine sagt *pompette* (beschwipst), einen altmodischen Ausdruck, den ich schon lange nicht mehr gehört habe. Sie umarmt mich, ganz zart in ihrem dicken Wollpullover und ihren Pelzstiefeln. Sie legt die Hand auf mein Knie. Eine sanfte, vertraute Geste. «Das alles gehört, von heute aus betrachtet, in die

Urgeschichte», sagt sie. Sie legt Wert darauf, die Ereignisse in eine verlässliche Zeitlinie einzuordnen. Aber so lange ist das noch gar nicht her. Das Gesetz zur Legalisierung des Schwangerschaftsabbruchs wurde vor vierundvierzig Jahren verabschiedet. Gerade wurde Simone Veil mit militärischen Ehren ins Pantheon überführt, die Abtreibung wird in mehreren Ländern wieder in Frage gestellt, und das macht uns Angst. Und so erheben wir, die Töchter der Pille und der von der Krankenkasse erstatteten Abtreibung, die wir uns an einem verschneiten Tag bei Roseline eingefunden haben, unser Glas rosa Grapefruitsekt auf Simone Veil und unsere Mütter.

22

Elf

Bei Martine zu Hause wäre das Wort Abtreibung niemals in den Mund genommen worden. Schon allein es laut auszusprechen, wäre eine Kardinalsünde gewesen. Martine ist überzeugt, dass für ihre astronomische Geschwisterzahl ihre «hyperkatholische» Großmutter Emma verantwortlich ist, «die jedes Mal zur Beichte rannte, wenn ein Geschlechtsakt mit ihrem Mann nicht zur Zeugung führte».

«Noch eine Brandt!», rief Mademoiselle Gillet jedes Jahr am ersten Schultag aus. Sie stand oben auf dem Treppchen in ihren kleinen Pumps mit eckigen Absätzen, geradem Rock, mit Bananendutt und Perlenkette, und am Gaumen klebte ein Hustenbonbon. Vor allem aber hatte sie wie jeden Tag ein marineblaues Gilet – mit nur einem «L» – über die Schultern gebunden, um sich vor der Zugluft zu schützen. Die Direktorin inspizierte die Zweierreihen der kleinen Mädchen, die am Fuß der Treppe auf das Signal zum Abmarsch warteten. Dann klatschte Mademoiselle Gillet dreimal in die Hände, und es kam Bewegung in die Kolonnen. Die Erstklässler zuerst, dann alle anderen. Als ich im Internet auf ihre Todesanzeige stieß, erfuhr ich, dass Mademoiselle Gillet Simone hieß, für ihre Dienste im staatlichen Schulwesen zum *Officier des Palmes académiques* und zum

Chevalier de la légion d'Honneur ausgezeichnet worden war. Dieses strenge Fräulein, das den Namen einer Strickjacke trug, stammte aus einer Militärfamilie, die einen General, einen Oberst und zahlreiche Lehrer und Professoren vorzuweisen hat. Mademoiselle Gillet hatte vierzig Großneffen und Großnichten. Man könnte meinen, große Familien hätten ihr keine Angst machen sollen.

Für uns war es der erste Schultag, und wir waren alle schrecklich aufgeregt. Es fiel uns schwer, die Hand unserer Mütter loszulassen, die uns an diesem Morgen der Republik anvertrauten, deren Flagge auf dem Giebel der Schule flatterte. Am Tag zuvor hatten wir die gebrauchten Bücher und die ganz neuen Hefte mit Kraftpapier eingebunden. Unsere Schulranzen rochen nach frischem Leder, wenn man die älteste Tochter in der Familie war, und weich und fettig bei den jüngeren in der Geschwisterfolge. Hintereinander gingen wir eilig die paar Stufen hinauf und gesenkten Blicks an der Direktorin vorbei. Mademoiselle Gillet sagte: «Willkommen, meine Kleine», und gab einen liebevollen Klaps auf die Köpfe, die sich vor ihr beugten. Als Martine an der Reihe war, seufzte Mademoiselle Gillet: «Noch eine Brandt!» Martine hatte es sofort gespürt: «Mademoiselle Gillet konnte arme Kinder nicht ausstehen.» Als ihr Sohn viele Jahre später in die Sainte-Madeleine-Schule kam, sagte Martine den Lehrern nicht, dass sie eine ehemalige Schülerin war.

Elf. Beschränkt sich Martines Kindheit auf diese für eine heutige Familie unvorstellbare Leistung? Es gab viele Großfamilien in jenen Tagen, aber Martines Eltern, gehorsame Katholiken, haben die meisten überflügelt. Elf Kinder mit großen blauen Augen wie Delfter Töpferware. «Schön abwechselnd: Junge, Mädchen, Junge, Mädchen», prahlt Martine, stolz darauf, dass ihre Eltern die Formel für paritätische Fortpflanzung entdeckt haben. «Ich bin die Vierte. In der Mitte die Zwillinge. Meine Mutter sagte, ich hätte einen Glücksplatz. Das Jüngste ist gerade dreiundfünfzig geworden. Zwei sind bereits gestorben, eine durch Drogen.» Martine hatte ihre Mutter nie anders als mit einer Nylonschürze gekannt, die Hände auf ihren Ballonbauch gelegt. «Sie ist nie ausgegangen. Als wäre sie eingemauert gewesen. Seit sie neunzehn Jahre alt war, war sie ununterbrochen schwanger. Das ganze Leben in einer Schürze, mit schwerem Bauch.» Alle im Krankenhaus kannten Martines Mutter. Ihr Vater wurde auf der Entbindungsstation nicht gesehen. Zehn Geburten ohne Epiduralanästhesie. Kein Ultraschall, der den Schock der Zwillinge ankündigte. An jenem Tag: «Warten Sie, Frau Brandt, das war's noch nicht, da zeigt noch ein Zweites seinen Schädel.» Fünf hatte sie bereits. Nummer sechs und sieben gingen in einem Aufwasch.

Elf, das ist genau wie bei mir, nur multipliziert mit fünf plus eins. Das ist eine Fußballmannschaft. Elf, das bedeutet einen Orden, die *médaille pour la Famille*, die Frau Brandt am Muttertag vom Unterpräfekten Guibert verliehen wird, der sich räuspert und appelliert, «aufzuhören, die Gesellschaft zu zerstören, sie stattdessen um diese mütterliche, familiäre Zelle herum aufbauen». Es gibt die Gold-, Silber- und Bronzemedaille, genau wie bei den Olympischen Spielen. Martines Mutter hat selbstverständlich die Goldmedaille errungen. Elf, das bedeutet ein üppiges Kindergeld, und einen schmutzigen Witz: Männer sind wie Biber, sie bauen sich ihre Häuser mit ihren Schwänzen. Außer dass Martines Eltern nie ein Haus hatten, sondern eine Dreizimmerwohnung, in die sich diese vielen Menschen quetschten. Elf, das bedeutet eine Mutter, die sich nie hinsetzte, das bedeutet dreizehn am Tisch, wie bei Christus, und beim Essen zwei Schichten, erst die Kleinen, dann die Großen. Das bedeutet kesselweise Eintopf, tonnenweise Kartoffelsalat, alles überdimensioniert, alles exzessiv. Permanent vier Reihen Wäsche, die an Stangen aufgehängt an der Küchendecke trocknete. Die Waschmaschine hielt gerade in den Badezimmern der Reichen Einzug, aber nicht bei Martines Mutter. Ein ständiger Geruch von Waschpulver und von Lauchsuppe, immer eine Ecke des Tisches besetzt von denen, die ihre Hausaufgaben machten, und die andere von denen, die Kartoffeldienst hatten, ständig ein Gewusel, überall Leute, ein Kommen und Gehen, Lärm. Mädchen- und Jungenzimmer, Stockbetten, keine Notwendigkeit, das Zimmer aufzuräumen, da es sowieso kein Spielzeug gab. Die Kleider wurden von einem zum nächsten weitergereicht. Die große Schwester Liliane war eine zweite Mutter, ein «nettes Mädchen», sagt Martine. Elf, das bedeutet Ferienlager das ganze Jahr, eine Mutter, die nicht wusste, wo ihr der Kopf stand, die aber nie die Nerven verlor und sich nie beklagte. Ein Vater, der sich nur selten blicken ließ, nur zum Essen, bevor er in die Kneipe flüchtete.

Elf, das ist zu viel. 1967 wurde durch das Neuwirth-Gesetz die Pille legalisiert. Sie konnte auf Rezept in der Apotheke gekauft werden, wurde aber nicht von der Krankenkasse zurückerstattet. Minderjährige mussten die Erlaubnis der Eltern vorweisen. Man kann sich vorstellen, wie Martine, Roseline oder Giacomina ihre Mutter bitten, ihnen einen Blankoscheck für Sex zu unterschreiben. Antinatalistische Propaganda war zwar immer noch verboten, aber es war ein Fortschritt gegenüber dem Gesetz von 1920, das jedes Vertreiben von Mitteln zur Geburtenkontrolle und von In-

formation über «Verfahren zur Verhütung einer Schwangerschaft» mit Gefängnis bestrafte. Frankreich musste nach
dem Ersten Weltkrieg wieder bevölkert werden. Er hatte
einige Gewissenskämpfe auszufechten, General de Gaulle,
bevor er sich zu seiner Zustimmung zu dieser großen Revolution im Bett der französischen Frauen durchrang. Bevor er einlenkte, ließ er sich noch zu ein paar legendären
Sprüchen hinreißen: «Die Pille? Niemals! Man kann doch
Frauen nicht auf Liebesmaschinen reduzieren! Wenn wir
die Pille tolerieren, wird nichts anderes mehr übrig bleiben!
Sex wird alles erobern!»; «die Pille einzuführen, würde
heißen, ein paar schnelle Befriedigungen dem langfristigen
Gewinn vorzuziehen»; «es ist ja schön und gut, die Emanzipation der Frauen zu fördern, aber wir sollten nicht ihr Aus-
sterben vorantreiben»; und die köstlichste: «Wir werden die
Ehre Frankreichs doch nicht der Bagatelle opfern!» 1944 erhielten die Französinnen das Recht zu wählen, das sie 1945
zum ersten Mal ausübten – lange nach ihren deutschen
Nachbarinnen, die das Wahlrecht bereits 1918, nach dem
Ersten Weltkrieg, bekamen –, sie haben das Recht auf Mutterschaftsurlaub, und ihre Rente wird nach der Anzahl der
Kinder berechnet, die sie bekommen haben, ist das nicht
genug, um sie zu emanzipieren? Also was die Bagatelle be-
trifft, so sollen sie sich im Rückzug üben, die Kalendertage
zählen oder sich mit Kondomen durchwurschteln.

Nach dem elften Kind sagte eine Freundin, eine Dame aus
wohlhabenden Verhältnissen, zu Frau Brandt: «Es reicht!
Das wird Sie noch umbringen. Ihr Körper ist erschöpft.»
Martine weiß nicht, wie es vor sich gegangen ist, aber ihre
Mutter wurde sterilisiert. Bei elf war Schluss.
    Großmutter Emma war eine äußerst fromme Frau.
Sie nahm die elf jedes Jahr für die zwei Monate Sommer-

ferien bei sich auf dem Land auf. Martine liebte diese endlosen Sommer, diesen ausgeprägten Geruch von Heiligkeit in dem großen Haus bei Seltz. «Meine Großmutter Emma strahlte das Glück des Glaubens aus. Von morgens bis abends lief Radio Vatikan, und sie hatte ständig einen Rosenkranz zwischen den Fingern. In regelmäßigen Abständen kündigte sie uns die Apokalypse an: ‹Achtung›, rief sie plötzlich, ‹schließt die Fensterläden, der Weltuntergang ist da! Wenn ihr sie öffnet, werdet ihr zu Stein erstarren!› Jeden Abend wurde auf Lateinisch der Rosenkranz gebetet, und wehe, man ließ eine Perle aus. Über dem Radio hing ein Bild von Christus, der genauso große blaue Augen hatte wie wir, und die Kleinen saßen davor auf dem Boden. Am Sonntag Messe, Prozessionen, am fünfzehnten August Mariä Himmelfahrt, alle in Weiß. Vielleicht gab es bei uns ein bisschen zu viel der Werte, aber jedenfalls gab es welche.»

Trotz allem ist Martine stolz, dass sie der Kommunion «entwischt» ist. Sie lebte ein Jahr lang in Dijon bei einer Freundin ihrer Mutter, die sie aufgenommen hatte, um die Familie ein wenig zu entlasten. Und dort, weit weg von ihrer Großmutter und der Apokalypse, sagte Martine «nein». Keine Kommunion! «Alles war so kodifiziert, das war ungesund. Ich musste selbst denken. All diese Frauen, die ihr Glück in Jesus fanden und die von ihm sprachen, als wäre er ihr Geliebter. Was für eine Naivität, wirklich. Und doch sehen in den Pflegeheimen diejenigen, die den Glauben haben, so glücklich aus.»

Wenn man Martine in ihren Erinnerungen schwelgen hört, könnte man meinen, elf sei der Schlüssel zum Glück. «Meine Mutter hat uns immer im Auto herumkutschiert. Wir waren auf dem Rücksitz eingepfercht, und wenn die Polizei in Sichtweite war, mussten wir uns ducken. Meine

Mutter übergab uns für den ganzen Sommer unserer Großmutter. Die Cousins und Cousinen kamen auch, und wir
wuchsen von elf auf zwanzig an.» Die vielen Kinder schliefen wie ein Wurf Welpen aneinandergedrängt auf großen
Matratzen auf dem Boden. Der Großvater hatte die erste
Traktion im Dorf. «Wir machten unsere Katzenwäsche
nacheinander an einem Becken auf dem Küchentisch. Um
die Wäsche zu waschen, ging man an den Rhein. Aber der
Fluss wurde nie überquert. Meine Großmutter misstraute
den Deutschen. Eine diffuse Abneigung. Ein Deutscher, das
war automatisch ein Nazi. Aber alle Deutschen, die ich kenne, sind sehr nett. Ich habe auf die Kinder eines deutschen
Ehepaares aufgepasst. Wir sind Freunde geblieben. Heute
wollen alle jungen Leute nach Berlin und dort leben.»

Morgens zogen die Kinder mit einer Tasche und einem
Badeanzug los, strichen den ganzen Tag durch die Gegend
und kamen um sechs, rechtzeitig zum Angelusgebet, zurück. «Wir hatten nichts», sagt Martine, «aber wir waren
frei. Die Welt gehörte uns. Heute würde man meine Mutter
und Großmutter der Kindesmisshandlung bezichtigen. Die
Eltern haben Angst vor allem, und die Kinder ersticken.
Ich habe oft Lust, ihnen zu sagen: Aber so lasst sie doch in
Ruhe! Ich habe den omnipräsenten Blick der Mutter nicht
gekannt. Dafür hatte sie keine Zeit, und das ist uns gut bekommen.» Martines Mutter machte «nicht viel Chichi».
Martine benutzt viele veraltete Wörter. Sie sagt auch Sachen wie «das ist spitze», wenn sie begeistert ist. Und sie ist
oft begeistert.

Wenn sie mir ihren Onkel Eugène beschreibt, wie er zum
Fluss geht, um kleine Fische zu angeln, den Haken, an
dem das zu häutende Kaninchen hing, den Heuwagen,
das Schwein im Hof, die Himbeersträucher, die sich unter

den reifen Beeren bogen, die Armvoll Blumen, die für die Großmutter gepflückt wurden, dann ist es, als beträten wir gemeinsam ein Bild meines Poesiealbums. Eine Welt von netten Anglern, niedlichen Kätzchen, die mit einem Wollknäuel spielen, von kleinen Mädchen, die über die Wiesen hüpfen, einen Schwarm Schmetterlinge im Gefolge. Martines Familienleben, das für mich langsam, aber sicher einer Szene aus Zolas Roman *Germinal* verdammt nahekam, verwandelt sich vor meinen Augen in ein verlorenes Paradies. Ein Zustand der Unschuld und Ausgeglichenheit, bevor der «Fortschritt», wie man Ende der sechziger Jahre die Evolution der Welt nannte, alles hinwegfegte, was ihm im Weg stand. Erst als Martine von den *Dampfnudeln* ihrer Großmutter zu schwärmen beginnt und ihre Beschreibung der stundenlangen Schufterei allein in der Küche mit dem Satz «Kochen heißt, Menschen glücklich zu machen» krönt, bekomme ich mich wieder in den Griff. Beschönigt Martine nicht die Vergangenheit? Sind wir nicht alle beide dabei, in eine alberne Nostalgie abzugleiten? In einem Anflug von Vernunft unterbreche ich sie: «Mal im Ernst, möchtest du denn in die Fußstapfen deiner Großmutter treten? Deine Zeit damit verbringen, all diese hungrigen Mäuler mit Glück zu stopfen?» Aber Martine hört nicht mehr auf mich. «Großmutter mochte auch kein Chichi.»

Martine wiederholt mehrmals, dass ihre Mutter ihr «Vorbild», die «Säule», der «Kitt» dieser Familie sei, die, da ist sie sich sicher, nach ihrem Tod auseinanderfallen wird.

Martine hat ihre Mutter zum Essen nie am Tisch sitzen sehen. Sie knabberte im Stehen, mit einem Putzschwamm in der Hand, machte sich im Hintergrund zu schaffen, eine unersetzliche Statistin, die nie das Recht auf die Hauptrolle hatte. Ständig auf der Lauer. Bereit loszuspringen, um einen

Wunsch zu befriedigen, der kurzsilbig aus ihrem Mann hervorbrach: «Ist Brot da? Und das Salz?» «Bei uns wurde der Kult des Mannes zelebriert», sagt Martine. «Meine Mutter ist da drin aufgewachsen. Sie verhätschelte meinen Vater. ‹Brauchst du etwas? Was möchtest du denn?› Mein Vater hat nie gespült, nie, kein einziges Mal. Er ging in die Bar und trank mit seinen Kumpeln. Meine Mutter hat die Jungen nie gebeten zu helfen. Die Mädchen machten die ganze Arbeit. Es war eine Frage der Erziehung.»

An ihren Vater hat sie letztendlich nur wenige Erinnerungen: «Es ist ein bisschen, als ob er nicht existiert hätte.» Er war zehn Jahre älter als ihre Mutter. Der Mechaniker, 1924 geboren, starb vor etwa zehn Jahren an Lungenkrebs. Ein Roter, das erste Gewerkschaftsmitglied in seiner Fabrik. Er hatte eine Demonstration organisiert. Als Martines Mutter ihren ältesten Sohn am Gymnasium Saint-Etienne einschreiben wollte, weigerten sich die Jesuiten, ihn aufzunehmen, weil ein Roter, das bringt nur Ärger. Martine erinnert sich an einen Streit. Ihre Mutter hatte eine Flasche Wein aufgefangen, die ihr betrunkener Mann ihr ins Gesicht schleudern wollte. Und alle Kinder schrien: «Na los, Mama!», wie bei einer Runde Wrestling. Sie aber stellte die Flasche ab und verließ wortlos den Raum. «Meine Mutter war schön wie der Tag, als sie jung war. Wie eine Schauspielerin. Aber damals war die Ehe der einzige gangbare Weg für eine Frau. Sie hat nie gesagt, sie sei nicht glücklich. Sie hat nie ein schlechtes Wort über meinen Vater gesagt. Meine Mutter ist nicht verbittert. Ach, alle diese schlechten Ehen, in denen die Menschen jahrelang ausharren. Jeden Morgen aufzuwachen und aufzuspringen: ‹Ach nein! Doch nicht der!› Nein, stell dir das vor!»

Nach dem Tod ihres Mannes begann Martines Mutter

rauszugehen. Martine sagt «rausgehen», als wäre diese Mutter einer Großfamilie ein Teenager, der nachts, wenn die Eltern schlafen, aus dem Fenster steigt, um in der Diskothek seinen ersten Slow zu tanzen. Ihre Mutter reißt sich die Schürze vom Leib und hopp, «raus» aus dem Schatten und rein ins Rampenlicht. Endlich wird sie gesehen, und Martine freut sich für sie. «Man wird verrückt, wenn man im Schatten von jemandem lebt. Wenn ich sehe, wie junge Mädchen an ihrem Herzschmerz zerbrechen, tut mir das weh. Jetzt lebt meine Mutter im Augenblick. Sie spürt das Alter nicht. Das Leben hat sie nicht zerstört.»

Im Frühjahr haben Martine und ihre jüngere Schwester ihre Mutter in die Provence eingeladen. Sie nahm für eine Woche fünf vollbepackte Koffer und ihren Hund mit. Ihre alte Klapperkiste war zum Bersten voll, aber sie sind heil angekommen. Martine zeigt mir ein Foto ihrer Mutter, gut gekleidet, gut frisiert. «Siehst du, sie hat die Schönheit entdeckt. Das ist ihre Rache an den Schürzen, die sie ihr Leben lang getragen hat.» Heute sitzen bei den Brandts zu Weihnachten dreißig Leute am Tisch. Jeder bringt etwas zum Essen mit. Die Mutter macht den Kartoffelsalat. Und dann thront sie mittendrin, «von allen respektiert, in einer Art Aura. Die Liebe der Mütter ist wie ein Segen. Man lebt im Blick, mit dem sie einen ansehen.» Das schönste Geschenk, das diese Mutter ihren Kindern gemacht hat: «Sie hat uns die Lust am Leben mitgegeben. Das ist enorm. Es ist das Wichtigste.»

Martine war siebzehn, als sie von zu Hause wegging. «Ich bin aus dem Nest gefallen. Ich wollte ausziehen. Und meine Mutter ließ mich gehen.» Sie macht in einer Buchhandlung eine Verkaufslehre. Die Buchhandlung schloss, aber die Liebe zu Büchern hat sie nie verlassen. Dann lernte sie Guy kennen. Er war Kurier und lebte von Gelegenheits-jobs. Martine wartete, bis sie zweiunddreißig war, um ihr erstes Kind zu bekommen. Martines Geschwister haben viel weniger Kinder als ihre Eltern. Martine hat nur zwei. Sie hörte für fünfzehn Jahre auf zu arbeiten, um für sie da zu sein. Sie ist die Einzige von uns, die sich dafür entschieden hat. Sie bereut es nicht. «Früher war ich Verkäuferin, aber mich um Kinder zu kümmern, gefällt mir besser. Die mit ihnen verbrachte Zeit kann mir keiner nehmen. Wir haben eine sehr starke Beziehung, und sie sind für das Leben ge-rüstet.» Martine und Guy leben immer noch zusammen. Schließlich sind sie es, die mit ihrer langen Beziehung alle anderen in den Schatten stellen. Heute ist Martine Fami-lienhelferin. Sie arbeitet zu Hause bei Familien, die Unter-stützung brauchen. Martine denkt, dass sie für diesen Job prädestiniert ist, dass sie um sich herum quiekende Kinder braucht. «Stell dir vor, man hätte mich gezwungen, Schuh-verkäuferin zu werden ...»

Ich erinnere mich, wie Martine ganz allein auf der Bühne der Turnhalle der Sainte-Madeleine-Schule herumwirbel-te. Ihre Rehsprünge, ihre kurzen, anmutigen Schritte. Alle Schülerinnen saßen zwischen den Stangen und den auf-gestapelten Matten auf dem Linoleumboden, und Martine schwebte vor uns über die Bühne. Sie hatte ganz allein in einer Ecke der überfüllten Wohnung oder vielleicht sogar nachts im Bett im Kopf eine Choreographie komponiert. Martine hatte den Rhythmus im Blut. Ich saß im Schneider-sitz und sah ihr wie gebannt zu. Ich bewunderte sie.

Ich möchte wissen, wo sie Tanzen gelernt hat. Irgend-wo auf einer Etage in einem Saal mit knarrendem Boden und einer alten Jungfer, die Befehle zwitschert: Demi-Plié, Chassé ... Mütter, die in der Umkleidekabine strickend warten und die Fortschritte ihrer Töchter vergleichen, welche das lockerste Plié, den breitesten Spagat und obendrein die besten Schulnoten hatte. Meine eigene Mutter hat entschieden: «Also das geht über meine Kräfte!» Sie überredete eine aufopferungswilligere Mutter, ihre Tochter und mich ins Ballett zu begleiten. Die Frage, die ich Martine gestellt habe, scheint mir legitim. So habe ich es gelernt. Martine zuckt mit den Schultern: «Ich habe es selbst gelernt, wie die Afrikaner.»

Am Tag unseres Wiedersehens, fünfzig Jahre nach der Sainte-Madeleine, wartete ich auf dem ständig von Zugluft durchpeitschten Münsterplatz auf Martine. Die alten Straßburger sagen, dieser Wind warte auf den Teufel. Dieser ist unter dem Gewölbe gefangen, weil er die verrückten Jungfrauen verführt hat, die naiven rosa Sandsteinmädchen, die das Öl für ihre Lampen vergessen haben. Der Wind tobt auch heute auf dem Platz. Wird der Teufel endlich herauskommen, den Wind besteigen und auf seinem Rücken um die Erde reiten? Um mich herum war an dem Nachmittag die übliche Kundschaft des Münsterplatzes um diese Tageszeit zu sehen. Die deutschen Touristen folgten dem Regenschirm, den ihr Reiseleiter als Erkennungszeichen schwenkte. Die afrikanischen Straßenverkäufer, Strohhüte auf dem Kopf aufgetürmt, fuchtelten mit den gefälschten Ray-Bans vor ihren Nasen. Ein blinder Akkordeonspieler spielte «When the Saints Go Marching in». Auch am Hauptportal ist einiges los: zwei Bettlerinnen, ein Klumpfuß, ein Trunkenbold, die Propheten, die Jungfrau mit Kind, Judas, Adam und Eva und der «nackte Arsch» von Gamil Blosarch, dem Bischof, der seine Ministranten missbrauchte. Ich musterte die vorbeigehenden Frauen. Würde ich Martine nach all den Jahren wiedererkennen? Vielleicht hat sie stark zugenommen, einen schweren Gang und einen verbrauchten Körper. Und plötzlich sah ich am Ende des Platzes, zwischen der Post und den Souvenirläden, eine kleine Frau mit federleichtem Schritt. Sie kam auf mich zu. Ich hatte Angst, der Wind des Teufels könnte sie hochheben und weit davontragen.

23

Gehen

Pascale L. wartet schon lange darauf, dass sie «gehen» kann. «Gehen», sie benutzt dasselbe vage Wort für die Rente, mit dem man auch den Tod akzeptabler zu machen versucht. Pascale L. ist nach Weihnachten gegangen. Sie bekommt mit sechzig die Vollrente, da sie, wie alle meine Albummädchen, schon vor zwanzig zu arbeiten angefangen hat. Sie alle haben ein langes Erwerbsleben hinter sich. Sie sagen, dass sie gerade noch davongekommen sind, dass sie vielleicht die Letzten sind, die noch vom alten Rentensystem profitieren, bevor es von den Reformen verschluckt wird.

Pascale L. feierte diesen großen Tag in der Kantine, in der sie seit nahezu einem halben Jahrhundert jeden Tag zu Mittag aß. Da es nicht mehr der Arbeitgeber ist, der den Abschiedsumtrunk spendiert, hatte sie rund fünfzig Kollegen zu einem Frühstück eingeladen, das sie aus eigener Tasche bezahlte: Es gab Brioche, Zimt- und Streuselkuchen und drei *kougelhopf,* die wie die Heiligen Drei Könige auf der Papiertischdecke aufgereiht waren. Der Chef von Pascale L. hatte keine Rede gehalten, sie aber mit zwei schlaffen Küssen auf die Wange verabschiedet. Alle unterschrieben eine riesige Karte: Dein Ruhestand wird bestimmt genauso erfüllt sein wie dein Berufsleben, genieß jeden Moment deines neuen Lebens. Die Zeit für ein *Farniente* ohne Grenzen ist gekommen. Ein paar Regeln für einen gelungenen Ruhestand: sich keine grauen Haare wachsen lassen, immer einen kühlen Kopf bewahren, öfter mal ein Auge zudrücken, die Ohren steif halten, sich auf die faule Haut legen, den Kopf nicht hängen lassen. Und so ging es wieder los: Mit sechzig Jahren bekam Pascale L., als ob sie noch immer ein Handbuch fürs Leben bräuchte, eine neue Liste mit wohlgemeinten Ratschlägen.

Ihre Kollegen schenkten ihr ein Parfüm und einen Gutschein für zwei Nächte in einem Hotel mit Spa. Alle zückten ihre Handys für ein Erinnerungsfoto: Pascale L. mit einem Blumenstrauß im Arm und etwas angespannten Lippen, unbehaglich, das Objekt von so viel Aufmerksamkeit zu sein. Das Knistern der Blitze, «wie bei den Oscars». Dann ging sie durch die Büros, um sich von allen zu verabschieden. Sie wünschten ihr Gesundheit und ein langes Leben. Dreiundvierzigeinhalb Jahre in der gleichen Firma, und Pascale L. fuhr mit dem Bus nach Hause, ihren riesigen Blumenstrauß auf dem Schoß.

Die Rente, endlich. Die Oase der Ruhe, die sich Pascale L. zwischen zwei bissigen Beschwerden am Telefon so wohltuend ausgemalt hat. Kein Wecker mehr, der einen aus dem Schlaf reißt, wenn es im Garten noch stockdunkel ist, kein überfüllter Bus am frühen Morgen. Keine Kunden mehr, die einen ohne Begrüßung anschreien, als sei man schuld an dem Desaster, in dem sich ihr Körper befindet. Pascale L. hatte es satt, das alles zu «erdulden». Außerdem war bei den Zipperlein, die sich bemerkbar machten, langsam der Moment gekommen, etwas kürzer zu treten. Sich endlich ausruhen, die Zeit nutzen, solange es noch geht, endlich die unerfüllten Träume verwirklichen, die im Laufe der Jahre unter der Arbeit begraben worden sind. Sie hat sich für einen elsässischsprachigen Theaterkurs angemeldet. Beim Gedanken daran erhellt sich ihr Gesicht. Sie stellt sich bereits die Premiere vor, die drei Schläge auf den Eichenboden, die Scheinwerfer, «man sieht die Leute und den Ausdruck ihrer Gesichter nicht. Du gehst auf die Bühne, oh, Mannomann, du siehst nur ein schwarzes Loch, und du hörst sie atmen und lachen, genau dort, direkt vor dir. Es ist beeindruckend. Aber das Lampenfieber, das geht vorbei. Und man kommt sogar in der Zeitung. Außerdem muss ich den Text auswendig lernen, das trainiert ein bisschen das Gedächtnis.» Ist es, weil dieser Traum ein wenig zu schillernd ist für sie, dass Pascale L. sich beeilt, ihm eine therapeutische Tugend zuzuschreiben?

«Wir sind doch noch keine neunzig!» Françoise ist entrüstet. «Früher sahen die Frauen in unserem Alter alt aus mit ihren grauen Haaren, ihren steifen Dauerwellen und den dunklen Röcken. Ich bin doch keine Omi. Ich kleide mich wie meine Tochter, mit hellen Farben. Neonpink, knalliges Orange.» Françoise ist ein bisschen klapprig geworden. Das Knie, die Hüfte, und jetzt hat sie sich auch noch den großen Zeh gebrochen, als ihr die Magnumflasche Rotwein, die ihr ein Kollege zum Geburtstag geschenkt hat, aus der Hand geglitten ist. So ein Pech, das passt zu ihr. Seit Jahren verlässt sie um halb sechs das Haus und beginnt um sechs mit der Arbeit. Aber es wird ihr mal schwerfallen, ihr Team zu verlassen. Françoise möchte sich weiterhin nützlich machen. Vielleicht wird sie ehrenamtliche Vorstandspräsidentin des Vereins, der das Budget für Postkantinen verwaltet. Über den Dingen stehend, «wie die Königin von England». Sie sieht sich bereits als wohlwollende Herrscherin, über ihr Volk von Küchenjungen und Tellerwäschern waltend. Es gibt auch die ehrenamtliche Arbeit für die Suppenküche *Resto du cœur* und die Abteilung für Frühgeborene im Krankenhaus, die Leute sucht, die die Babys im Arm halten. Françoises Tage werden auf jeden Fall gut gefüllt sein. Jeden Sonntag bei ihrer Mutter im Altenheim und im Sommer mit ihren drei Enkelkindern in der Bretagne. Sie kann sie nicht alle im Stich lassen. Sie war immer das stabile Element der Familie gewesen. Für ihre geschiedene Mutter, für ihre Tochter, die sie allein großgezogen hat, für ihre Enkelkinder, die so rasch hintereinander in eine fragile Familie hineingeboren wurden, weil ihre Eltern noch so jung waren. Sie hat immer gespürt, dass sie durchhalten musste, egal, was anstand.

Wenn Catherine beschlossen hat, bei der erstbesten Gelegenheit in Rente zu gehen, dann, weil sie gebraucht wird. «Die Familie ist vielleicht das Einzige, was wirklich zählt», sagt sie mit solch schwacher Stimme, dass man sie kaum hört. Catherine ist in Trauer, niedergedrückt, ganz mager. Sie hat vor kurzem einen Schicksalsschlag erlitten. «Ja, die Familie. Wir halten zusammen. Es ist das Letzte, was wir noch haben.» Sie möchte Zeit haben, um sich um ihre Eltern zu kümmern. Zweimal in der Woche ist sie für ihre Enkelkinder da. Letztendlich hat sie noch mehr zu tun als zuvor.

Giacomina arbeitet «wie ein Lasttier», seit sie dreizehn ist. Sie kann sich nicht vorstellen, dass sie anfängt, Klavier zu spielen oder Aquarelle zu malen. Ihre Angestellten haben Kinder zu ernähren und Kredite zu tilgen. Sie kann es sich nicht leisten, einfach so von heute auf morgen Schluss zu machen. Erst muss ihre Nachfolge geregelt werden. Wenn sie mal nicht mehr arbeitet, will Giacomina ein großes Wohltätigkeitsprojekt in Afrika oder Asien ins Leben rufen und sterbende Menschen begleiten. In ihrer Kultur stirbt niemand allein in seinem Bett. Sie war es, die ihrer Mutter die Augen geschlossen hat. Sie vergisst nie, dass ihre Eltern in dem Alter, in dem sie jetzt ist, schon seit mehreren Jahren tot waren. «Man muss immer daran denken, wie schnell die Zeit vergeht. Sie verstreicht in schwindelerregender Geschwindigkeit. Man muss den gegenwärtigen Moment nutzen. Zeit haben, das ist der wahre Luxus. Die Zeiger drehen sich immer schneller, und man weiß nicht, wann sie stillstehen werden.» Giacomina hat den Blick eines verzweifelten Uhrmachers, ohnmächtig vor einem Laufwerk, das macht, was ihm gefällt. Es ist das erste Mal, dass sie sich verletzlich zeigt. Sie spricht mit leiser Stimme, hält den Kopf schräg. Eine plötzliche Sanftheit geht von ihr aus, wie aus Versehen. Sie sagt, dass sie umgeben von ihren Brüdern und Schwestern alt werden möchte, dass sie ihr Halt im Leben sind. «Ich habe keine Angst zu sterben, aber ich habe Angst zu leiden. Ich möchte selbst bestimmen, wann ich gehe. Ich habe meinen Mann gebeten, mich in die Schweiz zu bringen.» Sie macht dieses große Geständnis, dass sie an aktive Sterbehilfe denkt, mit so viel Demut und einer Selbstverständlichkeit, dass wir sie vor uns sehen, wie sie eine einzige kleine Tasche in den Kofferraum des Autos lädt und losfährt mit dem Ziel eines noblen Hotels am Genfer See. «Ich habe den Glauben. Ich habe keine Angst vor dem Nichts. Ich weiß, dass es irgendwo ein anderes Leben gibt.»

Vor allem aber hat Giacomina beschlossen, die französische Staatsbürgerschaft zu beantragen. Sie war vor kurzem geschäftlich in New York. Die Stadt, von der sie seit ihrer Kindheit träumt, war eine große Enttäuschung. Sie traf dort ihren Cousin Giacomo, dessen Eltern sich für Amerika entschieden hatten. Er stammelte kaum ein paar Worte Italienisch. Er ist komplett amerikanisch geworden.

Sie dachte an ihre Mutter, die so große Angst hatte, ihre Wurzeln zu verlieren. Als sie sich auf dem Rückflug in ihren Business-Class-Sitz drückte und die Türme von Manhattan überflog, die wie das Polarlicht leuchteten, platzte ihr amerikanischer Traum in der Luft, peng, wie ein Heißluftballon. Sie bestellte ein Glas Champagner und sagte sich, dass ihre Eltern mit Frankreich letztendlich die richtige Entscheidung getroffen und ein glückliches Leben gehabt hatten. Als sie dem Zollbeamten am Flughafen Roissy ihren italienischen Pass vorzeigte, war es wie eine Offenbarung. «Ich sagte zu mir: ‹Mein Land ist Frankreich! Das Essen ist gut, es gibt hier eine Krankenversicherung für alle, eine fabelhafte Kultur, Paris. Es war richtig von meinen Eltern, uns hierherzubringen, und es ist gut, dass sie im Elsass begraben sind. Unsere Heimat ist hier.›» Sie schenkte dem gleichgültigen Zollbeamten ihr Engelslächeln und beschloss, die französische Staatsbürgerschaft zu beantragen.

«Weg!» Ein Schrei wie eine Explosion. «Ja, weg!» Jeannine richtete sich in ihrem Stuhl auf, als wollte sie auf der Stelle aufbrechen. Schluss mit den Bauarbeiten in diesem Haus, das ständig gehegt und gepflegt werden muss, den endlosen Reparaturen, den vielen Stunden an der Nähmaschine, um Gardinen und Tagesdecken zu nähen, mit dem Jäten im Gemüsegarten, dem Einmachen von Obst. Jeannine und ihr Mann haben ein Wohnmobil gekauft. Abends sehen sie sich im Fernsehen Dokumentarfilme an und stellen eine Liste von Reisezielen auf, Franche-Comté, Baltikum, Berlin, um mich zu besuchen. Sie überlegen sich sogar, den Garten ein wenig zu verkleinern, damit sie wegfahren können, ohne bei ihrer Rückkehr eine Wüste Gobi anzutreffen. Jeannine hat Lust auf «ein bisschen Vagabundenleben», der Kirchplatz, auf dem man für die Nacht parkt, der kleine Fensterladen,

den man morgens aufschiebt, um sich mitten in der Natur vor einem See wiederzufinden, die Katzentoilette, um den Wasservorrat nicht aufzubrauchen. Keine Rede davon, eine Parzelle auf dem städtischen Campingplatz zu mieten. Jeannine zieht den Regeln, dem Kartenspielen mit den Nachbarn und den Sanitäranlagen die Freiheit vor. «Zum Ruhestand gehört, dass wir stärker nach unseren Wünschen und wenigen nach Verpflichtungen leben», sagt sie. «Man muss ein bisschen an sich selbst denken.» An sich selbst denken. Das klingt unecht aus dem Mund dieser Frauen, die immer nur an andere gedacht haben, wie es ihnen von klein auf beigebracht wurde. An die Kinder, die Enkelkinder, die alternden Eltern, den Ehemann, die Kranken und die Tomaten im Gemüsegarten. Für Jeannine ist der Camper eine Möglichkeit, all diesen Zwängen zu entkommen. «Ohne dass ich etwas bereuen würde», fügt sie eilig hinzu.

Sie ähneln der wütenden, vielarmigen Hindu-Göttin Kali, die alle Rollen auf einmal wahrnimmt, Büroangestellte, Hausfrau, liebende Mutter und Ehefrau und, wenn noch etwas Energie übrig ist, glühende Geliebte, bevor sie schließlich die Nachttischlampe ausschaltet und sich erschöpft auf ihrer Seite der ehelichen Matratze einrollt. Sie alle sind hin- und hergerissen zwischen dem Leben der anderen und ihrem eigenen. Bestrebt, eine verfügbare Großmutter zu sein, aber davon träumen, endlich Zeit für sich selbst zu haben, statt noch die dritte Waschmaschine zu füllen, damit die Enkelkinder Ende August wieder mit sauberen Klamotten abreisen können. Jeden Sonntag mit vorgekochten Mahlzeiten in Tupperware zu den Eltern fahren und bedauern, das schöne Wetter nicht für einen Spaziergang in den Bergen genutzt zu haben.

Ich fühle mich plötzlich fremd unter ihnen. Wieder einmal anders. Die Rente liegt für mich in weiter Ferne und ist alles andere als erstrebenswert. Ich habe alles mit Verzögerung gemacht. Das ist ein weiteres Privileg der bürgerlichen Kinder, dass sie sich Zeit lassen können. Ich war noch im Gymnasium, als sie bereits zu arbeiten anfingen. Meinen ersten Job bekam ich, als sie schon fest im Leben standen, verheiratet waren und eine Familie hatten. Meine Kinder sind kaum älter als die Enkelkinder von Françoise. Und ich werde nicht so bald Großmutter sein. Wenn die Kinder aus dem Haus sind, habe ich das Gefühl, dass sich von neuem die Welt vor mir öffnet. Mit einer unendlichen Anzahl von Möglichkeiten, so scheint es mir jedenfalls. Aber mache ich mir da nicht etwas vor? Bin ich mir bewusst, wie zerbrechlich das Leben ist? Eine Krankheit, ein Unfall, jeder weiß, dass die Wahrscheinlichkeit, dass etwas passiert, mit dem Alter zunimmt. «Nach und nach sind wir dem Ende näher als dem Anfang. Du wirst sehen, wie sich eine Tür nach der anderen schließt», warnt mich Pilar. Ihre Patienten im Endstadium haben ihr zugeredet: «Wenn Sie die Möglichkeit haben zu reisen, tun Sie es. Wenn Sie im Ruhestand sind, schaffen Sie es vielleicht nicht mehr.» Ich bin auch nicht so pragmatisch wie Myriam. Ihr Wunsch: noch zehn Jahre zu leben, um ihre Enkelkinder aufwachsen zu sehen. Wenn man bei der Arbeit pro Tag vier Tote zu Gesicht bekommt, steckt man seine Ambitionen etwas zurück. Ihr Vater starb mit vierundsiebzig. Ihre Mutter mit sechsundsechzig. Myriam hat ihren Durchschnitt ausgerechnet. Zweiundsiebzig wäre perfekt.

24

Bumerang

Wir stammen aus einer stabilen Welt mit fest umrissenen Konturen. Aus der gemächlichen, beengten Welt vor den Revolutionen, ob sexuell, feministisch, Gender, technologisch, digital oder global. Aus der Welt vor der Globalisierung, vor der künstlichen Intelligenz, vor den Finanzkrisen, den Anschlägen im Herzen von Paris und Straßburg, der Massenarbeitslosigkeit, der Entvölkerung des Landes und den sterbenden Kleinstädten, dem Verlust von Bezugspunkten und dem Rückzug auf die Nation. Auch aus einer starren Welt, die wir uns zu idealisieren weigern. An ihren absurden Regeln durfte nicht gerüttelt werden: Gladiolen mussten vor Mitte Juni gepflanzt werden, ein Mädchen schlief nicht mit einem Jungen, bevor es verheiratet war, und man aß, was auf den Teller kam, auch wenn wir keinen Hunger mehr hatten und uns davon übel wurde. Wir bereuen die Zeit unserer Kindheit nicht. Das große Beben vom Mai 68 erschütterte dieses strenge Gefüge und erlaubte uns, leichteren Schritts durchs Leben zu gehen.

Unsere brüchigen Zeiten aber machen meinen Freundinnen mit ihren soliden Leben Angst. Wohin sie blicken, bricht alles auseinander: Beziehungen, Familien, Religion, eine einst kompakte Gesellschaft, die sich mehr und mehr aufsplittert, aber auch Europa, die internationalen Bündnisse, die als unantastbar galten, und der Frieden, der unsere gemütliche Welt einst umgab. Zu Zeiten der Sainte-Madeleine-Schule war Großbritannien noch nicht Teil des Europäischen Binnenmarkts, und schon wird es wieder zu dieser exzentrischen Insel, die vor der Küste Europas treibt. Früher hat uns Amerika in Erstaunen versetzt, heute alarmiert es uns. Jahreszeiten und Barometer sind aus den Fugen geraten. Zu Weihnachten gibt es keinen Schnee mehr, und die Sommer sind brütend heiß. Selbst die Geschlechter sind fließend geworden. Rosa für Mädchen, Himmelblau für Jungs, wie altmodisch.

Ist unsere Zeit nicht genau das umgekehrte Spiegelbild der Welt, in der wir groß geworden sind? Da, wo die sechziger Jahre optimistisch, draufgängerisch, exzessiv, extrem militant und voller Verheißungen waren, ist der Beginn des 21. Jahrhunderts düster, puritanisch, illusionslos und voller Angst vor der Zukunft. Der prickelnde Rausch der Wohlstandsperiode ist einem gewaltigen Katzenjammer gewichen. Die *Trente glorieuses*, das dreißig Jahre anhaltende französische Wirtschaftswunder, hat sich nach und nach in einer nicht enden wollenden Krise festgefahren. Alle diese Regeln und Gewohnheiten, die unsere Kindheit in ein Korsett gezwängt haben, wurden in Frage gestellt. Was damals in höchsten Tönen gelobt wurde, wird heute verurteilt. Vorbei sind die Zeiten des «immer mehr», der Anhäufung von Gegenständen, mit denen wir in unseren übervollen Häusern nichts anzufangen wissen, immer mehr Plastik, immer mehr Dosen, alles zum Wegwerfen, diese ganze Raserei, die Verschwendung, das Licht, das von morgens bis abends in Zimmern brennt, in denen wir uns nicht aufhalten, die Heizung, die auf Hochtouren läuft, Fleisch zu jeder Mahlzeit, zwei Autos pro Haushalt, Familiensonntage auf Flughafenterrassen, um die wattigen Spuren der Flugzeuge am Sommerhimmel zu verfolgen. Heute ist Fliegen eine Sünde, und unsere vegan lebenden Töchter erinnern uns daran, dass jedes Mal, wenn ein Steak auf unserem Teller landet, der Amazonas-Regenwald ein paar Millimeter schrumpft. «Immer weniger» lautet das Gebot der Stunde. Weniger Abfall, weniger Müll, weniger Werbung, weniger Sachen. Reparieren, nicht wegwerfen und durch Neues ersetzen. Unsere Großeltern wären heute die Champions des Recyclings. Sie kannten den Krieg, die Entbehrungen, die Rationierungsmarken und die Steckrüben. Wie oft habe ich mich über meine Urgroßtanten lustig gemacht, diese sparsamen alten Jungfern, die nie etwas wegwarfen, das Geschenkpapier falteten und bügelten, um es nächste Weihnacht wieder zu verwenden, die die Zeitung in kleine Quadrate schnitten, um sich damit den Hintern abzuwischen, die Fenster zu putzen oder sie nach dem Regen als Knäuel in die Schuhe zu stecken, die aus altem Brot Arme Ritter, oder Bettelmänner, wie man auf Elsässisch sagt, und aus matschigen Äpfeln Apfelmus machten, ihre Strümpfe neu versiegeln und ihre Schuhe neu besohlen ließen, einen Apfel oder ein hölzernes Ei in die Socken steckten, um sie zu stopfen, die schönen Kleider für den Sonntag aufhoben und Lederstücke an die Ellbogen ihrer Pullover nähten, wenn sie Löcher hatten. Das lange Brautjungfernkleid aus Baumwollpiqué, das Jeannine zur Hochzeit ihrer Tante trug, wurde für die Kommunion zwei Wochen später oberhalb des Knies abgeschnitten. Der Brautschleier für ihre eigene Hochzeit wurde einige Monate nach dem Fest zum Filtern von Brennnesseljauche eingesetzt. Es war ihr Mann, der ihr Schlafzimmer und sämtliche Möbel im Haus mit eigenen

Händen schreinerte. Einundvierzig Jahre später stehen sie immer noch da. Giacominas Mutter machte alles selbst, von der Pasta bis zum Mantel. Die Brandt-Kinder trugen die Sachen ihrer älteren Geschwister auf. Roseline sagt, sie sei entsetzt über all den Abfall. «Wir werfen zu Hause kein Essen weg. Die Ratschläge, die sie im Fernsehen geben, um die Umwelt zu schützen, das sind die meiner Mutter. Ich kann nichts wegwerfen, das noch funktioniert.» Sie würde sich heute wohlfühlen, meine Mutter, die sich über dieses Überangebot von Dingen ärgerte. Ich kann hören, wie sie uns belehrt ... Das Auto, die Haushaltsgeräte, hört mir auf mit all diesen Dingern, die nur Energie verschlingen, unsere Ressourcen erschöpfen und den Planeten verschmutzen.

Die Schrebergärten von Jeannine und Roseline sind heute unter den Bobos der letzte Schrei. *Urban gardens* nennen sie sie. Wenn man seinen eigenen Kopfsalat anbaut, kann man wenigstens sicher sein, dass kein Glyphosat drinsteckt. Die Konserven, auf die sich meine Mutter stürzte, die es leid war, zweimal am Tag zu kochen, sind heute verpönt. Wer kauft im Bio-Zeitalter noch Ravioli in der Dose? Wer würde es wagen zu behaupten, dass Nestlé besser sei als Muttermilch? Wir alle haben unsere Kinder gestillt. Einige unserer Mütter hatten die Flasche bevorzugt, von der ihnen versprochen wurde, sie würde sie von der «aufreibenden Knechtschaft der Brust» befreien. Wir sind Zeugen der wiederkehrenden Moden und Epochen. Amüsiert beobachten wir, wie all diese Gesten aus unserer Kindheit wie ein Bumerang zurückkehren. Ein eigentümlicher Eindruck von Déjà-vu. Recycling, Kompostierung, eingekochtes Obst und hausgemachte Marmelade, Tausch, Do-it-yourself, die Kunst des Umgangs mit Resten, Servietten und Taschentücher aus Stoff, waschbare Windeln und weißer Essig zum

Putzen des Waschbeckens. Sogar das Stricken ist zurück. Unsere Mütter und Großmütter waren Pionierinnen, ohne es zu wissen.

Das Ozonloch, die Hitzesommer, die sintflutartigen Regenfälle, das brennende Australien, das schmelzende Packeis ... Wir haben es nicht kommen sehen. Haben wir den Kopf in den Sand gesteckt, einer verantwortungslosen Herde Strauße gleich, während sich um uns herum das Klima verschlechterte? Werden uns die Enkelkinder eines Tages unsere Blindheit vorwerfen? Die Welt zu verändern ist nicht unser Ding. Wir haben uns nicht sehr für die Umwelt engagiert. Ökologie galt bei den Referaten im Gymnasium als ausgelutschtes Thema. Wir haben uns über die ängstlichen Deutschen jenseits der Grenze lustig gemacht, mit ihrem *Waldsterben*, ihrem manischen Müllsortieren, ihrer Schwarzmalerei der Zukunft. Für uns hatte die radioaktive Wolke aus Tschernobyl direkt an der Grenze haltgemacht. Die deutschen Pilze waren kontaminiert. Unsere Blaubeeren blieben verschont. Und waren all die Frauen in Deutschland, die ihren Kindern das Spielen in den Sandkästen verboten, nicht völlig hysterisch? Wir haben nie skandiert: «Atomkraft? Nein danke!», dabei hatten wir das Kraftwerk im südelsässischen Fessenheim direkt vor unserer Nase. Wir fanden es witzig, dass der Großteil der dort stationierten Truppen von der anderen Seite des Rheins kam, aus Baden-Württemberg. Mit einer Spur Herablassung betrachteten wir die deutschen Demonstranten mit ihren Afghanenjacken, ihren Holzschuhen, ihren Wollsocken, ihren kleinen runden Brecht-Brillen, ihren Gitarren und besorgten Predigten. Sexy waren die nun wirklich nicht. Frankreich war Weltmeister der Atomkraft. Ich glaube, wir waren sogar ein kleines bisschen stolz darauf. Der kleine

Knopf, den nur der Präsident der Republik zu drücken berechtigt ist, um die Atombombe auszulösen, regte als Kinder unsere Phantasie an.

Martine erregt sich. «Gut, dass wir endlich anfangen, den Schaden zu sehen, den wir angerichtet haben. Der Planet hat nur noch eine Gnadenfrist. Was für eine Schande für unsere Kinder. Wir müssen die Natur schonen und einfacher leben.» Jede nennt ihren bescheidenen Beitrag: Müll trennen, Regenwasser auffangen, unbehandeltes Gartengemüse essen, mit dem Fahrrad fahren, wenn es nicht zu weit ist, und so wenig wie möglich fliegen. Selbst Giacomina verkündet, dass sie darauf achtet, die Wasserhähne nicht unnötig laufen zu lassen, «denn das Wasser ist das Gold von morgen», und wir alle denken an ihren großen Swimmingpool. Nur Myriam glaubt nicht an diese mickrigen Sparmaßnahmen: «Auf meinem Niveau ist es so minimal, was ich tun kann. Wir fordern die Kleinen auf zu handeln, und die Großen werden nicht dazu gezwungen. Ich habe die ganze Mülltrennung satt. Wir nötigen die Menschen, immer weniger Fleisch zu essen, was soll das bringen? Sollen sie im großen Stil bei der Industrie anfangen.»

Wenn man aus einer armen Familie kommt, weiß man instinktiv, wie wenig es braucht, dass es schiefgeht, dass man abrutscht und ganz unten landet. Martine, Roseline, Françoise und die anderen haben es weiter gebracht als ihre Eltern. Es ist aber keineswegs sicher, dass der soziale Fahrstuhl immer weiter die Etagen hinauffährt. Ein weiteres zuverlässiges Getriebe aus den sechziger Jahren, das ins Stocken gerät. Eine Generation wächst über die vorherige hinaus. Wir alle drängten unsere Kinder, das Abitur zu machen und zu studieren. Aber werden sie, wie ihre Eltern, einen festen Job haben, ein kleines Grundstück mit einem kleinen Haus drauf, eine Hypothek, die bis ins Rentenalter abbezahlt ist, ein Sparbuch und ein Leben lang die gleiche Familie?

Ihnen kann ein berufliches Missgeschick drohen, der Verlust des Arbeitsplatzes, eine Krankheit, der Verschleiß der Liebe, eine neue Begegnung, die ihnen den Kopf verdreht, eine Scheidung, die sie finanziell aus der Bahn wirft, ein neues Familienpatchwork mit vielen Teilen, die mehr oder weniger gut zusammenpassen.

Die einzige Tochter von Pascale L. «hat sich nicht allzu sehr über die Konventionen hinweggesetzt». Sie hat einen guten Job, ein Immobilienprojekt, keinen Freund, aber das wird kommen. Sie lebt noch bei ihren Eltern, die sie absichern. So kann sie in der Zwischenzeit Geld sparen. Roselines älteste Tochter hat die Aufnahmeprüfung für das Lehrerseminar bestanden, die ihre Mutter nicht geschafft hatte. Doch Roseline spürt, dass die Welt für ihre Kinder, einen Jungen und zwei Mädchen, ziemlich unsicher geworden ist. Sie sieht, dass sie keine Gewissheit mehr haben über gar nichts, «selbst wenn sie in der Schule arbeiten und gute Abschlüsse haben, können sie nicht darauf zählen, einen guten Job und ein schönes Leben zu haben wie wir. Seht euch doch nur all die hochqualifizierten jungen Leute an, die keinen festen Arbeitsplatz finden, zumindest nichts, was all die Jahre des Studiums wert wäre. Ein einziger Albtraum: Praktika, Aushilfsjobs, befristete Verträge, Angst vor Kündigung. Das haben wir alles nicht gekannt. Und sie werden sich nie auf einen Job fürs Leben verlassen können, so wie wir. Diese jungen Menschen werden wahrscheinlich arbeiten wie die Wahnsinnigen, um so gut wie nichts zu verdienen und unsere Renten und unsere Gesundheitsversorgung zu bezahlen.» Jeannine teilt Roselines Pessimismus nicht. Sie sieht die Sache gelassener: «Ja, natürlich machen wir uns Sorgen um die Zukunft unserer Kinder. Aber haben sich unsere Eltern nicht auch Sorgen um uns gemacht? Ich glaube nicht, dass wir früher besser gelebt haben. Vielleicht lebten wir ein wenig ruhiger. Aber man kommt nicht voran, wenn man ständig zurückblickt.»

«Das Leben war klar vor uns abgesteckt», sagt Giacomina und zeichnet mit dem Zeigefinger auf der Tischdecke die kleine, kurvenlose Straße, der wir, ohne mit der Wimper zu zucken, folgten. «Alles war in einer bestimmten Chronologie vorprogrammiert. Lehre, Verlobung, Heirat, Kinder. Heute machen wir alles verkehrt herum und wild durcheinander. Wir hatten andere Ängste. Wir hatten Angst, in all diesen Konventionen eingesperrt zu werden. Heute ist es vielleicht die Freiheit, die Unendlichkeit der Wahlmöglichkeiten, die jungen Menschen Angst macht.»

Einzig bei Martine überholen die Kinder noch immer die Eltern. Als Martines Sohn seine Doktorarbeit in Filmgeschichte verteidigte, war die ganze Sippe da, füllte die ersten beiden Reihen des Hörsaals. Rund zwanzig eingeschüchterte Brandts. Martines Mutter, ihre Schwestern und deren Kinder. So etwas hatten die Mitglieder der Jury noch nicht gesehen. Martines Sohn war der Erste der großen Familie, der auf die Universität ging. «Es war für uns gewaltig», sagt Martine noch einmal, um sicher zu sein, dass wir verstehen, welche Bedeutung ein solches Ereignis in ihrer Welt hat. «Wir haben nichts von dem verstanden, was er sagte, aber was waren wir stolz auf ihn. Er sprach von Rosa Luxemburg, Ernst Bloch, ein Philosoph, glaube ich, und Pasolini. Was für ein Geschenk mein Sohn uns gemacht hat, sechshundert Seiten und sechs Jahre seines Lebens.» Die Brandts waren so gerührt, dass niemand daran dachte, ein Foto von diesem denkwürdigen Tag zu machen.

Diese Generation, die jeden Centime dreimal umdrehen musste, ist stolz darauf, niemandem etwas schuldig zu sein. Jeannine bedauert, dass ihre Kinder, ein Junge und ein Mädchen, etwas leichtsinnig mit dem Geld umgehen: «Wir haben neue Bedürfnisse geschaffen, aber wir haben die Zeiten, da wir weniger hatten, noch in guter Erinnerung. Wir waren immer sparsam und fleißig.» Jeannine war vierzehn, als sie zum ersten Mal in Urlaub fuhr. In den Schwarzwald. Ein paar Kilometer von Straßburg entfernt. Aber man musste den Rhein überqueren, den Zollbeamten seine Papiere vorweisen, in einer der Buden, die in Kehl an der Straße aufgereiht waren, seine Francs in D-Mark wechseln. Ein echtes Abenteuer. Sonst gab es nur noch die von der Kirche organisierten Freizeitaktivitäten, die gratis waren. Für ihre Kinder sind die Ferien eine Selbstverständlichkeit. «Sie sind in einer Konsumgesellschaft groß geworden, und das hinterlässt Spuren. Wenn sie sich etwas Neues anschaffen wollen, nehmen sie automatisch einen Kredit auf. Es würde ihnen schwerfallen, auf einen gewissen Komfort und Firlefanz zu verzichten, auch wenn wir ihnen den Wert der Anstrengung mitgegeben haben.» Françoise hatte Blumen verkauft und Kinder gehütet, um ihren Führerschein zu bezahlen. Heute bekommen sie ihn als Geschenk von den Eltern. Sie ist auch der Meinung, dass wir unsere Kinder, indem wir ihnen das Leben zu erleichtern versuchten, verwöhnt haben. «In meiner Branche», klagt sie, «werden Leute gesucht. Aber wenn man den Jungen sagt, dass sie um sechs Uhr morgens aufstehen müssen und erst nach einem Jahr den ersten Urlaub haben, sind sie schon müde. Sie lassen es sich gut gehen, die armen Schätzchen, und ich bin die alte Schachtel, die Grenzen setzt. Sicher ist, dass sie nicht in diesem Komfort weitermachen können.»

Roseline ist nicht gut zu sprechen auf «diese reichen Franzosen», die so weltfremd sind und sich nicht vorstellen können, wie es ist, mit achthundert Euro im Monat zu leben. Sie trauert der Schule Sainte Madeleine und dem Militärdienst nach, «früher gab es wenigstens eine gewisse soziale Durchmischung. Auch wer aus der tiefsten Provinz oder aus benachteiligten Verhältnissen kam, traf irgendwann auf Leute aus der Mittelschicht. Und jeder war zumindest eine Zeitlang gezwungen zu sehen, dass andere anders leben.»

Françoise hat alles getan, um ihrer Tochter das zu geben, was sie als Kind nicht hatte: jedes Jahr Ferien, künstlerische Aktivitäten wie Tanz oder Gitarre. Françoise hielt ihre Tochter an, im Unterricht zu arbeiten, überwachte die Hausaufgaben, nötigte ihr Ferienhefte auf, schenkte ihr Bücher. Als ihre Tochter beschloss, die Schule zu schmeißen und eine Ausbildung zur Friseuse zu machen, war Françoise nicht gerade begeistert. Die Friseurschule befand sich in der Straße, in der sie wohnten. Morgens beobachtete Françoise die «Tussis mit ihren Haaren in allen Farben und lackierten Nägeln», und ihr wurde schlecht in der Magengegend. Ihre Tochter hat den «Dauerwellentest» nicht bestanden. Sie wollte ihr Leben nicht damit verbringen, alten Damen Bienenkörbe auf den Kopf zu toupieren. Was sie interessierte, war das Kreative. Als sie mit achtzehn schwanger wurde, hatte sie nichts als ihren Schulabschluss. Françoise war zweiundvierzig, als sie Großmutter wurde. «Na bitte. Erst freute ich mich nicht richtig. Vor allem nicht, als sie aus der Entbindungsstation kamen und, es war zwei Tage vor Weihnachten, mit dem Baby auf dem Arm an meiner Tür klingelten. ‹Überraschung!›, sagte meine Tochter. Und sie wohnten bei mir. Keiner von beiden hatte eine Ausbildung oder einen Job.» Heute sind die beiden immer noch zusammen, und Françoise ist dreifache Großmutter. Ihre Tochter hat eine eigene Fotoagentur gegründet, macht aber nicht diese traditionellen Fotos von seligen Bräuten im Sahnebaiser-Kleid, sondern originelle, lustige und zärtliche Bilder. «Sie hat eine schöne Art, die Menschen zu betrachten.» Françoise ist sehr stolz auf ihre Tochter. «Sie ist eine starke Frau. Voller Power. Sie schmeißt die ganze Familie. Sie ist am ganzen Körper tätowiert, aber ich habe nur diese eine, und ich liebe sie so, wie sie ist.»

Auch Anne-Marie hätte es gern gesehen, wenn ihre Tochter studiert hätte. Sie wollte ihr unbedingt die Chance geben, die ihr selbst verwehrt geblieben war. Sie besuchte eines der besten Gymnasien Wiens und studierte Politikwissenschaft, musste aber abbrechen, als sie mit fünfundzwanzig Jahren schwanger wurde, wie ihre Mutter. Anne-Maries Tochter kehrte mit ihren beiden Kindern nach Granada zurück. Sie zieht es vor, mit weniger zu leben, dafür aber an der Sonne zu sein. Sie hat einen kleinen Verwaltungsjob in einem Transportunternehmen und möchte eine Aufnahmeprüfung für den öffentlichen Dienst ablegen.

Was uns am meisten Sorgen macht, ist diese ganze Raserei. Die Tage, die wie ein Kreisel vorbeiwirbeln mit all den Zwängen, die wir uns selbst geschaffen haben. Das Handy wie ein Klotz am Bein, die Pop-ups, die plötzlich aufspringen und einen Tagtraum unterbrechen, die E-Mails, die alle drei Minuten gecheckt werden müssen, falls die Erde untergeht, die ständigen Weltnachrichten, als ob man etwas tun könnte, jetzt gleich, im Bus, wenn ein Virus den

Planeten lahmlegt. Es macht uns einfach nur panisch, das ist alles. Wir alle vermissen die Zeit, da ein Brief mehrere Tage brauchte, um anzukommen, die langen Reisen im Zug, die Augen in die Ferne gerichtet, während draußen die Landschaft vorbeizog, die endlosen Sonntagnachmittage. Am Ende machte man dann doch einen kleinen Schaufensterbummel mit der Familie in den menschenleeren Straßen, um etwas frische Luft zu schnappen. Die Zeit totzuschlagen oder sie sich nehmen zu können, ist ein Luxus, der im Verschwinden begriffen sind. Die Generationen von Multitasking-Zappern, die von morgens bis abends im Netz sind, das ist beängstigend. «Schaut euch die Kids an», protestiert Martine, «sie sagen nichts, denken nichts vor ihren Bildschirmen. Sie reden nicht miteinander. Früher haben wir gespielt und uns unterhalten.» Martine hat bei einer Mutter ausgeholfen, die ihr sechs Monate altes Baby vor ein Internetprogramm setzte: «Sie wollte, dass er später auf die amerikanische Universität ‹Hauard› geht.»

Martine bedauert, dass sie und ihr Mann keine Zeit haben, die Welt, in der sie leben, «zu hinterfragen». «Wir arbeiten von morgens bis abends und nehmen alles hin. Es sind Intellektuelle wie mein Sohn oder wie du, Pascale, die uns befehlen: Stopp! Denkt ein bisschen nach!» Martine mag unsere Gespräche, die langen Stunden, die wir alle gemeinsam rund um einen Tisch herum unser Leben reflektieren. Sie regt sich auf über all diese «Dummköpfe, die uns den ganzen Tag im Fernsehen und im Internet mit ihrem Schwachsinn zulabern, kein Mensch interessiert sich mehr für Philosophen. Wenn Victor Hugo heute zurückkäme, würde keiner auf ihn hören.»

25

Erlösung

M it Ausnahme von Giacomina geht von uns niemand mehr sonntags in die Messe. Die Kirche wird nur noch bei Beerdigungen besucht, vor dem Friedhof und dem Traueressen. Die Erstkommunikantinnen von damals suchen die Spiritualität woanders. Jeannine fühlt sich zum Buddhismus hingezogen. «Diese Gelassenheit, die die Mönche ausstrahlen, diese Toleranz, die sie unter Beweis stellen, auch wenn man natürlich nicht mit einem Fingerschnippen zum Buddhisten wird.» Das spricht sie viel mehr an als «die Katholiken mit ihrer falschen Moral und ihrem Vatikan, der nicht weiß, wohin mit dem ganzen Gold, während so viele Menschen vor Hunger sterben». Auch Anne-Marie zieht die Gurus den Priestern vor, «die Unsinn daherreden». Abends allein in ihrem Schlafzimmer, atmet sie im Schneidersitz tief ein, während sie sich von den Lehren Sadhgurus auf YouTube einwiegen lässt, ihres mystischen Meisters. Er hilft ihr, sich zufrieden zu fühlen, lebendig, ohne irgendetwas oder irgendjemanden zu brauchen. Er lehrt sie, dass die Erde in der Unermesslichkeit des Kosmos nicht größer ist als eine Erbse und dass auch wir nicht viel sind, und das beruhigt sie. Wir sind Zeugen solcher Umwälzungen. Es gibt allen Grund, sich ein wenig verloren zu fühlen. Gut, dass Anne-

Maries Guru eine Antwort auf alles hat, «er bringt mit wenigen Worten die Dinge wieder ins Lot, und man wird ruhig». Giacomina stimmt ganz mit Sadhguru überein. Sie glaubt an ein Schicksal, das dort oben geschrieben steht: «Nicht du machst dein Leben, sondern das Leben macht dich.» «Wie man sich bettet, so liegt man», übersetzt Pascale L. Wir holen uns unsere Weisheiten von überallher, aus dem Internet, aus kleinen Büchlein mit Sprüchen und Aphorismen, die unseren Poesiealben seltsam ähnlich sehen. Françoise hat in der Postkantine einen schönen Satz an die Wand gehängt: «Wir handeln so, als wären Bequemlichkeit und Luxus das Wichtigste im Leben, doch um glücklich zu sein, brauchen wir nur etwas, für das wir uns begeistern können.» Sie möchte, dass ihre Mitarbeiter über den Sinn des Lebens nachdenken. «Das ist schön», sagt Jeannine. «Das ist weise», sagt Roseline. «Das ist von Charles Kingsley, einem britischen Schriftsteller», sagt Françoise. Pascale L. mag keine hochtrabenden Lebensweisheiten, sie zieht einfache Worte vor, man müsse zufrieden sein mit dem, was man habe, und Geld mache nicht glücklich. «Das stimmt», unterbricht Martine, die nicht die Geduld hat zu warten, bis sie an der Reihe ist, so sehr ist sie einig mit Françoise. «Das Schönste ist, wenn du dich erhebst.» Martine legt die Hand auf ihr Herz und sagt, dass man sein Schicksal akzeptieren müsse, dass es «spitze» sei, was wir erlebt haben, und dass man lebenslang dazulerne.

Wir sind alle dabei, uns Weisheiten auf den Leib zu schneidern, um uns selbst davon zu überzeugen, dass wir die richtigen Entscheidungen getroffen haben, und wenn wir noch einmal von vorne anfangen könnten ... Esoterischer Kitt, um die Risse zu füllen, die im Laufe der Zeit immer deutlicher sichtbar wurden. Dieses innere Raunen, das uns manchmal quält. War es wirklich der richtige Job, der richtige Partner, das richtige Leben, der richtige Weg? Habe ich genug Wagnisse auf mich genommen? Hat es mir an Mut, Scharfsinn, Intuition oder einfach an Glück gefehlt? Hätte ich es anders machen können, oder habe ich mich einfach an den mir zugewiesenen Platz gestellt? Und diese strenge Stimme, die uns ermahnt und uns das Leben schwer macht: Vernachlässige den Chor nicht, abends nur was Leichtes, streng dich an bei der Wassergymnastik, schlaf acht Stunden pro Nacht, trink zwei Liter Wasser am Tag, iss fünf Portionen Rohkost, hör auf zu rauchen, unternimm was Kulturelles, damit du nicht dumm stirbst, einen Waldspaziergang, um frische Luft zu tanken. Und da sind all die guten Vorsätze, als glaubten wir immer noch, wir würden sie einhalten: sich nicht um die Blicke anderer kümmern, lernen, nein zu sagen, sich nicht mit Unwichtigem aufhalten, jeden Augenblick genießen, aufhören, sich Sorgen zu machen, selbstsicherer sein, sich wohl fühlen in seinem Körper, harmonisch in der Ehe, seinen Kindern nah ... All diese Direktiven, die uns Schuldgefühle verursachen, diese Ultimaten, die uns seit der Zeit unseres Poesiealbums verfolgen. Du solltest, du müsstest, es wäre gut, wenn, das ist nur ein kleiner Durchhänger, eine Erschöpfung, lass dich nicht so gehen, reiß dich zusammen, gib dir einen Stoß, häng dich rein, ein bisschen Willenskraft, und es geht von allein, immer die Anstrengung, das ständige Übertreffen von sich selbst. Einer der masochistischsten Texte meines Albums empfiehlt:

Eines Tages wirst du vor zwei Wegen stehen
Der eine mit weichem Sand bedeckt,
Der andere mit harten Steinen.
Nimm den weniger schönen, denn
Er führt dich zum Glück.

Als wäre das Leben nicht schon so schwer genug. Und wie wäre es, wenn wir uns trauen, den schönen Weg zu wählen, wenn wir unsere Füße auf den feinen Sand setzen und uns friedlich treiben lassen? Es ist höchste Zeit. Das Leben ist so schnell vorbeigegangen, und wir haben es nicht bemerkt. Und wenn wir alle, Catherine, Françoise, Jeannine, Roseline, Giacomina, Pilar, Martine, Anne-Marie, Valérie, Myriam und die drei Pascales, beschließen, endlich ein paar Wellen zu schlagen. Für einmal. Wenn wir unsere Poesiealben verbrennen. Schließlich haben die Feministinnen mitten auf der Straße ihre BHs verbrannt, warum also nicht auch dieses frauenfeindliche Büchlein. Es würde nur ein paar Sekunden dauern, aber die Freude wäre groß. Wir würden um den Scheiterhaufen einen Kreis bilden. Die Flammen würden die Veilchen und Gänseblümchen verschlingen. Die *sanften, demütigen, hilfsbereiten* Frauen würden sich zusammenrollen und für immer verschwinden. Eine Rauchwolke würde sie weit weg tragen. Und unser Poesiealbum seine böse Macht verlieren. Eine Erlösung.

Danke

Euch allen, Mädchen der Sainte-Madeleine-Schule. Ihr habt mir eure Türen weit geöffnet und mir die Geschichte dessen anvertraut, was Myriam «unsere armseligen kleinen, bis zum Gehtnichtmehr anonymen Leben» und Catherine «unsere völlig gewöhnlichen Leben ohne jedes Interesse» nennt. Möge dieses Buch euch das Gegenteil beweisen. Welche Bresche habt ihr für unsere Töchter und deren Töchter nach ihnen geschlagen!

Die vielen ernsten wie fröhlichen Stunden, die wir gemeinsam verbrachten, haben unsere Schulhof-Freundschaften wieder aufleben lassen. Unsere Poesiealben haben schließlich Wort gehalten: Wir sind Freundinnen fürs Leben.

Danke

an Madame Franz, die aus Bescheidenheit nicht wollte, dass ich ihren richtigen Namen preisgebe. Möge dieses Buch über sie eine Hommage an all jene großherzigen Lehrerinnen sein, die, ohne es zu wissen, unsere Schritte ein Leben lang lenken.

Danke

an die Übersetzerin Lis Künzli, die mit ihrem gewohnten feinen Geschick dem Suffragettenzirkel der Schule Sainte Madeleine in Straßburg eine deutsche Stimme gab.

an Ricarda Saul vom Rowohlt Verlag, die sich mit Einfühlungsvermögen und Neugier in unser Leben als kleine Mädchen der späten 1960er Jahre hineinversetzen konnte.

an Barbara Wenner, Literaturagentin in Berlin, für ihr aufmerksames Ohr und ihre wertvolle Anregungen. Dieses Buch hat auf unseren Spaziergängen im Tiergarten nach und nach Form angenommen.

an Madeleine in ihrer kleinen Strickjacke, die bereit war, für das Cover ihre Arme nach alter Schule zu verschränken.

Danke
    an Sibylle und Erwin Stahl aus Berlin. An dem kleinen Tisch hoch oben in ihrem Haus in Ligurien verbrachte ich lange Stunden mit Schreiben, während ich auf das Meer in der Ferne blickte.

an die Besitzerin des Hôtel Suisse in Straßburg, die mich jedes Mal, wenn ich in meiner Geburtsstadt ankomme, in der ich immer weniger Bindungen habe, mit dem Satz begrüßt: «Die 31 erwartet Sie!», und es ist, als käme ich nach Hause.